Sigrid Ramge
Lemberger Leiche

Sigrid Ramge

Lemberger Leiche

Ein Baden-Württemberg-Krimi

Silberburg-Verlag

Sigrid Ramge, geboren in Bad Köstritz in Thüringen, studierte Musik, später Gartenarchitektur. Sie ist seit über dreißig Jahren in Stuttgart zu Hause. Neben mehreren Büchern sind von ihr Kurzkrimis in verschiedenen Anthologien erschienen. Sigrid Ramge leitete zehn Jahre lang die Schreibwerkstatt an der Universität Stuttgart/Studium Generale. Sie ist Mitglied des Schriftstellerverbandes Baden-Württemberg.
Von Sigrid Ramge sind im Silberburg-Verlag bereits die Stuttgart-Krimis »Tod im Trollinger« und »Cannstatter Zuckerle« erschienen.

Weitere Informationen im Internet:
www.sigrid-ramge.de

1. Auflage 2012

© 2012 by Silberburg-Verlag GmbH,
Schönbuchstraße 48, D-72074 Tübingen.
Alle Rechte vorbehalten.
Umschlaggestaltung: Christoph Wöhler, Tübingen.
Coverfoto: © Anna Reinert – fotocent.
Lektorat: Bettina Kimpel, Tübingen.
Druck: CPI books, Leck.
Printed in Germany.

ISBN 978-3-8425-1217-7

Besuchen Sie uns im Internet
und entdecken Sie die Vielfalt unseres Verlagsprogramms:
www.silberburg.de

Prolog

Ende Juni 2010

Auf Straßen und Dächern tanzten Sonnenstäubchen. Stuttgart übte heiß und windstill den Hochsommer. Er war unversehens über Stadt und Land hereingebrochen wie ein Wunder, auf das man lange gewartet hatte. Die Sonne streichelte die Weinberge mit Lichtfingern und frohlockte, das nasskalte Frühjahr noch rechtzeitig zum Weinblütenfest ausgetrickst zu haben. Dieses traditionelle Fest, eine Freilandvariante von Ulmers Besenwirtschaft, wurde auf dem Lemberg über Feuerbach gefeiert.

Bereits seit Mittag waren alle Plätze unter dem Pagodenzelt auf der Weinbergterrasse besetzt. Die gut gelaunte Gesellschaft schlotzte Trollinger, Lemberger oder Riesling und vesperte dazu Bodenständiges aus der Besenküche. Wer zwischen diesen Genüssen kurzzeitig den Kopf hob, konnte die Aussicht über Stuttgarts Täler und Höhen bewundern.

Doch an diesem Sonntagnachmittag warf kaum jemand einen Blick auf das zauberhafte Panorama. Die meisten Gäste starrten in die Weinlaube, die zu einer WM-Lounge mit Großbildschirm umfunktioniert worden war. Die Unterhaltungen drehten sich um die Weltmeisterschaft im fernen Südafrika und vereinten die Gäste zu Fußballfans.

Achtelfinale: Deutschland gegen England. Bei jedem Treffer ins englische Tor zitterten die Reben unter kollektivem Jubelgeschrei, und der Lemberg schien einem Erdrutsch nahe. Er stabilisierte sich erst wieder nach dem einzigen Gegentreffer. An dieser Stelle verebbte die Ekstase in Betroffenheit, um alsbald wieder auf Touren zu kommen.

Die weltmeisterliche Beschallung aus Lautsprechern wurde von Anfeuerungsrufen der Festgäste überschrien. Das alles machte durstig.

Während man dem Ende des Fußballspiels entgegenfieberte, ahnte niemand, dass zwischen Müllers drittem und viertem Tor unten im Tal in Feuerbachs Zentrum ein Verbrechen begangen wurde. Der Zeitpunkt war gut gewählt, denn Feuerbach glich wie ganz Stuttgart einer Geisterstadt. Auf den Straßen flimmerte die Hitze. 35 Grad im Schatten waren kein Spaß. Die Bevölkerung hatte sich in die Häuser vor die Fernseher verzogen. Der Chor der Vuvuzelas verschluckte jedes andere Geräusch.

Die Täter hatten leichtes Spiel.

Eins

Sonntag, 27. Juni

Helene Ranberg hatte die junge Kripokommissarin Irma Eichhorn zu einem Besuch des Weinblütenfestes eingeladen. Seit Irma den Giftmord an Rolf, Frau Ranbergs einzigem Sohn, aufgeklärt hatte, waren die beiden Frauen befreundet.

Sie hatten nicht damit gerechnet, dass hier oben auf dem Lemberg das Achtelfinale der Weltmeisterschaft übertragen wurde.

Außer halbherzig auf die aufgeregte Stimme des Moderators zu hören, waren Irma und Helene damit beschäftigt, die Aussicht zu bestaunen: Stuttgart badete in der sich neigenden Sonne und atmete die Hitze des Tages aus. Die Welt, die dem Weinberg zu Füßen lag, glich einem verwischten Aquarellgemälde.

Helene war Stuttgarterin und nicht zum ersten Mal hier oben auf dem Lemberg. Zwischen großen Schlucken aus ihrem Viertelesglas mit Trollinger und kleinen genießerischen Bissen von ihrer Bratwurst schrie sie gegen die Lautsprecher an und erklärte Irma, die eine »Reingeschmeckte« war, die Gegend. Helene zeigte mit allumfassenden Gesten auf das malerische Panorama, als wäre es ihr persönliches Fürstentum.

»Direkt unter uns liegt Feuerbach!«, schrie sie. »Und da hinten sieht man Weilimdorf und Wolfbusch. Ist das nicht hübsch, wie sich die Häuser ins Grün kuscheln?«

»Leider ein bisschen verschwommen«, entgegnete Irma. »Die Hitze schwappt durch die Täler wie ...?«

»Brodelnde Erbsensuppe«, half die poetisch veranlagte Helene nach. »Jedenfalls geht hier oben ein Lüftchen. Wir sitzen 380 Meter über dem Meeresspiegel.«

»Was du nicht sagst«, staunte Irma. »So hoch und trotzdem wie im Backofen!«

»Du hast bisher immer behauptet, Stuttgart sei dir schon deswegen sympathisch, weil es hier nicht so windig und kalt ist wie in Schleswig-Holstein. Also beklag dich nicht!«

Irma beugte sich vor, krempelte ihre Jeans bis über die Knie und kam mit einem Seufzer wieder in die Senkrechte. »Statt des heißen Lüftchens wäre mir heute eine steife Nordseebrise lieber!« Sie griff ihr tief ausgeschnittenes weißes T-Shirt an den Schulternähten und wedelte damit rauf und runter. Als sie eine Weile gewedelt hatte, warf sie ihre Haarmähne, die die Farbe und die Struktur eines Eichhörnchenschwanzes hatte, in den Nacken und bändigte sie mit einem Gummiband. Danach stützte sie die Ellenbogen auf den Tisch, legte das Kinn in die Hände und blickte wieder über die Landschaft. Über die Landschaft, die ihr, der norddeutschen Flachlandpflanze, inzwischen ans Herz gewachsen war.

Mit einer vagen Kopfbewegung zum westlichen Horizont fragte sie Helene, was das für eine weiße Kuppel sei, die aus dem Wald herausragte.

Helenes Stiefmütterchengesicht, das heute voll aufgeblüht war, welkte ein wenig, und sie schüttelte ungläubig ihr weißgelocktes Haupt. »Also, Kind, nun bist du über ein Jahr in Stuttgart und warst noch nicht auf Schloss Solitude?«

»Ich hatte leider wenig Freizeit in eurer mörderischen Landeshauptstadt«, sagte Irma. »Hier wird anscheinend bevorzugt an Wochenenden gemordet, da muss ich statt barocken Lustschlössern eben die Leichen besichtigen.« Irma hielt erschrocken inne, weil ihr einfiel, dass die erste Leiche, die sie in Stuttgart gesehen hatte, Helenes Sohn gewesen war.

Aber Helene Ranberg schien nicht daran zu denken, sondern erklärte weiterhin die Gegend. Wobei sie in eine Stimmung verfiel, die Irma kannte und als Lyrik-Anfälle bezeichnete.

Nach kurzem Nachdenken legte Helene los:

»*In Erbsensuppe ruht die Welt,*
es träumen Wald und Wiesen.
Bald siehst du, wenn der Schleier fällt,
den blauen Himmel unverstellt
in warmem Golde fließen.«

»He«, sagte Irma. »Da hast du wieder geschummelt. Mir scheint, dieses Gedicht stammt nicht von dir.«

»Na ja«, sagte Helene, ohne verlegen zu sein. »Die Originalfassung ist von Mörike. Es ist zwar mit *Septembermorgen* überschrieben, aber es passt doch trotzdem! Oder?«

»Mörike wird sich im Grab umdrehen, wenn du seine Gedichte verhunzt.«

Helene machte ihr schlaues Gesicht: aufgerissene erstaunte Augen und gespitzte Lippen. »Zugegeben, das mit der Erbsensuppe ist nicht sehr lyrisch, aber die hast du mir ja in den Mund gelegt.« Bevor Irma etwas erwidern konnte, wandte sich Helene wieder der Landschaft zu. »Sieh mal, Irma, wie sich Alt-Feuerbach in die Falten der Täler schmiegt, und wie die Häuser an den grünen Hängen hinaufklettern.«

»Bis in die gepriesene Halbhöhenlage«, ergänzte Irma.

Helene zeigte in die Ferne: »Der Buckel links vom Fernsehturm ist der Kappelberg. Übrigens auch ein hervorragendes Weinanbaugebiet wie der Lemberg, auf dem wir gerade sitzen. Hinter Fellbach …«

Irma seufzte. »Du meine Güte, Helene, du ersetzt heute voll und ganz meinen Boss. Bei jeder Gelegenheit hält er mir Vorträge über sein teures Schwabenland und hängt den Heimatkundler raus.«

Dass Irma sie mit Hauptkommissar Peter Schmoll verglich, schmeichelte Helene. Seit sie sich bei einem Mordfall als Miss Marple bewährt hatte und Schmoll sie deswegen ein Käpsele genannt hatte, zeigte sie eine Schwäche für den schwäbischen Vollblutermittler. Sie mochte diesen Kleiderschrank von einem Mann auch deswegen, weil er ihr schon zwei Mal in misslichen Situationen seinen geräumigen Brustkasten zur Verfügung gestellt hatte, um sich daran auszuweinen.

Auch Irma schätzte nach Anfangsschwierigkeiten, die durch den Dialekt und die schwäbische Mentalität entstanden waren, ihren Chef hoch ein – und er selbst gab inzwischen zu, dass Irma sich durch ihre unkonventionellen Ermittlungsmethoden schon einige Lorbeeren im Stuttgarter Morddezernat verdient hatte. Schmoll war fünfzig, exakt zweiundzwanzig Jahre älter als Irma und zweiundzwanzig Jahre jünger als Helene Ranberg. Es sprach für Schmoll, dass zwei nette Frauen gleichzeitig an ihn dachten und dabei verträumt ins Tal blickten.

Sie wurden aus ihren Träumereien gerissen, weil Tumult entstand, da die Halbzeitpause zu Ende war. Die meisten Gäste drängten zu der zur WM-Lounge umgebauten Weinlaube. Obwohl Irma sich nur begrenzt für Fußball interessierte, ließ sie sich von der Gewinnerstimmung und Deutschlandseligkeit anstecken. Jeder schien sich auf dem Weg zum Weltmeister zu fühlen. Nur Helene hielt sich wegen der lautstarken Begeisterung die Ohren zu, starrte missmutig in die Gegend und schwieg beharrlich mit beleidigter Miene.

Als Irma fand, nun genügend lange geschwiegen zu haben, fragte sie Helene, ob sie was von Line gehört habe.

Helene wusste immer bestens Bescheid, wie es Line ging, weil die beiden viel Zeit miteinander verbrachten. Das lag nicht nur daran, dass Helene das elternlose Mädchen finanziell unterstützte, damit es eine Lehre machen konnte, sondern weil sie sich gern hatten.

»Line hat angerufen«, sagte Helene. »Sie ist gut in Palma angekommen und wohnt nicht weit von dem Hotel, in dem ihr Bruder arbeitet.«

»Wieso hat Line eigentlich schon Urlaub bekommen?«, wunderte sich Irma. »Ein Azubi in einem Reisebüro sollte doch in der Hauptsaison genug zu tun haben.«

»Es ist eine Dienstreise«, erklärte Helene. »Line wurde geschickt, weil sie Spanisch spricht und sich auf der Insel auskennt. Sie soll Hotels oder Fincas suchen, die als Ausgangspunkt für Wanderungen geeignet sind. Line hat gesagt, das sei ein Abwasch: Recherche und ein bisschen Urlaub.«

Helene überlegte, ob sie die Frage, die sie drückte, stellen sollte oder lieber nicht. Sie war sich sicher, Irma hatte nur nach Line gefragt, weil sie etwas von Leo, Lines Bruder, erfahren wollte.

Sie zupfte an ihren weißen Löckchen und fragte beiläufig: »Und du, hast du was von Leo gehört?«

»Wir schicken uns ab und zu SMS. Keine Liebesbriefe, wenn du das meinst.«

»Ich meine gar nichts«, brummte Helene. »Aber ich nehme an, du verbringst deinen Urlaub dieses Jahr auf Mallorca. Oder soll ich sagen: bei Leo?«

»Wir werden uns erst im Spätherbst wiedersehen. Ein Fitnesstrainer kann sich während der Hauptsaison nicht frei nehmen.«

Helene tätschelte Irmas Hand. »Du solltest mehr Zeit für dein Privatleben haben. Zum Beispiel für Leo. Du magst ihn doch.«

»Damit liegst du nicht ganz falsch«, sagte Irma verlegen. »Es ist schon wieder fünf Wochen her, seit er zwei Tage in Stuttgart gewesen ist. Vor dir, Helene, kann ich ja zugeben, dass ich seitdem Sehnsucht habe.«

»Seitdem? Seit er hier war? Ist da was passiert, von dem ich nichts weiß? Heißt das, es wird langsam ernst mit euch beiden?« Helene hielt sich die Hand vor den Mund und murmelte: »Na ja, das geht mich nun doch nichts an.«

»Genau«, sagte Irma. »Außerdem weiß ich selbst nicht, was das mit uns wird. Falls Leo den Job als Sportlehrer an der Bismarckschule bekommt – und vorausgesetzt, er nimmt ihn auch an – dann wäre das ein Zeichen, dass er künftig in meiner Nähe sein möchte.« Irma klatschte nach einer Fliege, die über ihren Arm krabbelte und die Som-

mersprossen besichtigte, guckte ihr hinterher und sagte:
»Glück gehabt.«

»Find ich auch!«, schrie Helene.

Allerdings meinte sie nicht die Fliege, sondern das vierte
Tor für Deutschland. Das hatte sie trotz ihres Desinteresses
nicht überhören können. Das Triumphgeschrei der Fußballfans machte eine weitere Unterhaltung unmöglich.

Irmas geheimer Wunsch, dass nach dem Abpfiff, mit dem
das grandiose 4:1 für Deutschland besiegelt war, nun Ruhe
einkehren möge, erfüllte sich nicht. Die Fußballfans waren
völlig aus dem Häuschen. Dazu knallten Böllerschüsse und
kreischten Vuvuzela-Chöre aus dem Tal herauf und schnit-
ten die heiße Luft in Scheiben.

Auch nachdem das Fußballspiel zu Ende war, ebbte der
Geräuschpegel auf dem Lemberg nur zögerlich ab. Es ver-
ging mindestens eine halbe Stunde, bevor es hin und wieder
kurze Phasen von Stille gab, in der die Unterhaltung der
Gäste, Gläserklingen und sogar Vogelgezwitscher aus den
Weinbergen und dem Wald zu hören waren.

Doch kaum hatten Irma und Helene begonnen, diese
Ruhe zu genießen, setzten sich zwei Frauen auf die Plätze
gegenüber. Die Ältere war wortkarg und spähte umher, als
suche sie jemanden. Die Kleinere plapperte drauflos und
fragte, wie das Fußballspiel gelaufen sei, wann und wer die
Tore geschossen habe. Irma gab einsilbige Antworten und
versuchte aus alter Gewohnheit, die beiden Frauen in verschiedene Schubladen einzusortieren. Die Größere, stattliche, wirkte bieder und mochte vierzig Jahre alt sein. Krankenschwester? Schuhverkäuferin? Hausfrau? Lehrerin? Sie
passte in keine Schublade. Die kleinere war zierlich und
mindestens fünfzehn Jahre jünger. Schublade: spätpubertie-
rende Göre.

Die Ältere beteiligte sich an den Fragen und Antworten,
die etwas zäh am Tisch hin- und hergingen, nur mit Nicken
und Kopfschütteln. Nachdem sie über den Spielverlauf in-
formiert war, gab sie ungefragt eine Erklärung ab.

»Wir wollten spätestens zur Halbzeit hier oben sein, aber am Zuffenhausener Bahnhof ist uns der Pendelbus vor der Nase weggefahren.« Sie schob den dicken aschblonden Mozartzopf, der nach vorn gerutscht war, auf den Rücken und seufzte. »Was blieb uns anderes übrig, als in einem Gewaltmarsch durch den Wald bis rauf zum Feuerbacher Höhenweg zu laufen?« Fahrig wischte sie sich mit einer Serviette den Schweiß von der Stirn und murmelte: »Zum Teufel aber auch, ist heute eine Affenhitze!«

»Wenn Sie das Fußballspiel so brennend interessiert hat, hätten Sie es doch daheim oder in einer Kneipe ansehen können«, sagte Irma.

Die Ältere strich der Jüngeren liebevoll die blonden Locken aus der Stirn. »Ich hab meiner kleinen Schwester versprochen, heute mit ihr auf den Lemberg zu gehen. Es ist doch der letzte Tag vom Weinblütenfest.« Sie legte zwei kräftige Hände neben ihr Viertelesglas und sah darauf nieder.

Die kleine Schwester sagte eifrig: »Wir machen immer alles gemeinsam und wohnen auch zusammen.«

Helene war schon seit dem ersten Glas Lemberger aufgekratzt. Nun nippte sie am dritten und erzählte der kleinen Schwester, dass sie ein Mädchen kenne, das zwar keine große Schwester habe, aber einen großen Bruder, der schon mal unschuldig im Gefängnis gesessen hätte, aber glücklicherweise herausgekommen sei – dank …«

Irma hatte Helenes Fuß nur leicht getroffen, dafür die Kühltasche, die unter dem Sitzplatz der großen Schwester stand. Helene verstummte.

Irma sagte »Tschuldigung« und spickte unter die Bank. Die Tasche wurde ein Stück zurückgezogen und zwischen zwei stramme Waden, die in schwarzen Jeans steckten, geklemmt.

»O nee«, sagte Irma. »Da haben Sie auch noch die Kühlbox über den Zuffenhäuser Wald schleppen müssen!«

»Warum eigentlich?«, mischte sich Helene ein. »Hier auf dem Weinblütenfest gibt es doch jede Menge zu essen und zu trinken.«

Die große Schwester putzte sich umständlich die Nase, und weil sie lange dazu brauchte, antwortete die kleine: »Wir gehen anschließend zu unserem Gütle am Feuerbacher Höhenweg. Da sind die Erdbeeren reif und müssen gepflückt werden. Die Ernte kommt in die Kühltasche, damit sie frisch bleibt auf dem weiten Nachhauseweg.«

Die große Schwester nickte und seufzte. »So schön es ist, hier oben einen Garten zu haben, aber ohne Auto ist es beschwerlich herzukommen.«

»Ich habe auch kein Auto«, sagte Irma. »Aber es gibt ja in Stuttgart ein prima Nahverkehrsnetz, und außerdem habe ich ein gutes Fahrrad.«

»Die Straßenbahn oder ein Fahrrad nützen Ihnen überhaupt nichts, wenn Sie hier herauf wollen.«

»Da haben Sie allerdings recht«, räumte Irma ein. »Wir sind von der anderen Seite mit dem Shuttlebus vom Feuerbacher Rathaus gekommen.«

»Hübsche Fahrt war das«, sagte Helene. »Das Sträßle schlängelt sich durch die Weinberge bis zum Wald hinauf. Wir waren in zehn Minuten hier.« Als echte Schwäbin setzte sie hinzu: »Hat nicht mal was gekostet.« Helene kramte in ihrer Tasche herum. Nachdem sie etwa die Hälfte der mindestens fünfzehn Fächer durchwühlt hatte, stieß sie einen Freudenschrei aus: »Da bist du ja!« Dabei zog sie ihren Fotoapparat hervor, der in Ägypten so gute Dienste geleistet hatte. Sie betrachtete ihn liebevoll und erklärte den Schwestern: »Universeller Weitwinkel. 18-facher Superzoom. Intelligente Automatik!«

Da diese Meldung die zwei nicht sonderlich zu interessieren schien, begann Helene in der Gegend herumzuknipsen.

Falls die Schwestern mit auf die Linse kamen, merkten sie es nicht, weil sie abgelenkt waren. Sie lauschten dem Martinshorn, das aus Feuerbach heraufhallte.

Die große Schwester sagte: »Sicher wieder ein Herzinfarkt. Die Alten regen sich zu sehr über Fußball auf, weil sie sich einbilden, sie konnten es früher besser.«

Als sie den Arm hob, um zum wiederholten Mal den Zopf auf den Rücken zu werfen, verrutschte der weite Ärmel ihres T-Shirts. Auf dem kräftigen Oberarm wand sich ein grüngoldener Drache und spie Feuer auf den Ellbogen.

Sie bemerkte Irmas Blick, zog den Ärmel über das Tattoo und murmelte: »Jugendspleen. Ich kann es nicht mehr leiden, aber das Entfernen ist mir zu teuer.«

Die jüngere Schwester sagte: »Mir gefällt es!« Bei diesen Worten streifte sie den Ärmel ihres hellblauen Polohemdes nach oben und zeigte das Gegenstück auf ihrem Arm.

Irma fragte, ob die Tattoos so eine Art schwesterlicher Verschwörungssymbole wären. Da sie keine Antwort bekam, stand sie auf und sagte, sie müsse zur Toilette. Ein paar Meter entfernt blieb sie hinter einem Holzstadel stehen, linste durch eine Lücke und lauschte.

Sie hörte, wie die große Schwester ziemlich bissig zu Helene sagte: »Ihre Tochter hat ja den reinsten Röntgenblick – und Fragen stellt die …?!«

Helene, geschmeichelt, weil Irma für ihre Tochter gehalten wurde, legte ihr Gesicht in Schmunzelrunzeln und antwortete: »Das mit dem Röntgenblick und der Fragerei liegt an ihrem Beruf.«

Die große Schwester grinste: »Ich tippe auf Psychoklempnerin. So eine, die sich einbildet, die Leute durchschauen zu können und sie auszufragen weiß.«

Diese Unterstellung und der hämische Ton, in dem sie vorgetragen worden war, reizten Helene.

Sie setzte sich kerzengerade und sagte hoheitsvoll: »Meine Tochter ist Kommissarin bei der Stuttgarter Kripo.«

Irma hinter dem Holzstapel zuckte die Schultern, ärgerte sich über Helenes Schwatzhaftigkeit und machte sich auf den Weg zum Dixi-Klo.

Die Schwestern hatten es plötzlich eilig, tranken ihren Wein aus, sagten »Ade« und gingen im Sturmschritt zum Feuerbacher Höhenweg. Die Kühltasche trugen sie, jede an einem Henkel, zwischen sich.

Als Irma zurückkam, waren sie schon außer Sichtweite.

Helene sagte: »Der komische Verein ist abgezogen. Stell dir vor, Irma, sie haben uns für Mutter und Tochter gehalten.«

»Könnte ja sein«, sagte Irma und lachte. »Ich hätte nichts dagegen.«

Helene hatte ein schlechtes Gewissen, weil sie Irmas Beruf ausgeplaudert hatte. Um diesen Fauxpas zu verdrängen, lehnte sie sich zurück und ließ ihrer lyrischen Ader freien Lauf:

> *»Die Schwestern zwei, die schönen*
> *Nicht gleich von Angesicht*
> *Sie sind wie Pferd und Esel*
> *Und mögen sich auch nicht.*
> *Sie tragen auch kein gleich Gewand*
> *Doch wandern tun sie Hand in Hand.«*

»Passt«, sagte Irma amüsiert. »Hast du das jetzt so schnell zusammengedichtet?«

»Iwo!«, sagte Helene. »Das ist auch von Mörike.«

»Ach ja. Von deinem Lieblingsdichter, den du frech und dreist ständig falsch zitierst.«

»Ich ändere nur leicht ab«, sagte Helene.

»Und wie heißt es richtig?«

»Das bring ich jetzt nicht zusammen nach den vielen Viertele«, gab Helene zu. »Aber ich leih dir den Gedichtband, da kannst du's nachlesen. Ich finde, du solltest dich für die Dichter, die hier in Schwaben gelebt und gewirkt haben, mehr interessieren.«

»Ich kenne mich ganz gut mit Schiller aus«, sagte Irma. »Reicht das nicht?«

»Nein, reicht nicht.« Daraufhin wollte sich Helene von der Theke noch ein Viertele holen.

Irma, die sich immer wieder wunderte, wie viel Helene vertragen konnte, hielt sie aber diesmal zurück und säuselte: »Darf eine vernünftige Tochter einer unvernünftigen Mutter raten, auf weitere Schöppchen zu verzichten?«

Helene zog einen Flunsch, kam jedoch brav mit einer Flasche Mineralwasser zurück.

»Ich hätte dir ein weiteres Viertele gegönnt«, entschuldigte sich Irma, »aber wir haben noch einen weiten Weg vor uns.«

»Fahren wir nicht mit dem Pendelbus runter?«

»Nee. Wir machen einen alkoholspiegelsenkenden Verdauungsspaziergang über den Feuerbacher Höhenweg.« Irma zog ihren Stadtplan aus der Tasche. »Wenn wir an der Hattenbühlschule rechts abbiegen und durch die Grünanlage Schelmenäcker laufen, sind wir in Nullkommanichts an der Straßenbahnhaltestelle Wilhelm-Geiger-Platz.«

»Das ist aber weit!«, maulte Helene.

»Es geht doch immer bergab. Das schaffst du locker.«

»Ja, aber weshalb diese Strapaze? Wir könnten hier so lange sitzen bleiben, bis über uns die Sterne und unter uns die Lichter von Feuerbach aufgehen und dann den letzten Pendelbus nehmen.«

»Also gut, Helene«, sagte Irma, »geb ich's eben zu. Ich möchte wissen, ob diese seltsamen Schwestern wirklich hier oben einen Kleingarten haben.«

Helene schmunzelte: »Was flüstert dir schon wieder deine Intuition?«

Irma lachte. »Meine Intuition flüstert mir, dass mit den beiden irgendetwas nicht stimmt.«

»Hmm«, brummte Helene verdrießlich. »Dass du in jeder Lebenslage deinen Mitmenschen irgendwelche Strafdelikte andichtest, finde ich allmählich nervtötend.«

»Statt deiner Maulerei wäre mir lieber, du würdest mal deine kleinen grauen Zellen mobilisieren. Hast du deine Fähigkeiten, die dich auf unserer Ägyptenreise zu einer Miss Marple gemacht haben, bereits wieder eingebüßt?«

Das ging eindeutig an Helenes Ehre. Ihr Stolz, eine gesuchte Mörderin erkannt zu haben, war noch nicht verflogen.

Deswegen beeilte sie sich jetzt zu versichern: »Wenn du's nun sagst, Irma, es stimmt: Die beiden haben sich benommen, als ob sie was auf dem Kerbholz hätten.«

Irma grinste. »Willkommen, Miss Marple!«

Helene hütete sich zu beichten, den Schwestern Irmas Beruf verraten zu haben.

* * *

An diesem Abend ist Brünnhilde Kurtz in ihrer Wohnung außerordentlich umtriebig. Sie räumt im Gastzimmer den Kleiderschrank und eine Kommode leer, zieht Bettwäsche ab, sortiert mehrere Paar Schuhe aus und entsorgt etliche Kosmetikartikel aus dem Bad.

Durch das Haus peitscht Musik. Während Frau Kurtz sorgfältig und zielstrebig arbeitet, zuckt sie im Rhythmus oder stapft mit den Füßen. Unheimliche, gewaltige Klänge dröhnen durch ihren Kopf und benebeln ihre Gedanken. Das Orchester scheint zu rasen und versetzt sie in Trance. Sie will heute nicht mehr denken. Das Musikstück ist zehn Mal hintereinander auf die CD kopiert. Gesamtspielzeit 63.02 Minuten.

Als die CD abgespielt ist, hat Frau Kurtz drei Müllsäcke gepackt, lädt sie in der Garage ins Auto und fährt zu einem weit entfernten Containerplatz.

Nachdem sie zurück ist, dreht sie den Player wieder voll auf. Die gleiche Musik wie vorher rauscht, zuckt, donnert durchs Haus, als wollte sie die Wände sprengen. Die unheilverkündenden Klänge verfolgen Frau Kurtz von Zimmer zu Zimmer, sind immer gegenwärtig, während sie aufräumt und alles so arrangiert, wie es noch vor einem Jahr gewesen ist. Als das geschafft ist, schlägt es vom Turm der Stadtkirche zwei Uhr. Brünnhilde Kurtz schaltet den CD-Player aus und fällt erschöpft, aber mit sich zufrieden ins Bett.

* * *

Zur gleichen Zeit, als Frau Kurtz die Müllsäcke beim Abfall-container ablud, hörte Helene eine Sondermeldung im Süd-westrundfunk.

Danach rief sie trotz später Stunde bei Irma an. »Nun weiß ich«, palaverte sie los, »was das Martinshorn zu bedeuten gehabt hat.«

»Martinshorn?«

»Na, kurz bevor wir vom Weinblütenfest am Lemberg aufgebrochen sind, ist doch ein Krankenwagen mit Sirenen-geheul durch Feuerbach gejagt.«

Irma gähnte. »Na und? Was zum Teufel ist denn jetzt mitten in der Nacht so wichtig daran?«

»Als nach dem Fußballspiel endlich wieder Leben in die Straßen gekommen ist und die Feuerbacher ihre Hunde noch ausgeführt haben, hat ein Gassigeher einen alten Mann gefunden.«

»Gefunden?«

»Der Mann ist auf der Wiener oder Grazer oder Klagen-furter Straße – ich komme mit den österreichischen Straßen-namen meist durcheinander – gefunden worden, jedenfalls lag sein Kopf, in welcher Straße auch immer, auf der Geh-wegkante in einer Blutlache.«

»Er wird umgefallen sein. Kein Wunder bei der Hitze«, sagte Irma. – »Wie hast du eigentlich unseren Besenwirt-schaft-Ausflug überstanden? Bist du mir auch nicht böse, weil ich dich über den ganzen Feuerbacher Höhenweg ge-lotst habe?«

»Und das ohne jeden Erfolg«, maulte Helene. »Wie hätten wir auch bei den vielen Gärten die seltsamen Schwestern wiederfinden sollen? – Aber mir hat unser Ausflug trotzdem gefallen. Danke, Irma, dass du mitgekommen bist.«

»Ich hab zu danken«, sagte Irma. »Es war ein Prachtpan-orama und der Lemberger Riesling war auch super.«

»Da sind wir uns ja wieder einmal einig!« Helene lachte, und Irma meinte zu sehen, wie ihr Gesicht aufblühte. »Wir sind vom Thema abgekommen«, sagte Helene. »Was ich dir unbedingt sagen wollte: Der alte Mann mit dem Loch im Kopf hat neben einem Kater gelegen.«

»Neben einem Kater?«

»Neben einem mausetoten Kater. Wahrscheinlich sind sie beide von einem Auto angefahren worden. Oder jemand hat den Mann umbringen wollen und hat stattdessen den Kater erwischt.«

Irma schüttelte den Kopf. »Könnte dir die Hitze etwas geschadet haben, Helene? Du brauchst deine Miss-Marple-Ambitionen nicht zu übertreiben. Hast du vergessen, dass es nicht ungefährlich ist, eine Leiche zu finden?«

»Papperlapapp«, sagte Helene Ranberg. »Nix Leiche. Der Mann war nur ohnmächtig. Er ist im Krankenhaus wieder zu sich gekommen.«

»Woher weißt du das?«

»Haben sie auch im Radio gemeldet. Die Polizei sucht Zeugen.«

»Wie ich dich kenne, Helene, hältst du den Vorfall für einen Mordversuch. Aber schließlich schwebt der Mann ja nicht in Lebensgefahr.«

»Doch, er schwebt. Sonst wär's ja nicht im Radio gekommen. Oder?«

»Hm«, machte Irma. »Und wieso sollte das ein Mordversuch gewesen sein?«

»Bei dem Kater ist es ja nicht beim Versuch geblieben«, erklärte Helene hartnäckig.

»Ich bin froh, nicht für ermordete Kater zuständig zu sein«, sagte Irma.

»Schade«, sagte Helene. »Gut's Nächtle, Irma.«

Zwei

Montag, 28. Juni

Brünnhilde trauerte ihrer Kindheit nicht nach. Bis zu ihrem zehnten Lebensjahr war sie zu klein für ihr Alter gewesen. Und zu dick. Ihre einzige Leidenschaft galt Essen und Trinken, ohne Vorlieben für bestimmte Speisen. Sie kaute alles, was ihr zwischen die Zähne kam, mit Bedacht und Genuss. Ihr sonst verkniffenes Gesicht entspannte sich und fabrizierte ein selbstvergessenes Lächeln, das exakt so lange anhielt, wie sie kaute und schluckte.

In der Schule galt sie als Außenseiterin, was weniger an ihrer unvorteilhaften Außenfassade gelegen haben mochte, sondern an der Art und Weise, wie sie auf ihre Mitschüler und Lehrer zuging, beziehungsweise nicht zuging. Alles, was Brünnhilde sagte, klang abweisend und mürrisch.

Als sie mit zehn Jahren zu wachsen begann und nicht mehr damit aufhörte, bis sie mit fünfzehn eine Länge von eins sechsundachtzig erreicht hatte, änderte sich nichts in ihrem Verhalten, außer dass sie die Leute nun verdrossen von oben statt von unten musterte.

Nach einem mittelmäßigen Abitur begann sie eine Lehre in einer Bankfiliale. Nicht weil sie sich besonders für Geldangelegenheiten interessierte, sondern weil es ihr völlig egal war, in welchem Beruf sie ihr Leben verbringen würde. Ihre Mutter hoffte, das träge Mädchen würde durch eine geregelte Arbeit endlich erwachsen und selbständig werden und ihr nicht mehr auf der Tasche liegen und auf den Nerven rumtrampeln.

Während ihrer Lehrzeit wurde Brünnhilde von einem Chef betreut, der das Wunder vollbrachte, aus ihr eine freundliche, zuvorkommende Bankangestellte zu machen. Die sonst Widerborstige folgte den Anweisungen dieses kleinen, untersetzten Mannes freiwillig, und wie es schien, sogar freudig. Die Kollegen und Kunden hatten ein wohlwollendes Lächeln für dieses ungleiche Gespann. Wer beide näher kannte, führte die gegenseitige Sympathie auf ihre einzige Gemeinsamkeit zurück: ihre Leidenschaft fürs Essen. Während Brünnhilde durch die einträchtigen Fressorgien kein Gramm zunahm, ging Herr Betz zunehmend in die Breite. Weil er durch sein Übergewicht unter Atemnot und Herzbeschwerden litt, überließ er Brünnhilde nach und nach immer mehr von seinen Aufgaben.

Als Brünnhilde Herrn Betz tot im Tresorraum fand, wo ihn der Schlag getroffen hatte, war er kurz vor der Pensionierung und sie fünfunddreißig Jahre alt. Seit gestern war sie vierzig, ein tüchtiges Mitglied der Gesellschaft, insgesamt seit zwanzig Jahren in dieser Bank im Zentrum Feuerbachs beschäftigt, seit fünf Jahren als Filialleiterin.

An diesem Montagmorgen schloss Filialleiterin Brünnhilde Kurtz die Eingangstür der Bank noch früher als gewöhnlich auf und betrat wie immer als Erste die Bank. Allerdings schien sie heute auf Wolken zu schweben. Sie summte vor sich hin und bewegte selbstherrlich, aber anmutig die Arme, als ob sie ein Orchester dirigieren würde. Sie tänzelte. Sie lächelte. Wenn jemand sie hätte sehen können, wäre er zu dem Schluss gekommen, Brünnhilde sei verliebt.

Obwohl sie noch einiges tun wollte, bevor die Bank für die Kunden geöffnet wurde, blieb sie vor dem Garderobenspiegel stehen. Sie musste leicht in die Knie gehen, damit ihr Gesicht unter dem oberen Rahmen auftauchte.

Ihre schlanken, aber kräftigen Finger tasteten über eine Frisur, die noch schlichter war als die, die sie als Kind getragen hatte. Die Mutter hatte Brünnhildes dichtes, festes Haar alle vier Wochen akkurat auf Kinnlänge gestutzt. Seit es die Mutter nicht mehr gab, ließ Brünnhilde ihre Haare wachsen und trug sie als perfekt gedrehten Dutt im Nacken.

Trist wie ihre Frisur war auch ihre Kleidung. Beigetöne in allen Nuancen, wie sie ältere Damen bevorzugen. Selbstverständlich flache Schuhe, um nicht noch einige Zentimeter größer zu sein. Ihre Kolleginnen hatten längst aufgegeben, ihr zu empfehlen, sie solle es bei ihrer wohlproportionierten Figur doch mal mit modischer Kleidung versuchen.

Brünnhilde Kurtz blickte selten freiwillig in einen Spiegel, wie jetzt im Flur der Bank. Was sie sah, war ein ovales Gesicht ohne Make-up, aber trotz vierzig Jahren faltenfrei. Blaue Augen mit dichten hellen Wimpern. Klassisch gerade Nase und ein Mund, dessen Winkel heute ausnahmsweise nicht nach unten zeigten. Dieses Gesicht rundete ein erstaunlich weiches Kinn ab.

An Brünnhildes Lebenswandel, wie er sich nach außen darstellte, hätte niemand etwas Außergewöhnliches feststellen können. Doch sie hütete persönliche Geheimnisse. Nach dem Tod von Herrn Betz hatte sie in einem Fitnessstudio begonnen, sich Grundkenntnisse im Boxsport anzueignen. Inzwischen hatte sie das Training in ihr Wohnzimmer verlegt, hauptsächlich deswegen, weil sie dort zusätzlich Musik hören konnte. Musik von Richard Wagner.

Beim Kampf mit ihrem Standboxsack gelang es ihr, sich ihren Frust über das stupide Leben, das sie führte, abzutrainieren. Dieser Missmut überfiel sie jeden Abend, sobald sie ihr Haus betrat, und wurde ihr an den Wochenenden fast unerträglich. Sie konnte diese Unzufriedenheit mit sich selbst und die daraus resultierende Wut auf Gott und die Welt nicht wegstecken, bevor sie ihren Boxsack lange genug bearbeitet hatte. Und sie fand keine Ruhe, bevor ihr tägliches Programm auf dem Heimtrainer erledigt war. Brünnhilde wusste Bescheid, wie man sich fit hielt. Die Frage, wofür sie sich fit hielt, hätte sie indessen nicht beantworten können. Das Training war ihr einziges Hobby, und sie kam nie auf die Idee, es für eine andere Freizeitbeschäftigung einzuschränken.

Ein weiteres Geheimnis war ihr Liebesleben. Immer war sie überzeugt gewesen, dass die Männer sie nicht mochten, und deswegen mochte sie sie auch nicht. Das hieß nicht, dass sie kein sexuelles Verlangen spürte. Es reichte ihr, sich selbst zu befriedigen. Darauf konnte sie verzichten, seit Erik bei ihr wohnte. Er verstand es, ihre Gelüste wirkungsvoll und perfekt zu stillen. Das Krafttraining gehörte seit vielen Jahren, aber Erik erst seit einem Jahr zu Brünnhildes Geheimnissen.

Brünnhilde stand immer noch im Garderobenraum der Bank vor dem Spiegel. Bedächtig krempelte sie den rechten Ärmel der beigefarbenen Hemdbluse hoch und betrachtete ihren Bizeps. Zog den Blusensaum aus dem Bund und streichelte ihren straffen, flachen Bauch. Raffte die weiten Hosenbeine bis zu den Oberschenkeln hoch, um ihre muskulösen Waden abzutasten.

Plötzlich wurde ihr bewusst, dass sie träumte. Träumen hielt sie für eine Schwäche, die sie sich sonst nicht erlaubte, schon gar nicht in den Räumen der Bank. Hastig brachte sie ihre Kleidung in Ordnung und warf einen letzten Blick in den Spiegel. Obwohl sie sich spontanes Lächeln, genau wie das Träumen, sonst nicht gestattete, lächelte sie sich an. Ihr Spiegelbild bescheinigte ihr, dass sie eine große, gut gebaute, aber trotzdem unscheinbare Frau war.

Ihre kleine Träumerei hatte kaum mehr als fünf Minuten gedauert, aber nun erschrak sie über ihr Trödeln und öffnete die Tür zum Schalterraum.

Wenig später rief Brünnhilde Kurtz die Polizei an.

Als Polizeimeister Rettich, ein schlaksiger junger Beamter mit vor Tatendrang glühenden Ohren, in der Bank ankam, stand Frau Kurtz unter Schock. Sie saß zusammengesunken an ihrem Schreibtisch, starrte vor sich hin und rang die Hände. Die Kolleginnen, die pünktlich zum Arbeitsbeginn eintrafen, erkannten ihre Chefin kaum wieder. Sie waren es gewöhnt, dass Frau Kurtz, die in der Regel zwar nicht übermäßig freundlich, aber doch immer korrekt war, unerwartet herrisch werden konnte – aber ratlos oder gar erschüttert hatten sie sie noch nie erlebt. Die Kassiererin Frau Schick und das Maierchen, wie Frau Maier auf Grund ihrer Jugend von den Kollegen genannt wurde, mussten zuerst jede ihren eigenen Schreck überwinden, bevor sie sich redlich bemühten, die Chefin zu trösten. Auch der stellvertretende Filialleiter Kleiber, der einige Minuten nach den zwei Damen in der Bank erschien, tat sein Bestes, um Frau Kurtz zu beruhigen.

Polizeimeister Rettich hatte bereits das Raubdezernat verständigt und Verstärkung angefordert, aber er genoss es, sich wichtig machen zu können, bevor die Kollegen eintrafen. Er begann Frau Kurtz penetrant auszufragen. Sie wiederholte mehrmals die gleiche Litanei: Sie sei wie an jedem Arbeitstag als Erste in der Bank gewesen. Sie habe den Tresor aufgebrochen und die Schubladen und Aktenregale durchwühlt vorgefunden.

»Sehen Sie doch selbst!«, schrie sie plötzlich ungeduldig und zeigte auf den am Boden liegenden Kabelsalat der PCs und Telefone. »Sogar die Alarmanlage ist zerstört! Ich war froh, dass ich mein Handy dabei hatte und die Polizei anrufen konnte.« Sie sprang vom Stuhl hoch, stampfte mit dem Fuß auf und ballte die Fäuste.

Polizeimeister Rettich wirkte zwar durch den Wutausbruch der Filialleiterin nicht mehr so forsch wie anfangs, nahm aber Haltung an, um das Verhör würdig fortzusetzen. Obgleich die Frage nicht unbedingt in seine Zuständigkeit fiel, erkundigte sich Rettich bei Frau Kurtz, wie viel Geld sich im Tresor befunden habe. Sie zeigte auf den PC mit den herausgerissenen Kabeln und sagte, die genaue Summe habe sie am Freitag vor Feierabend noch gespeichert, aber sie wäre jetzt völlig durcheinander und wisse nicht mehr genau, wie hoch der Betrag gewesen sei.

»Na ja«, sagte Rettich, »das können die Kollegen vom Raubdezernat herausfinden.«

Inzwischen waren zwei Spurensicherer eingetroffen und hatten den Bescheid mitgebracht, dass Kommissar Stöckle vom Raubdezernat nicht käme, da der Bankräuber bereits gefasst worden sei.

Rettich war erleichtert, weil sich sein Job dadurch weniger verantwortungsvoll gestaltete. Das Wichtigste, was hier noch zu suchen war, waren die Fingerabdrücke des Täters.

Frau Kurtz stand mittlerweile wie eine strafende Göttin in der Mitte des Schalterraumes. Auf die Frage, ob sie etwas verändert habe, schüttelte sie energisch den Kopf.

Gegen ihre Größe von eins sechsundachtzig wirkte Polizeimeister Rettich mickrig, und die zwei Spurensucher in ihren weißen Overalls sahen neben ihr wie avantgardistische Hutzelmännchen aus. Einer davon begann eifrig Möbel und Türen abzupinseln, mit dem anderen ging Rettich zum Hinterausgang, der zur Garage führte.

Als Rettich zurückkam, fragte er Frau Kurtz, durch welche Tür sie an diesem Morgen in die Bank gekommen sei. Sie sagte, da sie ja kein Auto habe, käme sie immer zu Fuß und benutze die Zugangstür von der Straße aus.

Daraufhin erklärte der Polizeimeister: »Der Täter ist durch die Garage hereingekommen und hat den Hintereingang zu den Bankräumen aufgebrochen!«

Der Spurensicherer wies darauf hin, dass an dem Garagentor und der Hintertür keinerlei Einbruchsspuren gefunden worden seien.

Worauf Rettich ebenfalls eine Antwort parat hatte: »Das war eben ein Profi. Erst hat er die Alarmanlage und die Überwachungskameras außer Betrieb gesetzt und dann, wie auch immer, den Tresor geöffnet. Als er das Geld hatte, ist er durch die Tür zur Straße hinaus. Und weg war er! – Sehen Sie das auch so, Frau Kurtz?«

»Aber ja«, bestätigte sie. »Die vordere Tür ist von innen problemlos zu öffnen.«

Neugierig fragte sie den Spurensicherer, der dabei war, die vordere Tür nach Spuren zu untersuchen, ob er die Fingerabdrücke des Täters schon gefunden habe.

»Die Spuren müssen erst im kriminaltechnischen Labor ausgewertet werden«, belehrte er sie. »Wie es scheint, kleben die Abdrücke der schweißigen Kundenhände von der ganzen vergangenen Woche dran. Alles ziemlich unübersichtlich. Ich hoffe, wir finden Hinweise in den Geschäftsräumen, wo keine Kunden gewesen sind.«

»Ist doch ganz einfach«, sagte die Kassiererin Frau Schick. »Fingerspuren, die nicht zu uns gehören, stammen von dem Bankräuber.«

Polizeimeister Rettich fächelte sich mit seiner Mütze Luft zu. »Richtig. Deswegen sollte die gesamte Bankbelegschaft heute noch ins Präsidium zum Erkennungsdienst kommen und ihre Fingerabdrücke registrieren lassen.«

Herr Kleiber zog sein Jackett aus. Da er an diesem Tag voraussichtlich keine Kunden bedienen musste, fand er das trotz dienstlich vorgeschriebener Kleiderordnung angemessen.

Frau Kurtz schickte einen theatralischen Rundblick durch die Schalterhalle und seufzte: »In dieser Bank arbeite ich nun schon über zwanzig Jahre – und nun so etwas!«

Sie ließ sich auf einen Stuhl fallen, drückte die Handballen gegen die Kiefer und die Fingerkuppen auf die Stirn und keuchte: »Mein Kreislauf! Ich habe ja noch nicht mal gefrühstückt!«

Polizeimeister Rettich, der auch noch nicht gefrühstückt hatte, wies Frau Schick und das Maierchen an, Kaffee zu kochen, und schickte Herrn Kleiber zum Bäcker. Kleiber zog sein Jackett wieder an und übernahm widerspruchslos die Pflicht, die sonst dem zurzeit im Urlaub befindlichen Auszubildenden oblag. Er marschierte zum Sternenbäck und kaufte Brezeln und Laugenweckle.

Kurze Zeit später saßen der uniformierte Hüter des Gesetzes, die in ihre weißen Schutzanzüge verpackten Spurensicherer und die Bankbelegschaft einträchtig an einem Beratungstisch und frühstückten. Niemand fragte danach, ob das korrekt sei.

Da die Spuren erst ausgewertet werden mussten und Polizeimeister Rettich vorläufig keine weiteren Fragen einfielen, trennte man sich nach dem Frühstück wie gute alte Bekannte. Rettich gab grünes Licht zum Aufräumen. Nachdem ihn bei der Verabschiedung Frau Kurtz' spontaner Händedruck fast in die Knie gezwungen hatte, ging er nachdenklich über die Straße zu seinem Auto.

Bevor er einstieg, schüttelte er den Kopf und murmelte: »Wie kann man nur bei dieser Länge Kurtz heißen?«

Nachdem die Polizeibeamten gegangen waren, ließ Frau Kurtz durchblicken, es nicht mehr länger in der Bank aushalten zu können.

Frau Schick sagte: »Dann gehen Sie jetzt nach Hause, Frau Kurtz. Sie haben heute genug durchgemacht. Ruhen Sie sich aus, wir räumen hier auf, so gut es geht.«

»Ja, aber ab morgen habe ich doch Urlaub – ich wollte heute hier noch Verschiedenes erledigen.«

»Den Urlaub haben Sie nach der Aufregung wirklich nötig«, versicherte Frau Schick. »Wir schaffen das schon allein.« Sie schauderte zusammen und flüsterte: »Wenn ich bedenke, was hätte passieren können, wenn dieser kaltblütige Verbrecher noch da gewesen wäre, als Sie heute Morgen mutterseelenallein in die Bank gekommen sind!«

»Ja, da habe ich wirklich Glück gehabt«, sagte Frau Kurtz.

Nachdem einer nach dem anderen der Chefin einen erholsamen Urlaub gewünscht und sie ihrem Vertreter Herrn Kleiber die Schlüssel ausgehändigt hatte, verließ Frau Kurtz die Bank. Sie, die sonst immer forsch auf ihren flachen Absätzen unterwegs war, lief leicht gebeugt über die Straße.

Herr Kleiber nahm das Schild »Geschlossen« von der Eingangstür, ergänzte es zu »Heute ganztägig geschlossen« und hängte es wieder auf.

* * *

Brünnhilde Kurtz ging auf direktem Weg nach Hause. Sie fror. Daran konnte auch die Temperatur, die inzwischen wieder 30 Grad erreicht hatte, nichts ändern.

Daheim ließ sie sich ein heißes Bad ein. Ihre beige Seidenbluse und die braune Leinenhose waren feucht und zerknittert. Kalter Schweiß hatte BH und Slip auf die Haut geklebt. Sie schälte sich ein Kleidungsstück nach dem anderen vom Leib und warf es mit spitzen Fingern in den Korb neben der Waschmaschine. Dann stieg sie in die Wanne, die für sie zu kurz war. Die Knie ragten aus dem Schaumberg heraus. Erik hatte es gut, dachte Brünnhilde, für ihn war die Wanne wie gemacht. Sie schloss die Augen und sah Eriks zierlichen Körper und sein lachendes Gesicht im Wasser verschwinden, um dann prustend wieder aufzutauchen. Brünnhilde gestand sich ein, dass sie ihn vermisste. Sie rutschte so weit wie möglich unter den Schaumberg, schloss die Augen und dachte daran, wie sie Erik kennengelernt hatte.

Die Situation war außergewöhnlich und nicht ungefährlich gewesen: In einer kalten, regnerischen Nacht war Brünnhilde am Feuerbacher Bahnhof aus der S-Bahn gestiegen. Sie kam aus der Innenstadt, in der die Geschäfte bis zehn Uhr geöffnet waren. Sie war schlecht gelaunt, weil sie stundenlang in Modegeschäften gestöbert hatte, ohne etwas Passendes zu finden. XXL war zu weit und alles andere zu kurz.

Brünnhilde lag in der Badewanne und sah hinter ihren geschlossenen Lidern, wie sie in jener Nacht den Bahnhofsvorplatz überquerte. Auf halber Strecke hörte sie barsche Stimmen, blieb stehen und schaute zurück. Am Parkplatz war ein Gerangel im Gange. Zwei bullige Typen hielten einen zierlichen Jungen im Schwitzkasten. Aus den Satzfetzen, die Brünnhilde aufschnappte, folgerte sie, dass es um Geld ging. Weil der Junge beteuerte, nur Kleingeld bei sich zu haben, schlugen die zwei auf ihn ein. Er winselte wie ein Hund, ging zu Boden und versuchte, sein Gesicht mit den Händen zu schützen. Bei jedem Tritt, den die zwei Kerle dem Kleinen verpassten, lallten sie frivole Flüche. Brünnhilde hielt sie für sturzbetrunken. Beide waren fast so groß wie sie und ließen sich von ihr, die jetzt dicht neben ihnen stand, nicht stören.

Einer stieß sie gegen die Schulter und knurrte: »Mach die Fliege, Alte!«

Der Junge, der auf dem Pflaster lag, bemerkte Brünnhilde, und als ob er hoffte, es handle sich um seinen Schutzengel oder so etwas in der Art, streckte er die Arme nach ihr aus. Im Schein der Straßenlaterne sah sie seine Augen. Dunkle Samtaugen, in die schwarze strähnige Haare hingen. Augen, die sich nun flehend an ihre hefteten. In diesem Moment empfand sie ein Gefühl, das sie noch nie gespürt hatte: Mitleid. Es war da, dieses Mitleid, wenn auch stark überdeckt mit einem ihr sehr bekannten Gefühl. Mit dieser Stinkwut, die sie in letzter Zeit immer öfter überfiel wie ein Hexenschuss. Diese Wut, die von ihr Besitz nahm, sobald ihr das eintönige Leben, das sie führte, bewusst wurde. Es war die Wut, die sie nur abbauen konnte, während sie ihren Boxsack bearbeitete.

Diesmal richtete sich ihre Wut gegen die zwei Schläger. Ihre Wut ballte sich in ihrer Faust zusammen und sie verpasste einem der Angreifer eine abrupt geschlagene Gerade. Er fiel wie ein nasser Sack aufs Pflaster. Während er Blut spuckte, schnappte sie den anderen am Kragen und setzte ihn energisch daneben, dabei gab es einen Ton, als wäre ihm das Steißbein gebrochen. Der eine hielt sich das Kinn, der andere den Po. Beide glotzten entgeistert zu ihr empor. Sie ballte erneut ihre Rechte. Als sie zum Schlag ausholte, hinderte sie die Winselstimme des kleinen Schwarzhaarigen daran, zuzuschlagen.

»Es reicht!«, wimmerte er. »Sonst kriegen wir noch die Polizei auf den Hals.«

Sie ließ die Faust sinken. Obwohl ihre Wut noch lange nicht verraucht war, unternahm sie nichts, um die beiden Schläger, die sich nun klammheimlich verdrückten, zurückzuhalten. Stattdessen beugte sie sich zu dem Jungen hinunter und zog ihn hoch. Und weil er schwankte, setzte sie ihn auf die Bank und sich daneben.

»Also«, sagte sie streng. »Was hat ein mickriger Minderjähriger mitten in der Nacht auf der Straße zu suchen? Und wieso hast du Angst vor der Polizei?«

Das waren zwei heikle Fragen, und es dauerte eine Weile, bis sie beantwortet waren. Er antwortete mit einer hellen, sanften Stimme, die zu einem Mädchen hätte gehören können.

Brünnhilde erfuhr, dass der Junge durchaus nicht minderjährig, sondern dreiundzwanzig Jahre alt war, was sie, als sie ihn nun genauer betrachtete, glaubte. Er hieß Erik Raabe und sagte, er müsse der Polizei aus dem Wege gehen, da er wegen eines kleinen Strafdeliktes, wie er seinen Autodiebstahl nannte, erst vor drei Tagen von Frankfurt nach Stuttgart abgehauen sei. Per Anhalter mit einem Viehtransporter.

Sie kräuselte die Nase und sagte: »Schafe. Du stinkst nach Schafmist! Und wo hast du dich seitdem herumgetrieben?«

Erik erzählte, da er sich in Stuttgart nicht auskenne, habe er dank des guten Wetters bisher im Freien übernachtet.

Sie fragte nicht nach Details, sondern sah forschend in seine Samtaugen und ließ ein langgezogenes »Und nun?« hören.

»Ich weiß nicht, wohin«, stöhnte er und rieb sich die linke Seite, wo ihn die meisten Tritte getroffen hatten. »Mir tun alle Knochen weh, ich würde am liebsten hier liegen bleiben.«

»Auf der harten Bank? Dann tut dir morgen früh garantiert noch mehr weh. – Kannst du laufen?«

Er stand auf und humpelte probeweise hin und her, sagte leise: »Geht schon«, und ließ sich mit einem Seufzer wieder auf die Bank fallen.

Brünnhilde spürte seinen Kopf an ihrer Schulter und merkte, dass er weinte. Zehn Minuten später waren sie gemeinsam zu ihrer Wohnung unterwegs.

Die Bilder dieses Abends, an dem sie Erik vor dem Feuerbacher Bahnhof aufgelesen hatte, spukten Brünnhilde durch den Kopf, während sie immer noch in der Badewanne lag. Es war wie ein Film, der vor- und zurückgespult wurde. Das Wasser war längst kalt, aber nun war ihr heiß. Sie boxte gegen die Wand, steckte die Faust wieder ins Wasser und wartete, bis der Schmerz nachließ. Dann zog sie den Kopf unter Wasser und hielt die Luft an.

Als ihr schwindelig wurde, tauchte sie auf und schrie: »Scheißspiel! Er fehlt mir!«

Da konnte nur noch der Boxsack helfen. Sie bearbeitete ihn eine halbe Stunde lang. Ihre Schläge waren rabiat und unnachgiebig. Anschließend hockte sie keuchend unter der Dusche: Brühheiß. Eiskalt. Immer wieder.

Es wurde schon hell, als sie endlich ins Bett sank. Bauch-atmung, dachte sie. An angenehme Dinge denken. In fünf Stunden sitze ich im Flugzeug. Ich habe Urlaub verdient!

Drei

Dienstag, 29. Juni

Fabian Knorr war wieder nüchtern. So nüchtern, dass er ernsthaft darüber nachzugrübeln begann, was seit Sonntagabend passiert war. Seine Erinnerungen endeten bei dem Streit mit Ariadne oder genauer gesagt, seit der Alkohol seinen Kopf erreicht hatte.

Ariadne war seine Freundin. Sie war achtzehn, gleich alt wie er. Beide waren Azubis in einer Metzgerei. Fabian hasste diesen Beruf. Nicht dass es ihm schwerfiel, mit den Kunden umzugehen, dafür war er sogar recht talentiert. Was er hasste, waren die Produkte, mit denen er sich zu schaffen machen musste. Wurst abschneiden konnte er noch verkraften, aber Knochen zerhacken und Fleischstücke zerkleinern war nichts für Fabians »zartes Gemüt«, wie Ariadne sein Innenleben nannte. Sie selbst hatte keine Probleme mit Schweinehaxen, Kalbsköpfen oder gerupften Hähnchen. Für sie war es ein Vergnügen, mit bloßen Händen in rohem Hackfleisch zu manschen.

Seit einem halben Jahr waren Ariadne und Fabian zusammen, gingen ins Kino oder spazieren. Am vorigen Wochenende hatten sie das erste Mal miteinander geschlafen. Das war zwar nicht das erwartete großartige Erfolgserlebnis gewesen, weil die Sache mit dem Kondom zu viel Zeit in Anspruch genommen hatte, aber immerhin -- es war ein Anfang gewesen. Seither lechzte Fabian danach, dieses Experiment zu wiederholen. Die Vorbedingungen waren günstig, da seine Eltern nach Berlin zur Beerdigung von Muttis Großonkel Erich gefahren waren. Mutti hatte angerufen und mitgeteilt, Onkel Erich sei gut unter die Erde gekommen, aber dieser depperte Geizkragen habe ihr leider nur wenig Bares hinterlassen. Das wollten sie und Vati nun gleich dazu verwenden, sich Berlin anzusehen.

»Wirst ja mal eine Woche allein klarkommen«, hatte sie gesagt.

Fabian hatte vor Glück Gänsehaut bekommen und versichert: »Selbstverständlich. Bin ja kein Baby mehr. Macht euch ein paar schöne Tage.«

Am Sonntag hatte Fabian also sturmfreie Bude. Sein Plan, mit Ariadne den Tag und die Nacht zu verbringen, scheiterte trotz aller Liebe an ihren unterschiedlichen Meinungen zu einer weltbewegenden Angelegenheit. Fabian war zwar fixer im Kopf, aber langsamer auf den Beinen als Ariadne. Er hinkte, seit er sich als Kind beim Fußballspielen das Kniegelenk gebrochen hatte. Ariadne dagegen war ungeachtet ihrer Fettpolster flink wie ein Wiesel.

Bevor Fabian rohes Fleisch zu hassen gelernt hatte, hatte er schon das Fußballspielen gehasst, weil es schuld an seinem Handicap war. Dass er keinerlei Begeisterung für den Volkssport Fußball aufbringen konnte, war demnach verständlich. Sein Widerwille gegen Fußball war das Einzige, was Ariadne an Fabian störte. Denn Ariadne war von ihrem alleinerziehenden Vater in Ermangelung eines Sohnes zu einem Fußballfan erzogen worden. Sie hatte schon mit fünf Jahren in einer Mädchenmannschaft gespielt, mit wachsender Begeisterung. Erst seit sie in die Pubertät gekommen war, hatte sie das Training aufgegeben, weil ihre Speckpolster Sport beschwerlich machten und sie dadurch nicht mehr zu den guten Spielerinnen gehörte, was sie nicht ertragen konnte. Aber es gab ja das Daimler-Stadion und die Sportschau. Und in diesem Jahr sogar die Fußballweltmeisterschaft. Ariadne saß jede freie Minute vor dem Fernseher, mampfte unentwegt Fleischküchle, Schinkenwürste, kalte Koteletts und dergleichen in sich hinein und jubelte sich heiser, wenn ihre bevorzugte Mannschaft ein Tor schoss. Sie konnte in der Wohnung so laut schreien, wie sie wollte, da erstens ihr Vater in irgendeiner Kneipe schrie und weil zweitens zurzeit die ganze Nation zu schreien schien.

An dem bewussten Sonntag, an dem Fabian sturmfreie Bude hatte, gab es den ersten Streit zwischen ihm und Ariadne. Er wollte Sex mit ihr haben, sie Fußball gucken. Sie bestand darauf, dass das Fußballspiel Priorität habe, weil Deutschland im Achtelfinale gegen England spielte, was ja wirklich nicht alle Tage vorkam. Fabian konnte sich nicht durchsetzen, und das Ende vom Lied war, dass Ariadne kurz vor dem Anpfiff aus der sturmfreien Wohnung stürmte und zur nächstliegenden überfüllten Kneipe lief. Dort saßen die Stammgäste bereits vor dem Bildschirm und hatten sich mit Stuttgarter Hofbräu eingestimmt. Sie nahmen das Mädchen freundlich in ihre Mitte.

Fabian hielt es ohne Ariadne daheim nicht aus. Er rannte liebeskrank durch Feuerbachs Straßen. Zu guter Letzt kaufte er an einem Kiosk zehn Dosen Bier. Da im Hintergrund ein Fernseher stand, auf dem bereits das Fußballspiel lief, wurde Fabian nicht wie sonst gefragt, ob er schon achtzehn sei. Deswegen verlangte er auch noch Zigaretten. Sein Geld reichte gerade noch für zwei Päckchen Rote Gauloises und ein Billigfeuerzeug.

Er steckte sich gleich vor Ort eine Zigarette an und nahm zwischen jedem Zug und einem Hustenanfall einen tiefen Schluck aus der ersten Bierdose. Die anderen verstaute er in seinem Rucksack, drückte die angefangene Dose gegen die Brust und humpelte davon. Es kam ihm so vor, als würde die Hitze bei jedem Schritt um mindestens fünf Grad zunehmen. Deswegen überlegte er, wo es in diesem verdammt heißen Straßengewirr einen schattigen Platz mit einer Bank gab. Eine Bank, auf der er sich in Ruhe volllaufen lassen konnte. Zugegeben, im Saufen hatte er keine Übung, aber er dachte mannhaft: Drastische Situationen verlangen nach drastischen Lösungen. Das hatte er irgendwo gelesen. Er merkte sich Sprüche, die ihm gefielen und vermittelte sie, leider meist etwas unpassend, den Kunden in der Metzgerei.

Ab und zu blieb Fabian stehen, versuchte sich mit Bier zu erfrischen und tappte dann weiter durch die menschenleeren

Straßen. Nachdem die zweite Bierdose leer war, fiel ihm unvermittelt der Alte Friedhof ein, den er sich sogleich zum Ziel nahm.

Die hohe Natursteinmauer, die den ehemaligen Gottesacker umgibt, ist das einzige Vermächtnis aus der Zeit vor mehr als hundert Jahren, als hier noch verblichene Feuerbacher beerdigt worden waren. Aus dem Friedhof wurde ein kleiner Park, in dem sich die Kinder aus den umliegenden verkehrsreichen Straßen austoben. Auf diesem Spielplatz hatte auch Fabian als Kind geschaukelt und im Sand gebuddelt, und dort wollte er sich in eine schattige Ecke setzen und seinen Kummer ertränken.

Fabian gelangte in den Park, wusste aber später nicht wie.

Bis die Sonne unterging, soff Fabian gewissenhaft alle Bierdosen aus. Er war so voll, dass er das Triumphgebrüll nach jedem deutschen Tor für das »Schwabenstreich-Getöse« der Stuttgart 21-Gegner hielt. Doch der Lärm konnte Fabian nicht aufwecken. Er lag auf einer Bank im Schatten alter Buchsbäume und schnarchte leise vor sich hin. Auch die türkischen Familien, die am späten Abend mit ihrer Kinderschar den Schaukeln, Wippen und Rutschen einen lautstarken Besuch abstatteten, konnten Fabian nicht aus seinem Tiefschlaf reißen.

Als ihn am nächsten Morgen die rauen, kräftigen Hände eines städtischen Müllbeseitigers rüttelten, löste das in Fabians Kopf eine Serie schmerzhafter Vulkanausbrüche aus.

Die zwei Streifenpolizisten, die ihn eine Viertelstunde später wegschleppten, nahm er kaum wahr. Er erinnerte sich auch nicht an die Fahrt im Dienstwagen zum Polizeipräsidium in der Hahnenstraße, wo man ihn auf der Pritsche einer Ausnüchterungszelle abgelegt hatte.

Dort hatte Fabian noch ein paar Stunden weitergeschlafen. Als er am Nachmittag wach wurde, brummte sein Kopf immer noch dermaßen, dass er nur ab und zu widerwillig die Augen öffnete, um sie gleich wieder zuzudrücken. Erst gegen Abend lichteten sich seine Gedanken etwas und er ahnte, wo er war. Irgendwann brachte ihm ein freundlicher, aber wortkarger Wärter zusammen mit einem Becher Tee und zwei Leberwurstbroten die Nachricht, dass er in dieser Zelle übernachten müsse. Fabian war noch zu verwirrt gewesen, um zu protestieren.

Nun war diese Nacht endlich um und Fabian stocknüchtern. Seit er eine Tasse Kaffee und ein Laugenweckle bekommen hatte, war sein Kopf klar. Aber irgendetwas fehlte darin. Er verlangte, nach Hause gehen zu dürfen, und wusste sich keinen Reim darauf zu machen, warum das energisch abgelehnt wurde.

Wenig später saß er einem Mann gegenüber, der sich als Kommissar Stöckle vom Raubdezernat vorstellte. Fabian zermarterte sich den Kopf, wieso ihn ein Beamter des Raubdezernats verhören wollte.

Ich habe doch noch nie etwas gestohlen, dachte er. Und weshalb trägt dieser Mensch keine Uniform wie ein anständiger Polizist? Wie bin ich eigentlich hierhergekommen? Wie lange hab ich geschlafen?

All das hätte Fabian Knorr jetzt gern gefragt, aber Stöckle blickte streng. Er schob sein Kinn vor und ließ seinen Adamsapfel auf und ab zucken, was Fabian einschüchterte. Weit weniger beeindruckte ihn der junge Kerl, Stöckles Assistent, der einen Tonträger einschaltete und dann wichtigtuerisch nach Dingen fragte, die nach Fabians Meinung nichts zur Sache taten: Name? Geburtsjahr? Wohnadresse? Das alles war leicht zu beantworten. Nur bei der Frage nach Vorstrafen kam er ins Stottern, weil ihm dazu die letzte Ohrfeige seines Vaters einfiel, die noch nicht lange zurücklag. Nachdem er zuerst »ja« gesagt hatte, korrigierte er energisch mit »nein!«

Die Namen der Eltern herzusagen, war wieder einfacher. Berufe der Eltern auch: »Vater Fliesenleger. Mutter Hausfrau.«

»Schulabschluss?«

»Realschule.«

»Berufsausbildung?«

»Azubi im zweiten Lehrjahr. In der Metzgerei Pützle.«

»Drogen?«

»Nee!«

»Alkohol- und Zigarettenkonsum?«

»Nee.«

Als diese Fragerei erledigt war, begann Stöckle mit dem Verhör. Bevor er loslegte, musterte er Fabian ein paar Sekunden lang, die diesem wie zehn Minuten vorkamen. »Sie wissen, Herr Knorr, dass Sie am gestrigen Morgen von einer Polizeistreife im Stadtpark des Alten Friedhofs aufgegriffen worden sind. Volltrunken! Neben der Bank, auf der Sie geschlafen haben, lagen zehn leere Bierdosen. Ihr Inhalt ist offensichtlich bis auf den letzten Tropfen durch Ihre Kehle gelaufen. – Und da behaupten Sie: Kein Alkoholkonsum!?«

»Es war eine Ausnahmesituation«, murmelte Fabian. »Ich trinke sonst nie, weil ich keinen Alkohol vertrage.«

Kommissar Stöckle machte eine gewichtige Pause, in der Fabian angewidert den Tanz seines Adamapfels beobachtete.

»Ihr Kopf lag auf einem Rucksack«, fuhr Stöckle fort. »Darin befand sich ein Portmonee mit Kleingeld und eine Monatskarte der SSB.«

Fabian fühlte, wie sich durch diese Mitteilung das Chaos in seinem Kopf etwas ordnete. Sein Fahrausweis! Endlich war das Geheimnis gelüftet, woher die Polizei seinen Namen kannte, bevor er seine Personalien zu Protokoll gegeben hatte. Obwohl der Vulkan in seinem Kopf zur Ruhe gekommen war und das heiße Pochen hinter seiner Stirn nachgelassen hatte, brachten ihn die folgenden Fragen Stöckles wieder aus der Fassung. Es ging darum, wo er am Sonntag gewesen war, bevor er sich betrunken hatte. Dass er volltrunken gewesen war, daran zweifelte Fabian nicht und gestand es auch sofort ein. Nur konnte er sich beim besten Willen nicht erinnern, auf welchem Weg er zu seinem Saufplatz gelangt war. Ob sich unterwegs irgendetwas ereignet hatte, wusste er erst recht nicht, weil er nur an Ariadne gedacht hatte. Aber gerade nach Ereignissen auf diesem Weg fragte nun Stöckle mehrmals beharrlich. Fabian verstand nicht, warum das wichtig sein sollte. Stöckles nächster Satz kam ihm so seltsam vor, dass er ihn sich wiederholen ließ.

Stöckle betonte jedes Wort und ließ dabei seinen Adamsapfel hopsen. »Woher stammen die zehn Hundert-Euro-Scheine, die sich in der Seitentasche Ihres Rucksacks befunden haben?!«

»Wie meinen Sie das?«

Das stotterte Fabian und merkte, dass er genauso bekloppt guckte, wie er sich fühlte. Er ahnte zwar, dass sein rundes Babygesicht auch im Normalzustand nicht den Eindruck erweckte, zu einem Hochbegabten zu gehören, aber seit Ariadne ihm versichert hatte, er sähe absolut süß aus, hatten sich seine Minderwertigkeitsgefühle weitgehend verflüchtigt. Fabian war selbstbewusst geworden, seit er mit Ariadne zusammen war, und auch, weil er seither auf ihren Rat die Haare kurz und mit Gel hochgestellt trug. Er tastete nach seinen Haaren. Natürlich lagen sie platt auf der Kopfhaut und das machte ihn noch nervöser.

Während er an seiner nicht vorhandenen Frisur herumzupfte, sagte er tapfer: »Okay, ich habe mich besoffen. Ist das ein Verbrechen?«

»Besaufen nicht«, sagte Stöckle. »Aber eine Bank auszurauben, ist auf alle Fälle eine strafbare Handlung.«

»Bank? Ausrauben? Nun verstehe ich überhaupt nichts mehr!« Fabian verdrehte ratlos die Augen. »Ich hab zwar in einer öffentlichen Grünanlage auf einer öffentlichen Bank übernachtet, aber niemanden belästigt. Nicht mal gekotzt hab ich. Also, was hab ich verbrochen?«

»Hier stelle ich die Fragen!« Stöckles zusammengezogene Augenbrauen waren eine eindeutige Drohgebärde, der er jetzt auch seine Stimme anpasste. »Sagen Sie mir endlich, was Sie am Sonntag, bevor Sie sich dem Suff ergeben haben, getan haben. In Ihrem Alter sollte das Kurzzeitgedächtnis noch so weit funktionieren, dass Sie sich Dienstag früh erinnern können, was am Sonntagabend passiert ist.«

Fabian schnappte nach Luft und sagte gedehnt: »Dienstag? Wieso haben wir schon Dienstag?«

Er schielte auf sein zerknittertes T-Shirt und zu seiner schmuddeligen Trekkinghose und dachte, dass er, wenn tatsächlich schon Dienstag war, schließlich andere Sorgen hatte, als ständig dämliche Fragen zu beantworten. Sorgen, wie zum Beispiel, ob er seine verdreckten Klamotten wieder sauber bekäme, bevor seine Eltern zurück sein würden. Seine noch größere Sorge war, wie er Ariadne die Sache erklären sollte. Er war sich sicher, dass sie inzwischen nicht mehr eingeschnappt war – schon wegen der vier deutschen Tore gegen die Engländer. Informationen über diesen Sieg hatte ihm ein junger Polizist zusammen mit dem Frühstück gebracht. Aber was sollten Ariadne und natürlich auch der Chef von ihm denken, da er, der doch immer pünktlich gewesen war, gestern, am Montag, und nun auch noch heute nicht zur Arbeit gekommen war? Wahrscheinlich hatte Herr Pützle bei ihm daheim angerufen und längst festgestellt, dass er nicht mit Bauchweh oder dergleichen im Bett lag.

Diese Probleme machten Fabian bockig. Er zog seine pralle Unterlippe zwischen die Zähne, sprang auf, als wollte er Stöckle an die Kehle, und schrie unvermittelt los: »Verdammt noch mal, ich muss ins Geschäft!«

Stöckle blieb gelassen und verlangte in einem Ton, mit dem man ungezogene Kinder zurechtweist: »Setzen Sie sich wieder hin! – Und nun weiter im Text: Sie sind, wie gesagt, gestern Morgen sturzbesoffen aufgegriffen worden und haben den restlichen Tag verschlafen. Als Sie einigermaßen ausgenüchtert waren, war es schon zu spät für eine Befragung.«

»Und da haben Sie mich einfach noch eine Nacht eingesperrt gelassen?«, fragte Fabian empört.

Doch dann senkte er den Kopf, starrte seine Hände an und sagte, dass er stundenlang wachgelegen und sich vor den besoffenen Randalierern aus den Nachbarzellen gefürchtet habe.

Stöckles Augenbrauen trafen sich über der Nasenwurzel. »Außer der strafbaren Handlung Volltrunkenheit in der Öffentlichkeit mussten wir Sie sowieso wegen des Raubdeliktes in polizeilicher Verwahrung behalten.«

»Raubdelikt? Verwahrung?« Fabian rang seine Wurstfinger.

»Lenken Sie nicht ab, Herr Knorr! Sie sind schließlich nicht zum Spaß hier! Sie sind mir die Erklärung schuldig, wie zehn Hundert-Euro-Scheine in Ihren Rucksack gekommen sind!«

»Ich habe noch nie im Leben zehn Hundert-Euro-Scheine besessen.« Fabian wurde wütend. »1000 Euro! Mann, wissen Sie, was ein Azubi verdient?«

»Kurz nachdem Sie aufgegriffen worden sind, hat sich herausgestellt, dass eine in der Nähe liegende Bankfiliale ausgeraubt worden ist. Möglicherweise hat der Überfall schon am Sonntagnachmittag, bevor Sie sich besoffen haben, stattgefunden. Es wurde eine beträchtliche Summe entwendet. Die Banderolen um die Scheine, die in Ihrem Rucksack gefunden worden sind, belegen, dass das Geld aus dem Tresor dieser Bank stammt.«

Da Fabian nun die Augen aufriss, den Mund zukniff und keinen Pieps mehr hervorbrachte, dachte Stöckle: Jetzt hab ich ihn gleich!

Er schlug einen schärferen Ton an: »Es wäre günstig für Sie, Herr Knorr, wenn Sie mir sagen, wie Sie in die Bank gelangt sind, und wer Ihre Komplizen waren. Sie müssen Komplizen gehabt haben, und es müssen Profis gewesen sein.«

»Ich weiß nichts von einem Bankraub und auch nichts von Komplizen.« Fabian presste die Fäuste gegen die Schläfen und stöhnte. »Ich schnapp gleich über, wenn Sie mir noch mehr so bescheuertes Zeug einreden! Lassen Sie mich mit diesem Scheiß in Ruhe!«

Stöckle verschränkte gelassen die Arme vor der Brust. Fabian wurde es noch ungemütlicher, weil Stöckle, bevor er weitersprach, ihn wieder in dieser abschätzenden Weise musterte.

»Ich rede Ihnen nichts ein, Herr Knorr. Ich versuche nur, Ihr Gedächtnis aufzufrischen. Die Masche mit dem Blackout kennen wir, damit werden Sie nicht durchkommen, mein Lieber.« Er beugte sich vor und sagte leise und beschwörend: »Vielleicht wurden Sie überredet oder dazu erpresst, sich zu beteiligen. Haben Sie Schmiere stehen müssen? Zumindest sind Sie mit 1000 Euro bezahlt worden! Wir brauchen Ihre Zeugenaussage, wer diese Männer waren. Falls Sie nicht mal die Namen wissen, dann geben Sie mir wenigstens eine Personenbeschreibung der Räuber und sagen Sie uns, wie diese vorgegangen sind.«

»Verdammt noch mal!«, keuchte Fabian. »Ich weiß nichts von Männern oder einem Bankraub. Basta!«

»Wenn Sie uns helfen«, sagte Stöckle, »kommen Sie möglicherweise mit einer Bewährungsstrafe davon, zumal Sie mit Ihren achtzehn Jahren noch nicht unbedingt unter das Erwachsenenstrafrecht fallen.«

»Was soll denn das nun wieder heißen?!«, schrie Fabian. »Natürlich bin ich erwachsen. Was denn sonst?«

»Ein Heranwachsender.«

»Wollen Sie mich verarschen?« Fabian brüllte – und das hätte er lieber nicht tun sollen.

Denn nach diesem gebrüllten Satz erhob sich Stöckle und sagte: »Es wäre günstig für Sie gewesen, Herr Knorr, wenn Sie wie ein Erwachsener mit mir geredet hätten. Doch ich kann Sie nicht zwingen. Also, lassen wir es gut sein.«

»Kann ich jetzt gehen?«, fragte Fabian erwartungsvoll wie ein Kind, das auf eine Belohnung hofft.

Der Assistent grinste unverhohlen und schaltete das Aufnahmegerät ab. Stöckle sah aus, als ob er so viel Naivität schwer ertragen konnte.

Er schob seine Akten zusammen und sagte wie beiläufig zu Fabian Knorr, ohne ihn anzusehen: »Vorerst kann ich Sie nicht gehen lassen. Bis heute Nachmittag besorge ich Ihnen einen Anwalt. In dessen Beisein reden wir noch einmal miteinander. Danach können Sie sich abschließend zu dem Tatvorwurf äußern. Wenn Sie den Rechtsanwalt von Ihrer Unschuld überzeugen, lass ich Sie laufen. Wenn nicht, dann werden Sie dem Haftrichter vorgeführt, der Sie wahrscheinlich in Untersuchungshaft schickt.« Stöckle fixierte Fabian und seine Stimme klang wie Säbelrasseln: »Ich hoffe, Sie wissen, was das bedeutet.«

»Nee, und es interessiert mich auch nicht!«

Fabian war nun völlig verstockt, weil er nicht mehr sicher war, ob er im Suff womöglich doch eine Bank überfallen hatte. Plötzlich meinte er, dass das durchaus so gewesen sein konnte. Aber wie und warum? Im fehlte die Erinnerung an die Zeit ab Sonntagnachmittag bis Montagabend.

Plötzlich machte ihn die Gedächtnislücke total unsicher. Da kann alles Mögliche passiert sein, wovon ich keine blasse Ahnung habe, dachte er. Womöglich stimmt es, was der Stöckle behauptet und ich kann mich nur nicht daran erinnern!

* * *

Als Fabian Knorr in vorläufigen Gewahrsam gebracht wurde, war Kommissarin Irma Eichhorn auf dem Weg zur Kantine und begegnete ihm im Treppenhaus. Sie überlegte, was ein derart harmlos wirkendes Kerlchen ausgefressen haben könnte, da es von zwei Polizisten begleitet wurde.

In der Kantine stand sie in der Warteschlange vor der Essensausgabe hinter Kommissar Stöckle. Gemeinsam steuerten sie den letzten freien Tisch an. Stöckle balancierte ein Tablett, auf dem eine Portion Spätzle mit Gulasch und eine Flasche Überkinger Sprudel standen. Irma hatte Pommes mit Ketschup und eine Cola gewählt.

Nach dem ersten Bissen erkundigte sich Irma: »Was hat denn der junge Mann geklaut, den Ihre Leute eben abgeführt haben?«

»Verdacht auf Bankraub im Zentrum von Feuerbach. Wir haben einen Teil der Beute bei ihm gefunden.«

Mit ihrem Talent, Zusammenhänge zu durchschauen, knüpfte Irma Verbindungsfäden zu einem anderen Fall, der an diesem Morgen das Morddezernat erreicht hatte. Deswegen fragte sie, wo genau sich die Bank befände, die ausgeraubt worden war.

»Die Straße fällt mir gerade nicht ein, aber die Bank liegt unweit vom Wilhelm-Geiger-Platz. Der Einbruch wurde gestern, also am Montagmorgen, von der Filialleiterin entdeckt.«

»Von dem Bankraub hab ich heute früh in der Zeitung gelesen«, sagte Irma. »Ich tippe, der Tresor ist schon am Sonntagnachmittag ausgeräumt worden.«

»Hä?«, machte Stöckle. »Doch nicht am helllichten Tag!?«

»Während des Fußballspiels. Als alle Welt in die Glotze geguckt hat und jeder vor Begeisterung fast überschnappt ist, war das doch kein Hexenwerk.«

»Vielleicht war's so, vielleicht auch nicht«, muffelte Stöckle mit vollem Mund. »Unsere Ermittlungen haben sich verzögert, weil ich den dringend Tatverdächtigen, den Sie soeben auf dem Flur gesehen haben, gestern wegen Volltrunkenheit nicht vernehmen konnte.«

»Hat er gestanden?«

»Nein. Aber er hat sich beim Verhör um Kopf und Kragen geredet.«

Nachdem Irma langsam und nachdenklich ein Pommesstäbchen nach dem anderen in den Mund geschoben hatte, legte sie die Gabel zur Seite. »Unsere Dienststelle hat ein Mord- oder Totschlagdelikt zu klären, das ebenfalls in Feuerbach begangen wurde. Auch am Sonntagnachmittag. Möglicherweise könnte der Fall mit dem Bankraub zusammenhängen.«

Stöckle schluckte, wobei sein Adamsapfel unters Kinn wanderte und abrupt zurückfiel. Danach nahm er die Serviette, tupfte sich Gulaschsoße aus den Mundwinkeln und fragte, wie Irma das meine.

»Ich vermute, es war genau diese Bank, von der Sie sagen, sie ist ausgeraubt worden, vor der am Sonntag ein alter Mann lag. Offensichtlich war er gestürzt und mit dem Kopf auf die Gehwegkante geknallt. Der Notarzt hat ihn ins Katharinenhospital bringen lassen.«

»Und?«, fragte Stöckle. »So was kommt vor. Das hat doch nichts mit Mord zu tun!«

»Der Mann ist letzte Nacht gestorben.«

Stöckle klopfte mit dem Messergriff auf den Tisch, als wolle er Irma anfeuern, endlich genauer zu werden. »Und was, werte Kollegin Eichhorn, hat Ihre Krankenhausleiche mit dem Bankraub zu tun?«

»Die Ärzte haben die Mordkommission eingeschaltet, weil sich auf dem Brustkorb des Mannes ein frisches Hämatom befindet, das nicht von dem Sturz stammen kann. Schmoll hat den Toten in die Pathologie bringen lassen. Es ist denkbar, dass der Mann von jemandem heftig gegen die Brust gestoßen wurde und deswegen gestürzt ist. Wenn nicht als Mord, ist das zumindest als Totschlag zu werten. Auf alle Fälle aber liegt unterlassene Hilfeleistung mit Todesfolge vor.« Irma widmete sich wieder den Pommes.

Sie spürte, wie Stöckles Gedanken rotierten, bevor er sagte: »Und Sie behaupten nun, der Jemand, der den Mann niedergeschlagen hat, war der Bankräuber, dem der Alte in die Quere gekommen ist?«

Irma kaute und nickte.

Stöckle kaute nun auch wieder. Automatisch. Nachdenklich. Nach der dritten Gabel hatte er seine Gedanken sortiert.

»Wieso hat die Polizei nicht schon am Sonntag einen Zusammenhang vermutet, wenn der Mann direkt vor der Bank lag?«

»Wie Sie wissen, Kollege Stöckle, ist der Bankraub erst am Montagmorgen von der Filialleiterin entdeckt worden.«

»Stimmt«, gab Stöckle zu. Er stocherte in den Nudeln.
»Dann ist dieser Fabian Knorr womöglich nicht nur ein
Bankräuber, sondern auch ein Mörder.«

»Er sieht zwar nicht wie ein Mörder aus«, sagte Irma. »Aber
aufs Aussehen kann man sich nicht verlassen. Was hat das Verhör, außer dass er nicht gestanden hat, sonst noch ergeben?«

»Er stellt sich dumm wie ein Simpel. Verwickelt sich in
Widersprüche. Behauptet nicht zu wissen, wie zehn Hundert-Euro-Scheine in seinen Rucksack gekommen sind. Insgesamt fehlen rund 250 000 Euro.«

Irma machte ein bedenkliches Gesicht. »Sie dürfen ihn
doch trotzdem nicht länger als vierundzwanzig Stunden
festhalten.«

»Nun sagen Sie mir mal nicht, was ich zu tun habe!«, empörte sich Stöckle. »Ich hätte ihn ja laufen lassen. Aber inzwischen war er beim Erkennungsdienst und seitdem steht
fest, dass seine Fingerspuren auf den Geldscheinen sind. –
Also ist er so gut wie überführt, und der Fall kann der Staatsanwaltschaft übergeben werden.«

»Komisch«, sagte Irma nach einer kurzen Denkpause.
»1000 Euro von 250 000 Gesamtbeute. Wieso hat sich der
junge Mann mit so einem kleinen Anteil begnügt? Vielleicht
war er nur Handlanger oder Schmierensteher, und die wirklichen Räuber sind mit dem Rest auf und davon. Es kann
sein, sie haben dem Jungen nur deswegen etwas abgegeben,
damit er in Verdacht gerät.«

»Er will aber nichts von Komplizen wissen«, sagte Stöckle. »Er ist stur. Wir behalten ihn hier, so lange es geht, vielleicht singt er doch noch. Sonst müssen wir ihn in U-Haft
nehmen.«

Irma überlegte. »Was halten Sie davon, wenn Schmoll ihn
sich heute Nachmittag vornimmt? Wenn das Kerlchen an
dem Bankraub beteiligt gewesen ist, dann muss er auch wissen, wer den alten Mann umgestoßen hat.«

»Ich schicke Ihnen das Vernehmungsprotokoll rüber«,
sagte Stöckle.

Irma merkte, wie er mit sich kämpfte, ob er sich darüber freuen oder ärgern sollte, den Fall nun nicht mehr allein am Hals zu haben.

* * *

Das Verhör Fabian Knorrs durch Schmoll, bei dem auch Irma zugegen war, gestaltete sich ähnlich schwierig wie das mit Kommissar Stöckle. Fabian gab sich bockig und verstockt und behauptete, nichts von einem alten Mann zu wissen und schon gar nicht, wie, wann und wo das Geld in seinen Rucksack gekommen war. Aber dieses Geld war es, das einen unwiderlegbaren Beweis darstellte, den Fabian nicht weglügen konnte. Unter Schmolls gezielten Fragen kam er tüchtig ins Schleudern und gab schließlich zu, da er sich ja an nichts erinnern könne, wäre es eventuell doch möglich, in diesen Bankraub hineingeraten zu sein. Er wisse auch nicht wie – und dann flennte er wie ein kleines Mädchen. Seine Patschhände vor dem Gesicht, schniefte und schluchzte er, bis ihm Irma ein Taschentuch gab und er sich langsam beruhigte. Die Heulerei hatte ihn offensichtlich entspannt, denn er erzählte nun auch die Story von dem Streit mit seiner Freundin Ariadne. Dass er vorhatte, die Nacht mit ihr zu verbringen, ließ er weg, aber dafür erzählte er um so ausführlicher, wie hartnäckig Ariadne verlangt hatte, das Fußballspiel zu sehen und warum er selbst keine Lust darauf gehabt hatte.

»Und weil Ariadne fortgelaufen ist, haben Sie sich betrunken?«, hakte Irma nach.

Sie musste sich zusammenreißen, Fabian mit Sie anzureden. Er wirkte so naiv und kindlich, dass ihr ständig ein Du auf den Lippen lag.

»Ja«, sagte Fabian. »Wir haben uns noch nie gestritten. Ich hab's einfach nicht ausgehalten, wie sie mich hat sitzen lassen. Wegen so einem dämlichen Fußballspiel!«

»Und du, äh Sie sind sich nicht mehr ganz sicher, im betrunkenen Zustand irgendwie an dem Bankraub beteiligt gewesen zu sein?«

»Sicher bin ich überhaupt nicht mehr. Ich habe einen Riss in der Birne, einen richtigen Blackout.«

Er hätte nicht zugeben dürfen, dass er nicht mehr sicher ist, dachte Irma, und zu Schmoll sagte sie: »Es wird besser sein, wenn er mit einem Anwalt sprechen kann, bevor wir ihn weiter durchkneten.«

»Meinetwegen«, brummte Schmoll.

Er entließ Fabian Knorr mit dem frommen Rat, sich zu besinnen und im Beisein eines Rechtsanwaltes endlich die Wahrheit zu sagen.

Irma sah dem Jungen nach, wie er hinausgeführt wurde. Er zog das linke Bein nach und die Nase hoch.

Kaum war Irma an diesem Abend daheim, rief Helene an. Sie berichtete mit wichtiger Stimme, dass ihre Vermutung richtig gewesen sei: »Hast du's in der Landesschau gehört? Auf den alten Mann, der neben dem toten Kater gelegen hat, ist wahrscheinlich ein Mordanschlag verübt worden! Und ich wette, das waren die Banditen, die die Bank ausgeräumt haben!«

»Alles Spekulation«, sagte Irma. »Das kann erst bewiesen werden, wenn die Bankräuber geschnappt sind und verhört werden können.«

»Einen habt ihr doch schon. In der Zeitung steht, dass bei einem Fabian K. ein Teil der Beute gefunden worden ist.«

»Du liebe Zeit«, sagte Irma. »Wer zum Teufel hat diese Meldung schon an die Medien gegeben?«

»Was weiß ich denn? Jedenfalls will die Bevölkerung Bescheid wissen, wer hier alte Leute umrennt, die sich dabei den Kopf einschlagen und mir nichts dir nichts daran sterben. Das hätte ja auch mir passieren können: Ich komme ahnungslos aus einer Bank und peng …«

»Nun halt mal deine Fantasie im Zaum, Helene. Die Ermittlungen sind noch ganz am Anfang. Es ist erst seit heute Mittag spruchreif, dass der alte Mann genau vor dieser Bank gelegen hat, die ausgeraubt worden ist. Zunächst müssen wir die Zusammenhänge finden.«

»Aber nun ist er tot«, sagte Helene. »Im Krankenhaus gestorben. Einfach so. – In der Zeitung steht, er heißt Erich Engelhard.«

»Das ist mir bekannt.«

»Es waren bestimmt mehrere Gangster!«, ereiferte sich Helene. »Ihr könnt diese Kerle nicht noch länger frei herumlaufen lassen! Du setzt mich bitte sofort in Kenntnis, wenn ihr etwas herausgefunden habt. Damit ich wieder ruhig schlafen kann.«

»Du weißt genau, dass ich nicht über die laufenden Ermittlungen sprechen darf. Jetzt muss man abwarten, wie es mit unserem ersten Tatverdächtigen weitergeht.«

»Mit dem Fabian Sowieso. Sieht er wie ein Verbrecher aus?«

»Wie ein Schwerverbrecher. Und er sitzt erst mal fest und du hast nichts von ihm zu befürchten. Zufrieden?«

Vier

Mittwoch, 30. Juni

An diesem Morgen erschien Kommissar Katz, der zu Schmolls engstem Team gehörte, überpünktlich im Präsidium. Er hatte zwei Tage Urlaub genommen, weil seine Großmutter geschwächelt hatte, was selten bei ihr vorkam.

Steffen Katz war bei seiner Großmutter aufgewachsen, und so liebevoll, wie sie sich früher um ihn gekümmert hatte, kümmerte er sich auch um sie, seit sie alt wurde. Obwohl er schon auf die Dreißig zuging, teilten sie sich noch immer die geräumige Altbauwohnung im Stuttgarter Osten. Weil Steffen die Oma zu seinem privaten Lebensmittelpunkt gemacht hatte, aber vielleicht auch, weil an ihm alles ein bisschen zu spitz war, die Nase, das Kinn, die Ellenbogen und sogar die Knie, hatte bisher kein weibliches Wesen bei ihm angebissen.

Doch vorigen Herbst hatte er während der Aufklärung des Mordes an einem Feuerbacher Zahnarzt dessen ehemalige Sprechstundenhilfe kennengelernt. Die süße, flotte Ina wusste Steffens treuherzigen haselnussbraunen Dackelblick, sein goldenes Herz und auch die Oma zu schätzen. Seither segelten Katz und Ina durch den siebten Himmel.

Irma traf eine halbe Stunde nach Katz im Büro ein und erkundigte sich sogleich nach dem Befinden der Oma.

»Dere geht's wieder gut«, beteuerte Katz. »Die Affenhitz hot ihr zugsetzt. Se meint: ›Wer bei soma Wetter net krank wird, isch net gsund.‹«

»Und wie geht's Nutella?«

»So a Mops ka nix aus dr Ruh bringe!«

Irma lachte. Sie mochte Katz' Sprüche klopfende Großmutter und fast noch mehr deren schokoladenbraunen Mixmops. Nicht nur weil Nutella sie im vergangenen Winter vor einer Killerdame gerettet hatte, sondern weil sie seine Knopfaugen, die beleidigte Schnauze und die Sorgenfalten auf seiner Stirn unwiderstehlich fand.

Nachdem Irma sich vergewissert hatte, dass es Oma und Mops gutging, fragte sie, ob Katz schon von dem Verdächtigen namens Fabian Knorr gehört habe.

»Den hab i vorhin em Aufzug gsehe, grad so lang, um a gwisse Ähnlichkeit mit Nutella feststelle zu könne.«

»Lass deinen Spott beiseite, Katz. Du bist auch nicht der Schönste.«

Katz war nie beleidigt. Er lachte, rieb seine spitze Nase, glättete liebevoll sein Lippenbärtchen und streichelte seine Haarfransen in die Stirn. Dann erzählte er, dass es Fabian Knorr weniger gut ginge als Nutella.

»Woher weißt du das?«

Katz sagte, er habe schon die Protokolle gelesen. Knorr sei gestern Abend noch dem Haftrichter vorgeführt worden.

»Jetzed isch des Büble scho onderwegs nach Stammhoim.«

Irma schluckte einen Klumpen Ärger runter. »Gleich ins Gefängnis? Konnten Schmoll und Stöckle nicht noch warten? Vielleicht hätten sich noch Zeugen gemeldet.«

»Guten Morgen allerseits!«, sagte Schmoll, der in der Tür erschienen war und Irmas Ärger mitgekriegt hatte. »Wir können doch das Kerlchen nicht laufen lassen, bevor es seine Komplizen genannt hat! Den Bankraub hat er ja fast zugegeben, und es ist Stöckles Aufgabe, das Geständnis hieb- und stichfest zu machen. Danach wird das Bürschle mir sagen müssen, wie das mit dem alten Engelhard passiert ist.«

»Deshalb würde ich gern dem Katharinenhospital einen Besuch abstatten«, sagte Irma. »In der Zeitung stand, Erich Engelhard sei am Montag bei Bewusstsein gewesen. Es wäre doch möglich, dass er vor seinem Tod noch irgendwas erzählt hat.«

Schmoll tätschelte seine Glatze, eine Geste, von der er behauptete, damit seine grauen Zellen zu mobilisieren. »Wem sollte er denn was erzählt haben? Hätten wir früher von dem Zusammenhang mit dem Bankraub erfahren, dann hätten wir den Mann noch befragen können. Wir haben eben Pech gehabt. Tote können nichts mehr sagen. Basta.«

»Ich fände es sinnvoll, beim Pflegepersonal oder dem Arzt nachzufragen«, beharrte Irma.

»Sei froh, dass mal eine Weile kein dringender Fall ansteht«, sagte Schmoll.

Steffen Katz versuchte, Irma zu helfen. Das war manchmal nötig bei dem allgewaltigen Chef, der ein ausgefuchster Ermittler war und dem es deshalb gar nicht in den Kram passte, wenn ihm jemand reinredete.

Katz räusperte sich und sagte: »I fend Irmas Idee mit dere Krankehaus-Recherche gar net so schlecht!«

Aber Schmoll winkte ab. »Lettegschwätz! Wir sollten lieber mal bei Knorrs Freundin, dieser Ariadne, über ihren Busenfreund nachforschen. Und auch der Metzgermeister muss gefragt werden, was er von seinem Azubi hält.«

»Machet mer«, sagte Katz.

»Das kann Irma erledigen«, entschied Schmoll. »Du bleibst hier, Katz. Wir müssen noch den Fall von voriger Woche abschließen. So eine Pleite aber auch, da rennen wir einem vermeintlichen Totschläger hinterher und dann hüpft die Dame, die er umgebracht haben soll, quietschvergnügt aus seinem Bett. Nun müssen wir nach dem Witzbold suchen, der das Märchen von dem Mord in die Welt gesetzt hat. Wenn sich doch die Presse nicht immer gleich auf jede vermeintliche Leiche stürzen würde! Die Sache müssen wir jetzt schleunigst berichtigen, damit wir nicht selbst eine Verleumdungsklage an den Hals kriegen.«

»Okay«, sagte Irma. »Dann mache ich jetzt einen Ausflug zur Metzgerei Pützle.« Sie grinste Schmoll an. »Ich versuch auch, für dich einen Rostbraten gratis zu bekommen!«

Schmoll ließ Irma ziehen. Ob ihn der Gedanke an sein Leibgericht, einen Zwiebelrostbraten, milde gestimmt oder er seine Ruhe vor seiner Mitarbeiterin haben wollte, an deren Hartnäckigkeit er sich immer noch nicht gewöhnt hatte, blieb dahingestellt.

Auf dem Weg zur Straßenbahnhaltestelle Pragsattel rief Irma bei Helene Ranberg an. Mit »Hallo, Miss Marple!« leitete Irma das Gespräch ein, da sie wusste, dass diese Anrede Helene mit Stolz erfüllte und sie zu jeder Gefälligkeit willens machte. Und so war es dann auch. Helene war begeistert, von Irma den Auftrag zu bekommen, ins Katharinenhospital zu fahren und sich dort als Verwandte des Herrn Engelhard auszugeben.

»Hör zu, Helene«, sagte Irma, »du willst ihn besuchen und tust bass erstaunt und untröstlich, wenn sie dir sagen, der gute Mann sei gestorben. Suche am besten die Krankenschwester, die ihn gepflegt hat. Finde heraus, ob er noch irgendetwas von dem Unfall erzählt hat. Womöglich hat er einen Hinweis zu dem Bankräuber gegeben. Wenn wir wenigstens wüssten, wie viele es gewesen sind, oder etwas über ihr ungefähres Aussehen und ihr Alter erfahren könnten. Das würde schon weiterhelfen.«

»Ich denke, ihr habt einen Verdächtigen festgenommen, diesen Fabian Sowieso?«

»Er ist ziemlich jung und keine große Leuchte. Er kann das nicht allein gemacht haben. Außerdem hatte er von dem geraubten Geld nur einen kleinen Teil bei sich.«

»Verstehe«, sagte Helene und setze im Fachjargon hinzu: »Ich werde mich unverzüglich sachkundig machen.«

»Wir treffen uns gegen Mittag in Feuerbach beim Thailänder.«

»Au ja«, sagte Helene. »Dann bis bald.«

Irma fuhr mit der Straßenbahn zum Wilhelm-Geiger-Platz, ging die Grazer Straße hinauf und betrat die Metzgerei Pützle. Ohne Vorrede zeigte sie dem bulligen Chef ihre Dienstmarke und erklärte, sie käme wegen Fabian Knorr.

»Können wir uns irgendwo ungestört über Ihren Azubi Florian Knorr unterhalten, Herr Pützle?«

»Mach hier mal weiter, Lisbeth!«, rief er einer hageren Frau zu, die offensichtlich seine Ehefrau war.

Mit dem Bauch voran führte Metzgermeister Pützle Irma in ein winziges Büro hinter dem Verkaufsraum.

»Ja, um Gottes willen, wieso denn Kriminalpolizei?«, jammerte er. »Dem Jungen ist doch hoffentlich nichts passiert?«

»Wie kommen Sie darauf, ihm könnte etwas passiert sein?«

»Er ist gestern nicht zur Arbeit gekommen. Ich habe mehrmals bei ihm daheim angerufen, aber es hat sich niemand gemeldet. Von Ariadne hab ich dann erfahren, dass Fabians Eltern verreist sind. Aber das Mädle weiß auch nicht, wo er ist.«

»Sie hätten ihn als vermisst melden müssen«, sagte Irma.

Pützle knetete sein Doppelkinn und nickte. »Nachdem er nun heute wieder fehlt, wollte ich bei der Polizei anrufen.«

»Haben Sie aber bis jetzt nicht getan«, stellte Irma klar.

»Ich bin noch nicht dazu gekommen.«

Irma hatte das Mädchen hinter der Fleischtheke gesehen und den Eindruck gewonnen, eine Zwillingsschwester Fabians vor sich zu haben. Sie war genauso klein und dicklich mit kurzem Hals und rundem Kopf, nur gehörten zu diesem Kopf keine streichholzkurzen Haare, sondern ein Haarbüschel, das vom Hinterkopf abstand.

»Ariadne?«, fragte Irma. »Ist sie das Mädchen, das im Verkaufsraum Koteletts gehackt hat?«

»Ja. Sie ist mit Fabian befreundet. Beide sind Azubis.«

»Hat Fabian irgendwelche Probleme?«

»An dem Jungen ist nicht viel auszusetzen: Er ist pünktlich, fleißig, freundlich und auch gelehrig», sagte Herr Pützle. »Fabians einziges Problem ist, dass er kein Blut sehen kann.«

»Kein Blut sehen?« Irma lachte. »Vielleicht hätte er besser Bäcker lernen sollen.«

Metzgermeister Pützle zuckte mit den Schultern. »Ich geb die Hoffnung nicht auf. Er wird sich daran gewöhnen müssen. Vielleicht nimmt er sich mit der Zeit ein Beispiel an Ariadne. Die ziert sich nicht vor dem bisschen Blut, was beim Zerlegen der Fleischstücke und Innereien anfällt. Schließlich schlachten wir hier nicht, also ist eigentlich alles halb so schlimm.«

»Aber Fabian denkt daran, dass all das Fleisch mal Tiere waren?«

»Anscheinend ja. Stellen Sie sich vor, Frau Kommissarin, er ist sogar Vegetarier geworden, seit er hier in der Lehre ist. Das soll mir aber egal sein, solange er seine Arbeit macht. Es gibt genug unblutige Sachen zu tun: Er bedient an der Wursttheke, Ariadne beim Fleisch.«

»Schön«, sagte Irma, »dann würde ich mich jetzt gern mit Ariadne unterhalten.«

»Ich schicke sie Ihnen.«

Irma schien es, als sei Herr Pützle erleichtert, sich verdrücken zu können, und sie dachte: Wieso hat er eigentlich nicht gefragt, woher ich von dem Verschwinden seines Lehrlings weiß? Na ja, er wird es eilig gehabt haben, in den Verkaufsraum zu kommen. So oft, wie die Ladenglocke inzwischen geläutet hat, stehen vermutlich die Kunden Schlange.

Ariadne kam hereingetrottet. Sie begrüßte Irma mit »Hi« und wischte sich die Hände an der weißen Schürze ab, die mit Blut und Fettflecken garniert war. Unaufgefordert setzte sie sich Irma gegenüber an den Schreibtisch ihres Chefs und sagte: »Wo brennt's?«

»Ich bin Kriminalkommissarin Eichhorn von der Mordkommission und du, äh, Sie sind Ariadne Fröhlich, wie ich von Ihrem Chef weiß.«

»Genau«, sagte das Mädchen und kreuzte die prallen Arme auf dem Bauch. »Sie können mich ruhig duzen und Ariadne zu mir sagen.«

»Du bist mit Fabian befreundet? Ich meine privat, nicht nur wie Kollegen?«

»Genau. Und?«

Sie drückte die Lippen ihres herzförmigen Mundes aufeinander und guckte ein Loch in die Luft. Dabei sah sie wie ein kleiner Buddha aus und schien angestrengt zu überle-

55

gen. Plötzlich sprang sie auf und stützte die Hände auf den Tisch.

Sie beugte sich zu Irma und keuchte mit erschrockener Stimme: »Wieso kommen Sie hier hereingeschneit und behaupten, von der Mordkommission zu sein? Ist – ist Fabian ermordet worden?« Sie ließ sich zurück auf den Stuhl sinken, faltete ihre Patschhände vor dem Bauch und drückte sie angestrengt zusammen. Ihre Stimme piepste wie falsche Töne aus einer Blockflöte: »Sagen Sie mir, was mit Fabian ist!«

Das Mädchen schien sich in Angst und Hilflosigkeit aufzulösen. Nun wäre Irma gern um den Tisch herumgegangen und hätte Ariadne über den Kopf gestreichelt.

Aber sie hielt sich zurück und sagte: »Beruhige dich. Fabian ist gesund und munter. Munter allerdings erst wieder, seit er einen gewaltigen Rausch ausgeschlafen hat.«

Ariadne ließ ein kurzes ungläubiges Grunzen hören. »Der nippt doch nur am Alkohol, davon kriegt man doch keinen Rausch!« Sie seufzte erleichtert auf. »Aber wenn ihm sonst nichts passiert ist, ist's ja gut.«

»Fabian wird verdächtigt, an einem Bankraub beteiligt gewesen zu sein«, sagte Irma gedehnt.

Nun kicherte Ariadne und schüttelte heftig den Kopf. Dabei wackelte das Haarbüschel auf ihrem Hinterkopf hin und her wie ein Pudelschwanz.

»Fabian – eine Bank überfallen! Einen komischeren Witz habe ich noch nie gehört. So etwas traut der sich doch gar nicht. Fabi ist ein Weichei, das nicht mal Blut sehen kann.«

Ariadne zog die Lippen breit und die Augen zu Schlitzen und sah nun wie ein fröhlicher Chinese aus. Irma spürte die Gedanken in diesem runden Mädchenkopf kreisen und wartete. Ganz plötzlich sackten Ariadnes Mundwinkel nach unten, die Schlitzaugen weiteten sich und wurden rund und fragend.

»Sie haben gesagt, Sie sind von der Mordkommission – wieso reden Sie nun von dem Bankraub? Geht es um den Überfall hier in Feuerbach?«

»Woher weißt du davon?«

»Das ist doch Stadtgespräch. Außerdem lese ich abends die Zeitung von meinem Papa. Von Mord oder einer Schießerei stand da nichts.«

»Es ist auch niemand erschossen worden. Aber auf dem Bürgersteig vor der Bankfiliale lag ein alter Mann, den der Räuber vermutlich umgestoßen hat.«

»Und was geht das die Mordkommission an?«

»Der Mann ist im Krankenhaus an der Kopfverletzung gestorben, die er sich bei dem Sturz zugezogen hat. Deshalb sind wir eingeschaltet worden.«

Auf Irma machte Ariadne zwar einen ziemlich cleveren Eindruck, aber diese Mitteilung musste ihr Köpfchen erst verarbeiten. Irma störte sie nicht dabei.

Nach einer reichlichen Minute gab sich Ariadne einen Ruck. Sie machte: »Ha, ha, ha!« und fauchte: »Voll geil! Ich lach mich tot: Fabian raubt die Bank aus, und als er mit der Million abhauen will, kommt ihm ein Opa in die Quere. Fabi schubst den Alten, und der fällt um und stirbt. Das ist eine prima Story für einen Fernsehkrimi! Verscheißern kann ich mich alleine.«

Irma widersprach dieser Version des Tatherganges nicht, sondern fragte Ariadne, wann sie Fabian zuletzt gesehen habe. Sie erntete trotziges Schweigen. Erst als sie Ariadne klar machte, ihre Aussage könne helfen, Fabians Unschuld zu beweisen, war diese bereit, ein paar Einzelheiten über ihr letztes Treffen mit Fabian preiszugeben.

Sie erzählte, dass sie sich daheim bei Fabian verabredet hatten. Da Fabians Eltern verreist waren und er sturmfreie Bude hatte, habe er wohl gedacht, ihr Treffen sei mehr zum Schmusen geeignet als zum Fernsehen. Sie selbst aber sei davon ausgegangen, sie würden gemeinsam das Fußballspiel Deutschland gegen England ansehen. Ariadne erzählte auch, weshalb Fabian keine Fußballspiele mochte, sie aber umso mehr.

»Das war ein Punkt, über den wir uns nie einigen konnten.« Ariadne tupfte sich mit dem Schürzenzipfel ein paar Tränen ab.

57

Gleich danach gluckste sie vor Lachen, entspannte ihre zusammengepressten Hände und bewegte sie, als würde sie stricken. In ihren Gedanken war das Schlafzimmer von Fabians Eltern aufgetaucht, das er zu einem Liebesnest hergerichtet hatte – Blümchenbettwäsche, zugezogene Gardinen, dazu Kerzen, Sekt, Pralinen und zartlila Pariser auf dem Nachttisch. Ariadne stellte sich die Gesichter von Fabians Mutti und Vati vor. Denn wie sie Fabian kannte, war er ihr hinterhergerannt, ohne dieses Szenarium vorher weggeräumt zu haben.

Warum lacht sie nur, dachte Irma. Wieso diese Gefühlsschwankungen? Sie ist doch viel zu jung, um sich so verstellen zu können, dass ich nicht schlau aus ihr werde.

Ariadne lächelte vor sich hin und verrenkte die Finger noch heftiger, als wäre sie nun zu einem äußerst schwierigen Strickmuster übergegangen.

Wieso, dachte Irma, hat sie sich so rasch beruhigt, lümmelt nun gemütlich im Chefsessel und verstrickt unsichtbare Wollfäden?

Irma versuchte vergeblich, ihre Vision wegzuscheuchen: Die Vision einer griechischen Königstochter, die im Palast von Knossos saß und für ihren Vater, König Minos, Socken strickte. Socken aus dem Faden, von dem sie bekanntlich eine volle Garnrolle besaß. Der Faden der Ariadne! Kein Mensch hatte sich je Gedanken gemacht, welche Farbe dieser Faden hatte, wie dick er war, wie lang. Vermutlich aber war er ziemlich lang gewesen, denn Ariadne hatte ja ihren Garnknäuel Theseus geliehen, der im Labyrinth von Knossos den Minotaurus töten und mit Hilfe des Fadens wieder ans Tageslicht und zurück zu Ariadne finden sollte. Irma schielte zu Ariadne und fragte sich, was dieses Mädchen mit der Tochter des Königs Minos gemein haben könnte. Ob die mollige Kleine die Legende überhaupt kannte?

Ariadne starrte jetzt vor sich hin und kaute an den Nägeln, richtete sich aber plötzlich auf und sah Irma fragend an. »Was wollen Sie eigentlich von mir?«

»Nur dich ein bisschen kennenlernen. – Weißt du, dass du den Namen einer griechischen Königstochter trägst?«

Ariadne biss ein Stück Daumennagel ab und spuckte es auf den Fußboden. »Meine Mutter hat mich so genannt. Papa sagt, Mama hat einen Kulturfimmel gehabt und für die Antike geschwärmt. Zusätzlich hat Mama gemalt und später Flötenstunden genommen. Querflöte. Seit sie mit dem Flötenlehrer abgehauen ist, sind Papa und ich allein und er nennt mich Prinzessin.«

»Wie alt warst du denn, als deine Mama weg ist?«

»Vier.«

»Vermisst du deine Mama?«

»Überhaupt nicht. Es ist super, einen alleinerziehenden Vater zu haben. Wir erziehen uns gegenseitig.«

»Was macht dein Vater beruflich?«

»Er fährt Taxi. Er konnte sich den Babysitter für mich sparen, weil er mich Tag und Nacht in seinem Auto mitgenommen hat. Und jetzt habe ich selbst den Führerschein.«

»Darfst du das Taxi deines Vaters fahren?«

»Klar.«

»Arbeitest du gern in der Metzgerei?«

»Ja.«

»Und Fabian?«

»Der bleibt nur mir zuliebe in der Lehre. Er sagt immer, wenn er mal zu Geld käme, würde er nie wieder tote Tiere anfassen.«

»Wie will er denn zu Geld kommen? Zum Beispiel eine Bank ausrauben? Vielleicht hat er sich Mut angetrunken und dann war das gar nicht so schwer.«

Ariadne bekam einen puterroten Kopf und funkelte Irma feindselig an. »Jetzt haben Sie mich reingelegt. Erst sagen Sie, meine Aussagen könnten Fabian helfen, aber nun haben Sie mich richtiggehend in die Falle gelockt: Wenn ich Ihnen erzähle, Fabian wünscht sich, Geld zu haben, um nicht mehr Fleisch und Wurst verkaufen zu müssen, dann unterstellen Sie ihm sofort, er hätte die Bank ausgeraubt. Verdammt – das war nicht fair! Das ist ja, als hab ich ihn verraten!«

»Hast du ihn verraten?«

Ariadnes Fettpölsterchen zitterten, als ständen sie unter Strom. Und dann zischte sie: »Sie können mich mal!«

»Sag mir bitte noch, wo du am Sonntagnachmittag warst.«

»Das wissen Sie doch schon: Zuerst bei Fabian und dann bin ich abgehauen und hab in einer Kneipe das Fußballspiel angesehen.«

»Wo ist diese Kneipe?«

»In der Burgenlandstraße. Es ist eine Pizzeria.«

Irma verkniff sich einen Seufzer und schickte Papas Prinzessin zurück in den Verkaufsraum zum Koteletthacken.

Es war schon nach zwölf, als Irma die Metzgerei Pützle verließ. Sie quälte sich eine Weile mit dem Stadtplan herum und verwechselte eine Straßenkreuzung. Als sie den richtigen Weg wiedergefunden hatte, lief sie im Sturmschritt zum Roserplatz. Unterwegs überlegte sie, ob Ariadne zu trauen sei. Hatte sie bei dem Bankraub für Fabian Schmiere gestanden? Waren sie mit dem Geld in Papas Taxi abgehauen? Wusste Ariadne, wo das restliche Geld lag? Aber wie konnten die zwei, diese halben Kinder, in die Bank gelangen? Und wie war es ihnen gelungen, den Tresor aufzuhebeln? Mit einem Hackebeilchen aus der Metzgerei war das bestimmt nicht möglich gewesen.

Irma fragte sich, ob sie das Mädchen schärfer in die Mangel hätte nehmen müssen. Oder aufs Präsidium bestellen? Aber dafür reichten die Verdachtsmomente nicht aus.

Irma blieb stehen, zog ihr Handy hervor und rief im Präsidium an. »Hast du Zeit, Katz?«

»Noi.«

»Zick bitte nicht rum, Steffen. Ich brauch dringend eine Alibi-Überprüfung.«

»Also gut, weil du's bisch, Eichhörnle.«

60

»Ich muss wissen, zu welcher Zeit sich Fabian Knorrs Freundin, die auf den schönen Name Ariadne Fröhlich hört, am Sonntag in Feuerbach in der Pizzakneipe *Giovanni* aufgehalten hat. Ruf bitte dort an oder geh vorbei.«

»I denk, du bisch bei dene Metzger en Feuerbach? Da kannsch doch selber in die Kneipe gucke.«

»Das hab ich schon versucht, aber die öffnet erst um 13 Uhr. Außerdem habe ich noch etwas anderes zu erledigen.«

»Shopping in Feuerbachs Einkaufsmeile!«

»Quatsch. Es ist dienstlich. Aber bind es Schmoll noch nicht auf die Nase, dass ich hier weiter die Lage peile. Er ist der Meinung, das sei Aufgabe des Raubdezernats.«

»Okay, Eichhörnle. I tu, was i kann.«

Irma ging weiter. Nach wenigen Schritten erreichte sie eine kleine, langgestreckte Oase, die sich zwischen die Stuttgarter Straße und eine Ladenzeile quetschte.

Helene saß an einem Biertisch im Schatten von Bambusstauden und löffelte Bambus-Suppe. Decksträucher und eine Reihe Kastanienbäume schirmten die Fußgängerzone von der vielbefahrenen Fahrbahn ab.

Nach herzlicher Begrüßung setzte sich Irma Helene gegenüber. »Uff«, sagte sie. »Tschuldigung, es ist etwas später geworden. Ich habe mich zwischen Wien und Klagenfurt verlaufen. Wieso heißen hier eigentlich alle Straßen nach österreichischen Städten?«

Helene wusste es: »Die Straßen in Feuerbachs Zentrum wurden zu Ehren von Österreichs Anschluss ans Deutsche Reich umbenannt.«

»Aha«, sagte Irma. »Und keiner der Stadtoberen hat es für nötig gehalten, das nach dem Ende der Naziherrschaft rückgängig zu machen.«

Helene nickte.

Irma zeigte auf den Wassergraben, der direkt neben ihr zwischen Binsen über Bodenseekiesel dahinplätscherte. »Hab ich recht, wenn ich annehme, wir sitzen hier am Feuerbach?«

»Erraten«, sagte Helene. »In Feuerbach kenn ich mich aus. Bevor ich meinen Albrecht geehelicht hab und er für uns die Villa im Stadtteil Rot gebaut hat, hab ich hier mein junges Leben verbracht.«

»Wenn du eine echte Feuerbacherin bist«, sagte Irma, »dann erzähl mir doch bitte auch, warum dieser allerliebste Bach nur an ein paar Stellen an der Oberfläche des Stadtteils auftaucht, der nach ihm benannt ist.«

Helene fuhr mit dem Zeigefinger über die Tischplatte, als ob sie eine Stadtkarte zeichnen wollte: »Als ein Teil von Feuerbach zum Industriegebiet wurde – das hat so um die Jahrhundertwende begonnen, ich meine die vorletzte –, hat das zwar so manches Cleverle reich gemacht, aber das Dorf ist durch die Fabriken nicht schöner geworden. Die Industrieabwässer haben den Bach zur Kloake gemacht. Man hat ihn schließlich im Untergrund verschwinden lassen, genau wie die Felder, die nicht mehr mit Getreide oder Rüben bebaut wurden, sondern mit Häusern. Doch seit einigen Jahren wird unser Bach so nach und nach, zumindest stellenweise, wieder ausgebuddelt. Wenn du ihn in alter Lieblichkeit bewundern willst, dann musst du durchs Feuerbacher Tal bis nach Botnang wandern.«

Helene schob die Speisekarte des Gourmet-Imbisses zu Irma. Beide entschieden sich für Asia-Salat mit gebratenem Hähnchenfleisch und Reisbandnudeln.

Wie immer, wenn Helene ihre »persönliche Ermittlungsarbeit«, wie sie das nannte, erledigt hatte, ließ sie Irma zappeln. Es wäre zwecklos gewesen, wenn Irma sie gedrängt hätte. Helene gabelte genüsslich ihren Teller leer und bestellte den Nachtisch. Bevor sich Irma über die in Honig gebackenen Bananen hermachte, mahnte sie, nun endlich zur Sache zu kommen. Helene maulte, dass sie sich in ihrem Alter eine Mittagspause gönnen müsse, schließlich habe sie eine anstrengende Rundreise durch Stuttgart hinter sich.

»Zuerst per Straßenbahn von meiner Heimstatt in der Nordbahnhofstraße bis in die Innenstadt. Dann Fußmarsch zum Katharinenhospital. Dort: langwierige Fahndung nach der richtigen Krankenstation, wobei ich hilflos durch das riesige Klinikum geirrt bin. Seit der Erweiterung ist es wie eine ganze Stadt, und trotzdem gibt's noch immer jeder Menge Baustellen! – Als ich endlich meine Ermittlungen hinter mir hatte, bin ich, anstatt mir eine Kaffeepause zu leisten, im Schweinsgalopp wieder zum Hauptbahnhof gelaufen. Da habe ich glücklicherweise gleich die U 6 nach Feuerbach erwischt, sonst wärst du glatt vor mir hier gewesen.«

»Also, vielen Dank für deine Mühe«, sagte Irma. »Aber nun komm bitte zum Hauptthema.«

Helene hatte tatsächlich die Krankenschwester gefunden, die Herrn Engelhard am Tag vor seinem Tod betreut hatte.

»Schwester Ilona konnte sich wegen der ›Pfeife‹ an Herrn Engelhard erinnern«, sagte Helene.

»Wieso Pfeife?«, fragte Irma. »Im Krankenhaus darf doch niemand rauchen.«

»Keine Tabakspfeife«, sagte Helene. »Herrn Engelhards Kater hieß Pfeife, weil er auf seine Pfiffe sofort angeflitzt kam. Nur an diesem Nachmittag, an dem der Unfall passiert ist, kam der Kater nicht. Deswegen hat Herr Engelhard auf der Straße nach seiner ›Pfeife‹ gesucht.«

»Hmm«, machte Irma. »Und dort, wo Herr Engelhard seine ›Pfeife‹ gefunden hat, ist der Tatort.«

Helenes Gesicht überzog sich mit Schmunzelrunzeln. »Genau!«

»Hast du Schwester Ilona gefragt, ob Herr Engelhard sonst noch was erzählt hat?«

»Na, warte es doch ab, Frau Kommissarin. Was meinst du denn, was Miss Marple getan hat?«

»Spann mich nicht auf die Folter, Helene. Das ist keine Quizshow!«

»Herr Engelhard hat gesagt: Vor dem Eingang zur Bank stand eine junge Frau, die er nach seinem Kater gefragt hat.«

»Ja und?«

»Die Frau hat auf den Kater gezeigt, der mausetot am Bordstein lag. Aber bevor Herr Engelhard hingehen konnte, ist ein großer Kerl auf ihn zugekommen und hat ihn umgestoßen.«

Irma vergaß, ihre Honigbanane weiterzuessen, und leckte am Dessertlöffel herum. »Das ist echt interessant!«

Helene sprach eifrig weiter: »Schwester Ilona hat mir auch gesagt, Herr Engelhard hätte versucht, ihr noch etwas mitzuteilen, was sie aber nur teilweise verstehen konnte.«

»Nun rede schon! Auch wenn's nur Stückwerk ist«, drängte Irma.

»Er hätte gemurmelt: Taxi gekommen. Dann Taxi weg und auch junge Frau und der Mann verschwunden.«

»Ein Taxi!«, rief Irma. Sie stopfte sich den Rest der Honigbanane in den Mund und nuschelte: »Vielleicht bedeutet das, das Taxi hat angehalten und die Gangster mitgenommen!«

Irma rief im Präsidium an und gab Schmoll ein kurzes Resümee über Ariadne Fröhlichs Befragung. Danach berichtete sie, dass Ariadnes Vater Taxi fuhr – und ein Taxi am Tatort gesehen worden sei. Zehn Minuten später hatte Schmoll das Taxi des Herrn Fröhlich ausfindig machen lassen. Es stand samt seinem Besitzer in Warteposition am Feuerbacher Bahnhof. Schmoll hoffte, es würde noch ein Weilchen dort stehen. Er bestellte Irma zum Taxistand und machte sich selbst auch auf den Weg dorthin.

Als Schmoll und Irma fast gleichzeitig vor Herrn Fröhlichs Taxi auftauchten, aber nicht irgendwohin gefahren werden wollten, sondern ihre Dienstmarken zeigten, blinzelte Herr Fröhlich irritiert durch eine Honecker-Brille und schob an dem dunklen Horngestell herum. Irma sah ihm an, dass er am liebsten auf und davon gefahren wäre.

Schmoll sagte: »Also, steigen Sie mal aus, Herr Fröhlich, wir müssen mit Ihnen reden. Oder möchten Sie lieber aufs Präsidium eingeladen werden?«

Herr Fröhlich stieg widerwillig aus, und als er endlich stand und seine Schildmütze abnahm, um sich den Schweiß von der Stirn zu wischen, stellte Irma fest, dass er so blond wie seine Tochter Ariadne war, aber schlanker und größer. Hinter seinen Brillengläsern lauerte ein leichter Silberblick, der sich verstärkte, als Schmoll ihn fragte, wie er den letzten Sonntag verbracht habe.

»Na, wie schon«, brummte Fröhlich. »Hab Fußball geguckt. Sie etwa nicht?«

»Wo haben Sie Fußball geguckt? Sagen Sie bitte nicht daheim und allein!«

»Allein!? Das wär mir nicht im Traum eingefallen«, beteuerte Fröhlich. »Ich war in meiner Stammkneipe.«

Schmoll fragte ihn, ob er mit dem Taxi zu der Kneipe gefahren sei.

»War kurz vorm Anpfiff. Höchste Zeit, vor 'ne Glotze zu kommen. War ich zu schnell? Ist doch kein Mensch auf der Straße gewesen und Autos schon gar nicht.«

»Haben Sie von dem Bankraub gehört?«

»Ja klar. Das pfeifen doch die Spatzen von den Dächern.«

»Ihr Taxi wurde gesehen, als es durch die Straße gefahren ist, in der die ausgeraubte Bankfiliale liegt.«

Herr Fröhlich stemmte die Hände in die Hüften und blickte Schmoll empört an. »Und weil ich durch diese Straße gefahren bin, stehe ich unter Verdacht, die Bank ausgeräumt zu haben?!«

»Möglicherweise. Aber so weit sind wir noch nicht. Jetzt will ich erst mal wissen, ob Sie den Mann gesehen haben, der vor der Bank an der Gehwegkante lag.«

Herr Fröhlich schien einen Moment aus der Fassung zu geraten, bevor er antworten konnte. »Von dem Mann und dem Unfall hab ich in der Zeitung gelesen. Aber nun kommen Sie mir ja nicht damit, ich hätte den Alten umgefahren. Als ich am Sonntag dort vorbeigekommen bin, lag da keiner.«

»Und sonst haben Sie auch niemanden gesehen?«

»Nee. Ich sag doch: Da war keine Menschenseele auf der Straße. Alle haben Fußball geguckt. Es war einsamer als am Arsch der Welt.«

»Und diese Einsamkeit war so richtig praktisch, um mal kurz eine Bank auszuräumen«, sagte Schmoll.

War Herr Fröhlich bleicher geworden? Als sein Funktelefon klingelte, zitterte die Hand, die danach griff.

Seine Stimme wackelte, als er dem Anrufer mitteilte: »In fünf Minuten bin ich da.« Fröhlich legte auf und sagte: »Kundschaft im Laden! Ich muss jetzt weiter.«

Schmoll sagte: »Sodele«, was bei ihm so viel wie »Schluss jetzt!« hieß, und gab Herrn Fröhlich seine Karte. »Melden Sie sich morgen früh um acht Uhr bei mir im Präsidium. Bringen Sie auch gleich Ihre Tochter mit. Vielleicht fällt Ihnen bis dahin etwas ein, was Sie uns noch nicht gesagt haben.«

»Ich hab morgen früh eine größere Tour«, sagte Herr Fröhlich.

Schmolls Stimme schwoll an: »Das war eine Vorladung! Außerdem müssen Sie zum Erkennungsdienst.«

»Was soll ich denn beim Erkennungsdienst?«, stammelte Herr Fröhlich.

Sein Silberblick war zu heftigem Schielen geworden.

Weil Irma sah, wie sich bei Schmoll bereits sein Bulldoggengesicht aufbaute, mit dem er nur brüllen konnte, erklärte sie freundlich: »Fingerabdrücke erfassen lassen, und wenn nötig, wird auch eine Speichelprobe für einen DNA-Abgleich genommen.«

Herr Fröhlich verdrehte die Augen in zwei verschiedene Richtungen, schnappte nach Luft und fragte, ob das ernst gemeint sei.

»Bitterernst«, schnauzte Schmoll. »Und Sie dürfen die Stadt nicht verlassen, bis wir den Bankraub und den Tod des alten Mannes aufgeklärt haben.«

Fröhlich setzte sich hinters Lenkrad und ließ den Motor an.

Er streckte die Nase aus dem Fenster und schrie: »Mit diesem ganzen Mist habe ich nichts zu tun!« Das Taxi schoss mit Blitzstart davon.

»Verflixt«, knurrte Schmoll. »Ein Zeuge, der zugibt, am Tatort gewesen zu sein, aber nichts gesehen haben will, ist mir suspekt.«

»Mir auch«, sagte Irma. »Entweder ist er nicht der Hellste oder er hat sich verplappert. Wenn wir sein Taxi und seine Wohnung durchsuchen lassen könnten, würden wir womöglich die Euro-Beute finden.«

»Aber wir haben nichts in der Hand, was den Mann ausreichend verdächtig macht, um einen Durchsuchungsbeschluss zu bekommen«, knurrte Schmoll.

»Warten wir ab, bis wir die Fingerabdrücke von Vater und Tochter Fröhlich mit denen aus der Bank vergleichen können«, sagte Irma.

»Mir scheint«, spekulierte Schmoll, »das Saufbrüderle Fabian Knorr, seine Busenfreundin Ariadne und ihr Taxi-Vater stecken unter einer Decke.«

»Ich ruf jetzt Katz an«, sagte Irma. »Falls er noch bei der Alibi-Überprüfung des Töchterchens ist, kann er gleich auch noch Papa Fröhlichs Stammkneipe einen Besuch abstatten.«

Als sie Katz am Handy hatte, fragte sie, ob er noch in Feuerbach sei.

»I ben fertig dort. Ond i sitz in der 13 Richtung Pragsattel.«

»Du bist mit der Straßenbahn unterwegs?«, fragte Irma verdutzt. »Das ist ja was ganz Neues!«

»Jetzt schwätz net so saublöd daher. Mei Karre isch bei dr Inschpektion.«

»Aha. Hör zu: Am Tatort vor der Bank ist ein Taxi gesehen worden. Der Fahrer dieses Taxis ist Papa Fröhlich. Er will zur Tatzeit in einem Bistro unterhalb der Happoldstraße gewesen sein. Frag mal den Wirt, wann und wie lange sich Herr Fröhlich am Sonntag dort aufgehalten hat.«

»Zu Befehl«, sagte Katz grimmig. »Dann steig i jetzet aus
ond fahr zurück. Falls no meh Kneipe abzuklappre send,
sag's glei.«

Schmoll und Irma fuhren zum Präsidium. Fluchend quälte
Schmoll seinen alten Daimler durch den Feierabendverkehr.
Sie brauchten für die wenigen Kilometer fast eine Stunde
und trafen Katz bereits im Büro an. Gut gelaunt war er allerdings auch nicht. Er zerrte an seinem Lippenbärtchen und
berichtete verdrießlich, die Alibis von Vater und Tochter
Fröhlich in den jeweiligen Gastwirtschaften seien bestätigt
worden. Vergebliche Mühe sei das gewesen.

Und dann motzte er Irma an: »Kannsch mer wenigschtens mol erkläre, wieso die zwoi Fröhlichs obedingt a
Alibi brauchet?«

»Tschuldigung«, sagte Irma. »Das konnte ich dir vorher
nicht so schnell erklären. Ich fand's wichtig, die Alibis so
bald wie möglich überprüfen zu lassen.«

Sie erzählte nun knapp, was die Krankenschwester Ilona
von Herrn Engelhard gehört hatte: von der jungen Frau, die
vor der Bank stand. Von dem Kater, der Pfeife hieß. Von dem
kräftigen Mann, der Engelhard umgestoßen hatte, und von
dem Taxi, das am Tatort vorbeigefahren war.

»Na, hoppla«, sagte Schmoll, »bisher habe ich nur erfahren, dass ein Taxi am Tatort gewesen sein soll. Dass diese Informationen, die du soeben aufgezählt hast, von einer Krankenschwester stammen, ist mir neu. Mir scheint, meine ei-
genmächtige Kommissarin ist doch im Katharinenhospital
gewesen!?«

Irma druckste rum, bevor sie gestand, sie habe Helene
Ranberg hingeschickt, die sich ein wenig umgehört habe.

Schmoll hielt eine halbherzige Predigt über unprofessio-
nelle Ermittlungsarbeit und fasste dann zusammen: »Und
nun vermutest du, dass es sich bei dem Kerl, der aus der
Bank gekommen ist und den alten Mann umgestoßen hat,
um den Taxifahrer Adam Fröhlich handelt und bei dem

Mädle, das angeblich dort rumgestanden ist, um seine Tochter.«

»Ond dr Metzger-Azubi Fabian Knorr?«, fragte Katz.

»Vielleicht hat er eine Straßenecke weiter im Taxi gewartet«, sagte Irma. »Dann ist er nach einem verabredeten Zeichen vorgefahren und hat die Räuber mitsamt der Beute abgeholt.«

»Bisschen weit hergeholt«, murmelte Schmoll.

»Zumindescht ka dr Fröhlich Geld brauche, wie mer oiner von seine Kneipenkumpane geflüstert hot«, sagte Katz. »Sei Taxigschäft lauft mäßig, ond er muss sei Eigentumswohnung abzahle.«

»Motiv: Geldnot!«, sagte Schmoll.

Doch so, wie er verdrossen den Takt des Radetzky-Marsches auf die Tischplatte trommelte, merkte Irma, dass er nicht recht an dieses Motiv glaubte. Schmoll trommelte und gab nicht zu, wie mies er sich fühlte. Irmas neue Spekulationen, und vor allem Frau Ranbergs Recherchen im Katharinenhospital, schienen ihm handgestrickt. Er bezweifelte, dass sich ein Todkranker so genau erinnern konnte, nachdem er vorher lange bewusstlos gewesen war.

»Diese Krankenschwestern sehen wahrscheinlich zu oft *Tatort*«, sagte Schmoll griesgrämig. »Sie finden es spannend, wenn ein Patient was Kriminelles erzählt und glauben es ihm, auch wenn er schon im Delirium liegt.«

Schmolls Fäuste setzten einen Schlussakkord auf den Tisch und er brummte, die Story mit dieser Ariadne und dem Taxifahrer sei der letzte Stuss. Danach empfahl er Irma bissig, sich von Ariadne den Faden zu leihen, der aus diesem dämlichen Labyrinth führen könnte.

Ein Anruf beim Raubdezernat ergab, dass auch dort bisher keine neuen Erkenntnisse vorlagen. Und als Schmoll hörte, dass die in der Bank gesicherten Spuren auch noch nicht fertig ausgewertet waren, krachte seine Faust nochmals auf die Tischplatte und er brüllte: »Feierabend!«

Fünf

Donnerstag, 1. Juli

Nachdem Irma die halbe Nacht gegrübelt hatte, gestand sie sich ein, dass Schmoll recht hatte und der Verdacht gegen Vater und Tochter Fröhlich ziemlich fragwürdig war.

Und Fabian Knorr? Das Geld aus seinem Rucksack stammte eindeutig aus dem Bankraub. Aber Irma wurde das Gefühl nicht los, dass an der Sache irgendwas faul war. Wahrscheinlich spinn ich, dachte sie. Wie soll denn das Geld in den Rucksack gekommen sein, wenn er es nicht selbst hineingesteckt hat? Wo doch sogar Fingerabdrücke von ihm an den Scheinen waren! Obwohl der Bankraub nicht in ihr Ressort gehörte, brannte Irma darauf, sich den Tatort anzusehen. Aber Schmoll würde etwas dagegen haben. Trotzdem rief sie, bevor sie sich auf den Weg ins Präsidium machte, im Büro an. Wie sie erwartet hatte, saß Schmoll schon an seinem Schreibtisch. Sie erklärte ihm, sie wolle in Feuerbach den Platz besichtigen, an dem der alte Herr Engelhard gestürzt war.

Schmoll antwortete ungnädig: »Wenn es dort noch etwas zu ermitteln gibt, dann soll das der Stöckle mit seinen Leuten erledigen!«

»Ich will nicht wegen des Bankraubs hin, sondern hoffe, am Tatort etwas über Erich Engelhards Unfall herauszufinden. Sein mysteriöser Tod gehört schließlich in den Bereich des Morddezernats.«

Schmoll knurrte, sie solle tun, was sie nicht lassen könne, aber gefälligst mittags zur Teamsitzung zurück sein.

Da sich die Sonne an diesem Morgen noch in Bescheidenheit übte, beschloss Irma, direkt von ihrer Wohnung aus mit dem Fahrrad hinunter zum Feuerbacher Ortskern zu fahren. Während sie durch die Siedlung hinter dem Killesberg-Park kurvte, trat sie kräftig in die Pedale. Sie genoss den Fahrtwind, der mit ihren Haaren spielte und die Haut kühlte. Die Vögel bejubelten den neuen Tag so enthusiastisch, als wäre es ihr letzter. Waldduft mischte sich mit dem von frisch gemähtem Rasen. Am Feuerbacher Weg hatte Irma den höchsten Punkt ihrer Tour erreicht und konnte nun frohgemut abwärts rollen. Nach den letzten Häusern hielt sie vor einer Schranke, die Autos an der Weiterfahrt hinderte. Irma blinzelte in die Morgensonne, die sich im Tal über eine ockerfarbene Dachlandschaft ergoss. Auf der anderen Seite des Tales lag der Lemberg. Seine Weinhänge hüllten sich in geheimnisvolles Zwielicht.

Jenseits der Schranke mutierte der Feuerbacher Weg zu einem Wegle, das sich in Richtung Ortskern in die Tiefe stürzte. Irma flitzte an uralten Weinbergmauern und dichtem Gebüsch vorbei. Rechts des Weges stieg das Gelände fast senkrecht an, links neigte es sich jäh zum Tal. Der schmale Pfad dazwischen wurde immer steiler. Irma verließ sich auf die guten Bremsen ihres Drahtesels und sauste in halsbrecherischem Tempo abwärts. Kurz bevor sie mit einem Jauchzer die Talsohle Feuerbachs erreichte, befand sie sich wieder zwischen Giebelhäusern. Das Wegle wurde zur Straße, die sich Irma mit Autos teilen musste. Beim Endspurt auf der Grazer Straße tauchte geradeaus das Stahlgerüst über dem Tiefbahnsteig der Haltestelle Wilhelm-Geiger-Platz auf. Schmoll hatte Irma belehrt, dass die roten Metallbalken symbolisch für die Industrie des Stadtteils standen und außerdem als künstlerisch wertvoll galten. Irma fand das Gerüst vor allem praktisch, weil man dadurch den Wilhelm-Geiger-Platz von jeder der Straßen, die darauf zuliefen, schon von weitem erkennen konnte.

Sie kurvte um den Platz herum und stoppte am Biberbrunnen vor dem Rathaus. Irma warf einen Blick hinauf zu dem mächtigen roten Ziegeldach. Auf der Uhr am Kupfertürmchen war es zehn Minuten vor neun. Um neun öffneten in Feuerbach die Banken. Und in Feuerbachs zentralem Viertel rund um das Rathaus lag die Bankfiliale, in der der Raub stattgefunden hatte.

Schräg gegenüber der Eingangstür entdeckte Irma einen schwarzen Fleck auf dem Bürgersteig. Er war nicht sonderlich groß, man hätte ihn mit einer Untertasse abdecken können. Größer dagegen und auch weitaus ekelhafter war der Fleck daneben. Auch schwarz, aber ausgefranst und mit grauen Fellhaaren gespickt. Der Kater, dachte Irma. Hier hatte Herrn Engelhards Kater, der Pfeife hieß, gelegen. Wahrscheinlich war er unter einen Autoreifen geraten, bis hierher geschleudert worden und buchstäblich an seinem Blut kleben geblieben. – Da konnte jetzt nur noch Regen helfen, den unappetitlichen Fleck von der Gehwegkante wegzuspülen. Irma sah zum Himmel: kornblumenblau, sauber und glatt, ohne ein einziges Wölkchen. Die Sonne war über die Dächer gestiegen, füllte die Straßen mit Licht und schob die Schatten gegen die Hauswände. Bis zum Mittag würde die Stadt wieder in 35 Grad Hitze braten. Obwohl sich nach der wochenlangen nassen Kälte, die dem November ähnlicher als dem Mai gewesen war, jeder nach Sonne gesehnt hatte, präsentierte sich diese nun schon tagelang mit sengender Siegesgewissheit, die die meisten Leute bereits verwünschten. Wer Glück hatte, fand Zuflucht in einem klimatisierten Büro.

Irma stand auf dem Gehweg neben der vielbefahrenen Straße, eingehüllt in Abgase. Sie spürte, wie sich die Hitze langsam, aber stetig aufbaute und sehnte sich nach einer norddeutschen Brise.

In der Hoffnung auf eine Klimaanlage betrat Irma die Bank und wurde nicht enttäuscht. Die Luft war kühl und verbreitete Putzmittelfrische. Es war eine kleine Filiale. An der Decke klebten Neonröhren. Das Linoleum sah neu aus. Der langgestreckte Raum war durch eine brusthohe Theke geteilt, an der sich die Schalter und weiter hinten entlang einer fensterlosen Wand die Arbeitsplätze befanden. Dort saßen zwei Damen und ein Herr bereits bei der Arbeit. Der vierte Platz war leer. Die drei Bankangestellten starrten auf die Mattscheiben ihrer PCs und klapperten geübt auf den Tastaturen.

Es schien, als ob hier noch rasch wichtige Dinge erledigt würden, bevor Kunden bedient werden mussten. Irma jedenfalls wurde nun für die erste Kundin gehalten, denn eine der Damen, die ältere, vollbusige, verließ ihren Platz, kam an die Theke und warf Irma ein dienstlich-freundliches »Grüß Gott, kann ich Ihnen behilflich sein?« entgegen. Ein Schildchen auf ihrem Busen bescheinigte, dass sie die Kassiererin Hannelore Schick war.

Mit einem »Guten Morgen« zog Irma ihre Dienstmarke aus der Tasche und hielt sie Frau Schick entgegen.

Diese schob die Brille höher auf die Nase, sagte: »Moment mal« und winkte den Herrn herbei.

Der knöpfte sein Jackett zu und schritt gemessen heran: »Grüß Gott. Kleiber mein Name. Ich bin der stellvertretende Filialleiter. Was kann ich für Sie tun?«

»Ist die Filialleiterin auch schon im Haus?«

»Bedaure«, sagte Herr Kleiber. »Frau Kurtz befindet sich seit Montag im Urlaub.«

Er lächelte zuvorkommend und sah Irma erwartungsvoll an, als ob sie angekündigt hätte, ein Konto zu eröffnen. Dann fiel sein Blick auf die Dienstmarke, die noch auf der Theke lag. Er starrte überrascht auf die ovale Messingscheibe mit dem Polizeistern und der Gravur *Kriminalpolizei*. Er räusperte sich und ruckte an seinem Schlips, als wäre der plötzlich zu eng.

Irma steckte die Dienstmarke wieder ein und sagte: »Eichhorn. Ich bin von der Stuttgarter Mordkommission.«

»Wieso Mordkommission? Es war doch ein Bankraub! Die Polizei hat uns alle schon ausgefragt.«

Unter seinem argwöhnischen Blick wurde sich Irma ihrer zerzausten Haare bewusst. Sie strich die Strähnen, die sich auf der ungestümen Fahrradtour aus dem Gummiband ihres Pferdeschwanzes gelöst hatten, hinter die Ohren.

Solchermaßen zivilisiert, bemühte sie sich um einen dienstlichen Gesichtsausdruck und sagte: »Auch wenn schon Polizei hier war, Herr Kleiber, Sie sind verpflichtet, mir bei den Ermittlungen zu helfen und meine Fragen zu beantworten. Können wir uns irgendwo ungestört unterhalten? Hier werden ja bald Kunden kommen.«

Herr Kleiber probierte ein Lächeln, das misslang, und zeigte auf eine Tür. »Gehen wir ins Chefbüro.«

Das Erste, was Irma in dem kleinen, penibel aufgeräumten Raum ins Auge fiel, war die großformatige Fotografie unter einem Glasklemmrahmen. Sie hing hinter dem Schreibtisch direkt über dem Chefsessel, auf dem sich Herr Kleiber niederließ. Er klickte mit einem Kugelschreiber und wies mit diesem verlängerten Zeigefinger auf den ihm gegenüberstehenden Stuhl.

»Setzen Sie sich.«

Aber Irma setzte sich nicht, sondern ging um den Schreibtisch herum und näher an die Fotografie heran. Sie erkannte darauf außer Herrn Kleiber die zwei Damen, die sie in der Schalterhalle kennengelernt hatte. Der schlaksige junge Mann, der neben Herrn Kleiber stand, sah nach Azubi aus. Das Bankpersonal war um eine Dame gruppiert, die ihre Mitarbeiter überragte und einen Blumenstrauß vor die Brust hielt. Unter dem oberen Rand des Bildes stand in Computerzierschrift:

Zur Erinnerung an das 20-jährige Bankjubiläum unserer Chefin Brünnhilde Kurtz. Herzliche Glückwünsche und alles Gute für die Zukunft.

Die handgeschriebenen Unterschriften waren unleserlich.

Irma war sich sicher, die Dame mit dem Blumenstrauß schon irgendwo gesehen zu haben. Sie schloss die Augen und ließ hinter ihren Lidern Personen flanieren. Sie brauchte nicht lange, bis sie wusste, woher sie die Dame kannte. Das aschblonde Haar, das auf dem Foto zurückgekämmt und vermutlich als Dutt im Nacken saß, war bei Irmas Begegnung mit dieser Frau ein Zopf gewesen, der auf dem Rücken baumelte. Auch die ungewöhnliche Größe passte. Es war erst wenige Tage her, dass Irma diese Frau beim Weinblütenfest auf dem Lemberg kennengelernt hatte.

Irmas Innehalten vor dem Foto hatte nur ein paar Sekunden gedauert. Doch bevor sie nun eine Frage stellen konnte, hörte sie, wie hinter ihr der Drehstuhl zurückgeschoben wurde und Kleiber aufstand. Er trat neben sie, tippte mit dem Kugelschreiber der Dame mit dem Blumenstrauß ins Gesicht und gab ein fröhliches Meckern von sich.

»Das ist Frau Kurtz. Ihr Jubiläum liegt erst zwei Monate zurück.«

»Und Sie, Herr Kleiber, wie lange arbeiten Sie schon bei dieser Bank?«

»Auch schon fast ein Jahrzehnt.« Er meckerte wieder, diesmal leiser. »Man wird nicht jünger, nicht wahr?«

Der Kugelschreiber wanderte über die Fotografie: »Das ist Frau Schick. Sie gehört sogar schon länger zu dieser Bank als die Chefin. Das ist Maierchen – äh, Frau Maier, sie ist erst seit drei Jahren bei uns. Und neben mir steht unser Azubi.«

»Wie ist Frau Kurtz als Chefin? Ich meine, kommt sie mit den Angestellten gut aus?«

»Sie ist die Korrektheit in Person. Sehr gewissenhaft und absolut verlässlich, was sie auch von uns verlangt. Frau Kurtz ist sozusagen mit der Bank verheiratet.«

»Gab es in letzter Zeit Unstimmigkeiten?«

»Nein. Wir sind ein gut eingespieltes Team. – Was soll die Frage?«

»Ich finde es merkwürdig, dass Frau Kurtz in den Urlaub gefahren ist und nicht abgewartet hat, bis der Bankräuber gefasst wird.«

Herrn Kleibers Gesicht überzog ein Hauch aus Einfühlung und Mitleid. »Sie können sich ja nicht vorstellen, Frau Kommissarin, wie erschüttert die Chefin gewesen ist. Stellen Sie sich doch vor: Da kommt sie frühmorgens in die Bank, so wie seit zwanzig Jahren an jedem Arbeitstag – und was findet sie? Verwüstete Diensträume und den ausgeraubten Tresor! Nach diesem Schrecken hat sie den Urlaub wirklich verdient. Meine Kolleginnen und ich haben ihr zugeredet, die Reise nicht zu verschieben. Das Unglück war ja nun einmal geschehen, daran hätte Frau Kurtz nichts ändern können, wenn sie dageblieben wäre.« Herr Kleiber entließ einen erleichterten Meckerton. »Außerdem ist der Täter doch bereits festgenommen worden, wie die Zeitungen berichten.«

»Ob der Verdächtige der Täter ist, muss sich noch herausstellen«, sagte Irma. »Wenn jemand unter Verdacht gerät, ist damit der Fall noch nicht gelöst.«

»Wieso denn nicht?«

»Der Verdächtige hat bisher nicht gestanden. Und er hatte auch nur einen kleinen Teil der Beute bei sich. Der Rest ist verschwunden. Also muss es Komplizen geben.«

»Der wird schon noch gestehen und seine Kumpane verraten!«, sagte Herr Kleiber in einem Ton, als hätte er täglich Banküberfälle aufzuklären. Er setzte sich an den Schreibtisch und legte beide Hände auf einen Aktenstapel. »Das war's dann wohl, Frau Kommissarin. Ich muss an die Arbeit.«

Irma ließ sich nun endlich auf dem Besucherstuhl nieder. »Das war es leider noch nicht«, sagte sie und lehnte sich betont gemütlich zurück. »Wie Sie sicher aus der Zeitung wissen, kommt zu dem Raubdelikt nun noch ein Todesfall hinzu. Haben Sie eine Idee, wie das zusammenhängen könnte?«

»Zu der Zeit, als das alles passiert ist, bin ich daheim gewesen. Es war doch Sonntag.«

»Stimmt«, sagte Irma. »Der alte Mann ist nachweislich am Sonntagnachmittag in der Nähe des Bankeingangs gestürzt. Aber woher wissen Sie, dass das auch der Zeitpunkt war, an dem die Bank ausgeraubt worden ist?«

»Na, wissen kann ich das natürlich nicht – aber logisch wäre es.«

»Wieso logisch?«

»Da lief doch das Fußballspiel. Da war kein Mensch auf den Straßen. Die Bankräuber haben nicht damit gerechnet, gestört zu werden.«

»So kann es gewesen sein, Herr Kleiber. Aber dann sind die Bankräuber eben doch gestört worden – von dem alten

Mann, der seinen Kater gesucht hat. Und der Alte musste mundtot gemacht werden, damit die Beute in Sicherheit gebracht werden konnte.«

Herrn Kleibers Kiefer malmten wie die einer Kuh, und gleichzeitig zog er rhythmisch sein Ohrläppchen lang, als müsste diese Kuh gemolken werden. Irma fragte sich, weshalb er derart nervös wurde, und stellte die Frage, die ihr auf der Zunge brannte: »Wo waren Sie am Sonntagnachmittag zwischen vier und sechs Uhr?«

Nun knirschten Herrn Kleibers Zähne so hörbar, dass Irma Gänsehaut bekam. Sie ließ ihn nicht aus den Augen.

Es klang etwas atemlos, als er hervorsprudelte: »Bis halb vier war ich daheim. Meine Frau und ich hatten Streit, weil ich Fußball gucken wollte und sie nicht. Da bin ich zu meiner Mutter gegangen. Ich musste sie sowieso mal wieder besuchen.«

«Und bei ihrer Mutter haben Sie Fußball geguckt?«

»Ja.«

»Wo wohnt ihre Mutter?«

»Früher hat sie in Stammheim Süd bei uns im Haus gewohnt, beziehungsweise wir bei ihr. Aber seit zwei Jahren hat sie einen Pflegeplatz im Luise-Schleppe-Haus. Das ist im alten Stadtkern von Stammheim.«

»Können Ihre Mutter oder jemand vom Pflegepersonal Ihre Anwesenheit zwischen vier und sechs Uhr bestätigen?«

»Ob mich außer meiner Mutter jemand gesehen hat, weiß ich nicht, weil ich erst nach Spielbeginn gekommen und nach dem Schlusspfiff sofort gegangen bin.« Kleiber lächelte säuerlich und setzte vertraulich hinzu. »Damit meine Frau nicht ganz sauer wird. Sie hat nämlich getobt, als ich einfach weggegangen bin.«

Eine Fußball-Weltmeisterschaft scheint nicht nur Liebespaare, sondern auch Ehen zu strapazieren, dachte Irma. Kleibers Aussagen klangen nicht gerade glaubwürdig. Was hatte dieser gestriegelte Stellvertreter zu verbergen?

Irma stand auf. »Wir werden das überprüfen, Herr Kleiber. – Geben Sie mir jetzt bitte noch Frau Kurtz' Wohnanschrift, ihre Urlaubsadresse und ihre Handynummer.«

»Muss ich das tun? Ich weiß nicht, ob ihr das recht ist.« Herr Kleiber machte ein Gesicht, als seien diese Auskünfte Staatsgeheimnisse und mit seinen Dienstvorschriften unvereinbar.

»Sie müssen es tun, weil die Kriminalpolizei Sie danach fragt«, sagte Irma. »Ach ja, und die Fotografie vom zwanzigjährigen Jubiläum nehme ich mit. Sie bekommen sie nach den Ermittlungen wieder.«

Herr Kleiber schrieb zähneknirschend Frau Kurtz' Handynummer und die Urlaubsadresse auf und versicherte, die Chefin würde jedes Jahr nach Sylt fahren, deswegen ginge er davon aus, dass das auch dieses Jahr so sei, obwohl sie es nicht ausdrücklich erwähnt habe.

Nachdem Irma das Foto von der Wand genommen hatte, wollte Kleiber sich verabschieden. Aber Irma hatte noch etwas im Schalterraum zu erledigen. Dort fragte sie nacheinander Frau Schick, das Maierchen und dann auch Herrn Kleiber, ob Frau Kurtz eine jüngere Schwester habe. Die Antwort war kollektives Achselzucken und Kopfschütteln. Alle drei beteuerten, davon hätten sie nie gehört. Allerdings spräche Frau Kurtz niemals über ihr Privatleben.

»Noch eine Frage zum Schluss«, sagte Irma. »Hat Polizeimeister Rettich den Film aus der Überwachungskamera mitgenommen?«

»Der Film war weg«, sagte Herr Kleiber. »Und die Alarmanlage war ausgeschaltet. Diese Banditen waren eben Profis!«

Als Irma die Bank verließ, brütete die Sonne hinter Wolkenschleiern und heizte niederträchtig eifrig die Stadt auf. Irma schob ihr Fahrrad in den Schatten einer Platane und führte ein Handygespräch mit der Pension in Westerland, in der Frau Kurtz angeblich Urlaub machte. Danach rief sie beim Stuttgarter Flughafen an.

Als das erledigt war, beeilte sie sich, ins Präsidium zu kommen. Um nicht durch die Mittagshitze radeln zu müssen, gönnte sie sich und ihrem Fahrrad eine kurze Fahrt in der klimatisierten Straßenbahn und stand zwanzig Minuten später in Schmolls Büro. Dort erfuhr sie, dass Vater und Tochter Fröhlich pünktlich zum Zeugenverhör erschienen waren, aber schon wieder entlassen werden mussten. Schmoll gab brummig zu, auf der Spur Fröhlich nicht weitergekommen zu sein.

Er berichtete, Herr Fröhlich hätte die Prozeduren beim Erkennungsdienst mit Murren hinter sich gebracht, aber Ariadne hätte die Sache als Gaudi aufgefasst.

»Zuerst hat sie behauptet, in diesem kahlen Raum mit dem grellen Licht käme sie sich wie beim Zahnarzt vor. Und als sie die Handfläche auf die rotleuchtende Fläche des Scan-Gerätes legen sollte, hat sie gekreischt, als würde sie sich die Finger verbrennen.«

Irma grinste, weil sie sich Ariadne bei diesem Schabernack gut vorstellen konnte.

»Darüber brauchst du nicht zu grinsen«, sagte Schmoll. »Beim Ablichten hat sich das kleine Luder dann benommen wie ein Möchtegern-Filmsternchen. Porträt, Profil und Halbprofil musste je dreimal gemacht werden, weil sie sich über die Ansage: ›Bitte nicht lächeln‹ kaputtlachen wollte.«

Irma musste nun selbst losprusten, was Schmolls Laune nicht gerade hob.

Auf ihre Frage, ob die Verhöre von Vater und Tochter Fröhlich wenigstens Neuigkeiten gebracht hätten, knurrte Schmoll: »Schade um die Zeit. Fröhlich hat fast haarklein erzählt, was wir schon gestern am Feuerbacher Bahnhof von ihm gehört haben.«

»Und was hat Ariadne zu sagen gehabt?«

»Die hat sich zuerst geziert, aber dann des Langen und Breiten über den Streit mit Fabian berichtet. Anschließend hat sie, als hätte jemand sie danach gefragt, ihre Begeisterung über die Tore der deutschen Fußballmannschaft herausgesprudelt. Und genau beim vierten Tor …«, Schmoll schlug vier Mal mit der Faust auf den Tisch, »kam die Nachricht vom kriminaltechnischen Labor, dass die Fingerabdrücke von Vater und Tochter mit keinem der in der Bankfiliale sichergestellten identisch sind. Auch in der Datenbank hat man nichts gefunden. Mir blieb nichts weiter übrig, als die Fröhlichs zu entlassen.«

Irma hoffte, Schmolls Stinklaune mit den Hinweisen auf neue Verdächtige besänftigen zu können. Während sie die Befragung der Bankangestellten schilderte und ausführlich auf das Verhalten des Stellvertreters Herrn Kleiber einging, unterbrach Schmoll ihren Redefluss.

»Jetzetle mal langsam. Warum kümmerst du dich um den Bankraub? Kannst du nicht endlich kapieren, dass das nicht unser Problem ist?«

Irma schnappte nach Luft und fauchte: »Lass mich gefälligst ausreden! Es geht auch um Erich Engelhard, der wahrscheinlich wegen des Bankraubs sterben musste.«

Schmolls Finger klopften seinen Lieblingsmarsch auf die Tischplatte. Er pochte ungeduldig und ziemlich taktlos. »Also, da komm ich jetzt nicht mehr mit. Aber wenn du's für so wichtig hältst und da die Sache bisher nicht vor und nicht zurück geht, dann hol mal am besten den Stöckle her, damit wir den Stand unserer Ermittlungsarbeiten austauschen können. – Und schau auch nach, wo Katz bleibt. Er hat sich vermutlich bei den Spusis festgequatscht – da ist 'ne Neue: jung, blond und füllig.«

»Unser Katz fährt nur noch auf seine Ina ab«, stellte Irma klar.

Aber Schmoll hörte nicht mehr zu und begann jetzt mit seinen Kniebeugen, von denen er behauptete, sie seien denkfördernd. Er zählte. Bei drei hielt er inne. »Kannste zwischendurch noch Kaffee machen, Eichhörnle?«

»Zu Befehl«, sagte Irma und dachte, dass es leichtsinnig von ihr gewesen war, sich irgendwann freiwillig für diese Daueraufgabe gemeldet zu haben.

Schmoll keuchte: »Vier – fünf – sechs …«

Als Irma die Kollegen zusammengetrommelt und vor jeden einen dampfenden Kaffeebecher gestellt hatte, berichtete sie noch einmal von ihrem Besuch in der Bank, legte das Jubiläumsfoto auf den Tisch und zeigte auf Frau Kurtz.

»Das ist die Filialleiterin. Diese Frau hab ich am vergangenen Sonntag, an dem der inzwischen verstorbene Herr Engelhard verletzt aufgefunden wurde, mit ihrer Schwester beim Weinblütenfest auf dem Lemberg kennengelernt.«

»Warum sollen eine Bankangestellte und ihre Schwester nicht zum Weinblütenfest gehen?«, fragte Schmoll gereizt.

»Dagegen will ich ja nichts sagen. Aber sie hat behauptet, sie seien von Zuffenhausen gekommen, obwohl sie, wie ich inzwischen weiß, in Feuerbach wohnt. Ich glaube eher, sie sind mit dem Shuttlebus vom Feuerbacher Rathaus zum Lemberg heraufgefahren. Warum diese Lüge? Und warum haben sie sich klammheimlich verdrückt, nachdem Helene ausgeplaudert hat, dass ich bei der Kripo bin?«

Da Schmoll nun seine Stirn und einen Teil der Glatze in Wellblechfalten legte, wusste Irma, dass seine kleinen grauen Zellen auf Hochtouren arbeiteten. Aber schon nach ein paar Sekunden glättete sich das Wellblech und seine Faust sauste auf den Tisch. Sein Blick, den er auf Irma warf, war halb missmutig, halb spöttisch.

»Und nun glaubst du, die zwei Damen, Filialleiterin Kurtz und ihre Schwester, haben gemeinsam mit dem stellvertretenden Filialleiter Kleiber die Bank ausgeräumt und sind dann husch, husch auf den Lemberg gekraxelt oder gefahren. Dort haben sie sich unters Volk gemischt, um ein Alibi weit weg vom Tatort vorweisen zu können.«

Katz zupfte mit einer Hand an seinem Lippenbärtchen herum und striegelte mit der anderen seine Napoleon-Fransen in die Stirn. Er fragte Irma, warum sie, als sie in der Bank gewesen war, dieser Filialleiterin nicht gleich mal auf den Zahn gefühlt habe.

»Weil sie nicht da war! Sie ist sofort, nachdem der Bankraub entdeckt worden ist, in den Urlaub abgedüst. Nach Angaben ihrer Arbeitskollegen ist sie an die Nordsee gefahren. Aber das stimmt nicht.« Irma legte den Kopf in den Nacken und reckte das Kinn hoch. Die goldenen Pünktchen in ihren grünen Augen blitzten. »Ich habe bereits die verlässliche Information von TUI: Frau Brünnhilde Kurtz ist am Dienstag, den 29. Juni, mit der ersten Maschine nach Palma de Mallorca geflogen.« Irma lächelte verbindlich in die Runde. »Es war ein Ermittlungsglückstreffer: Gleich beim zweiten Versuch hatte ich die richtige Fluggesellschaft erwischt.«

»Und wo ist die kleine Schwester abgeblieben?«

»Das wüsste ich auch gern.«

»Vielleicht sind die holden Schwestern gemeinsam nach Mallorca geflogen«, überlegte Schmoll.

Irma zog die Schultern hoch und dazu eine Grimasse. »Es hat nur eine Passagierin namens Kurtz eingecheckt. Wahrscheinlich heißt die Schwester anders.«

Katz sagte: »Heiligs Blechle.«

Schmoll sagte: »Jetzetle.«

Beide wirkten ratlos. Irma ärgerte sich über die skeptischen Gesichter ihrer Kollegen, und weil sie sonst nichts hatte, woran sie ihre Wut auslassen konnte, zerrte sie am Gummiband ihres Pferdeschwanzes. Das Band platzte gleichzeitig mit Irmas Geduld.

Während ihr die Mähne aus rotbraunem Gekräusel über die Schultern und ins Gesicht fiel, fauchte sie los wie eine gereizte Katze.

»Diese Brünnhilde Kurtz sollten wir unter die Lupe nehmen! Du hast es doch schon auf den Punkt gebracht, Schmoll: Es wäre möglich, dass sie ihre Bank selbst ausgeraubt hat. Vielleicht sind sie und ihr Stellvertreter Komplizen.«

»Ich hab das nicht auf den Punkt gebracht, sondern gefragt, ob du das ernst meinst«, sagte Schmoll genervt. »Deine Fantasie geht mit dir durch!«

Kommissar Stöckle vom Raubdezernat, der mit halb geöffnetem Mund zugehört hatte, versicherte nun, es sei sehr, sehr, sehr selten, aber jedenfalls schon vorgekommen, dass das Personal die eigene Bank ausgeräumt habe. Er halte das für äußerst schwierig, da die Zahlenkombination für das Tresorschloss aus einer Nummer bestehe, von der zwei verschiedenen Personen nur je die Hälfte bekannt sei.

»Es ist aber möglich!«, beharrte Irma und verlangte von Stöckle, er solle prüfen, wer den zweiten Teil der Codenummer habe. »Wenn Herr Kleiber diese zweite Person ist«, sagte sie, »dann war es ein Kinderspiel, den Tresor zu öffnen!« Irma sah zu Schmoll. »Du musst doch zugeben, dass es wichtig ist, Kleibers Alibi zu prüfen! – Und egal, wie das ausgeht, solltest du spanische Amtshilfe beantragen. Die Kollegen von der Polizeibehörde auf Mallorca müssen Frau Kurtz und ihre Schwester durchchecken.«

»Wonach durchchecken?«

»Sie sollen prüfen, was Frau Kurtz auf Mallorca treibt und vor allem, ob sie viel Geld hat beziehungsweise ausgibt.«

Schmoll drehte an seinem Kinn, als ob er es abschrauben wollte. Irma sah ihm an, was er dachte: Nun möchte meine eifrige Mitarbeiterin am liebsten selbst nach Mallorca fliegen, um Frau Kurtz durchzuchecken – aber genau genommen ist es dieser Leo Kowalzki, dem sie in die Arme fliegen möchte.

Laut sagte Schmoll: »Ein Amtshilfeersuchen wird die Staatsanwaltschaft nicht genehmigen. Der Verdacht ist zu lasch. Es ist doch bisher nicht mal bewiesen, dass Engelhards Tod mit dem Bankraub zusammenhängt.«

»Du willst Beweise?«, höhnte Irma. »Dein Motto ist doch sonst: Beweise muss man suchen. Wenn man sie in einer Richtung nicht findet, kann man sie zumindest dort ausschließen und vermehrt an anderer Stelle ermitteln.«

Schmoll stöhnte. Katz grinste.

Stöckle seufzte und sagte: »Außerdem sind wir mit Fabian Knorr noch nicht fertig. Der scheint mir weitaus verdächtiger zu sein.«

»Genau!«, bekräftigte Schmoll. »Zuerst muss der junge Mann, der den Unschuldsengel spielt, gründlicher in die Mangel genommen werden. Das kannst du gefälligst mal abwarten, Irma!«

Stöckle beteuerte: »Ich werde auch abwarten – bevor ich mich mit diesem hanebüchenen Verdacht gegen die Filialleiterin und ihren Stellvertreter blamiere.«

Schmoll streichelte das Wellblech auf seiner Glatze glatt. Katz rieb seine spitze Nase. Stöckle massierte seinen Adamsapfel. Irma kochte.

Schmoll stand auf und sagte: »Sodele«, was bedeutete, er wollte nun nichts mehr von diesem Thema – in diesem Fall von Brünnhilde Kurtz – wissen.

Katz räusperte sich. Ein Zeichen, dass er noch was loswerden wollte, von dem er ahnte, dass es Schmoll nicht unbedingt in den Kram passte.

»Spuck's aus, Katz«, sagte Schmoll mürrisch.

»Vielleicht sollte mer ons wenigschtens em Wohnumfeld von dere Filialleiterin ond au bei ihrm Vertreter mal omsehe.«

»Meinetwegen«, knurrte Schmoll und war schon halb zur Tür raus. »Mir knurrt der Magen. Lasst uns jetzt in die Kantine gehen, solange es dort noch was gibt. Wenn wir uns gestärkt haben, geht ihr das an. Zeig mal Frau Kurtz' Adresse her, Irma. – Aha, das ist im Oberdorf, also sozusagen im Herzen Alt-Feuerbachs.«

»Ond wer prüft des Alibi von dem stellvertretenden Filialleiter, diesem Kleiber?«, fragte Katz.

Irma dachte, sie höre nicht recht, als Schmoll sagte: »Das erledige ich. Kommst du mit, Kollege Stöckle?«

Stöckle nickte.

Na also, dachte Irma. Geht doch.

Irma und Katz bereuten, das Auto genommen zu haben. Es war unmöglich, in der Altstadt einen Parkplatz zu finden. Schließlich stellte Katz seinen Polo vor der Bachschule ab.

Sie liefen über einige Dutzend Stufen, die sich Bärenstaffel nannten, hinauf zum Oberdorf und verfransten sich mehrmals im Gassengewirr. Endlich fanden sie die gesuchte Hausnummer in einem Hinterhof. Ein zweigeschossiges Häuschen. Die vordere Fassade war mit Efeu bewachsen. Im Vergleich zu den Fachwerkhäusern, die an dem Hügel klebten, auf dem die Stadtkirche thronte, wirkte das Haus renovierungsbedürftig. Die Klingel war halb unter Efeu versteckt und schien defekt zu sein, zumindest war kein Ton zu hören. Die Hoffnung, die kleine Schwester würde die Tür öffnen, erfüllte sich nicht.

Katz versuchte, durch die Fenster zu spähen, aber die Sicht war durch Gardinen verhängt. Irma umrundete das Haus und blickte auf der hinteren Seite ins Küchenfenster. Es sah nicht danach aus, als wäre in den letzten Tagen hier gekocht worden.

Schon wollten sie unverrichteter Dinge wieder gehen, da rief eine krächzende Stimme: »Suchen Sie jemanden?«

Der winzige Balkon im Erdgeschoss des angrenzenden Hauses war urwaldähnlich gestaltet, und hinter einem Palmwedel lugte eine alte Frau hervor.

»Wir sind von der Stuttgarter Kriminalpolizei!«, rief Irma über den Gartenzaun. »Dürfen wir zu Ihnen reinkommen und ein paar Fragen stellen?«

Die Frau schob den Palmwedel beiseite und schüttelte mit abweisender Miene den Kopf.

Doch als fürchte sie, ihr würde in ihrem einsamen Urwald eine unerwartete Abwechslung entgehen, schlug sie rasch und bereitwillig vor: »Wenn Sie einmal da sind, können wir uns ja hier draußen ein bisschen unterhalten.«

Da Irma und Katz nur ein paar Meter von dem Balkon entfernt standen, war das durchaus möglich. Sie stützten die Unterarme auf den Zaun und Irma schickte ein gewinnendes Lächeln hinüber zu der Alten. Sie stellte sich und Katz vor und fragte sie nach ihrem Namen.

»Also, nein«, krächzte es empört zurück. »Was geht Sie denn an, wie ich heiße?«

Irma seufzte. Als Katz seinen Posten verließ und sich entfernte, wusste sie, er würde nun den Eingang zu dem Haus suchen, um den Namen der Bewohnerin des Erdgeschosses herauszufinden.

Kaum war Katz verschwunden, teilte die Alte in verschwörerischem Ton ihren Namen mit: »Adelheid Würmle-Brommer. – Wenn Sie von der Kriminalpolizei sind, dann haben Sie doch sicher im Fernsehen die Krimireihe *Adelheid und ihre Mörder* gesehen? – Sie gucken keine Fernsehkrimis? Das ist ein Fehler! Sie würden Ihre Fälle viel schneller lösen, wenn Sie die Methoden dieser Adelheid übernehmen würden. Na ja, Frauen erkennen Spitzbuben doch sowieso schneller als Männer.«

Offenbar kann sie keine Männer leiden, dachte Irma und beteuerte fröhlich, Adelheid sei ein schöner Name.

Frau Würmle-Brommer lächelte, und Irma kam zur Sache: »Kennen Sie Ihre Nachbarin, die hier in dem kleinen Haus wohnt?«

»Selbstverständlich«, sagte Frau Würmle-Brommer sichtlich stolz, die erste Frage beantworten zu können. »Da wohnt die Brünnhilde. Die Brünnhilde Kurtz. Ich war früher mit ihrer Mutter befreundet, mit der Lore.«

»Waren befreundet? Jetzt nicht mehr?«

»Die Kurtzens leben ja nicht mehr. Erst ist der Walter gestorben und ein paar Jahre später die Lore. Das ist bestimmt schon fünfzehn oder zwanzig Jahre her. Die Lore ist gerade mal sechzig geworden. Eigentlich kein Alter zum Sterben, wie man an mir sieht. Ich glaube fast, sie hat sich über das Kuckucksei von Tochter zu Tode geärgert.«

»Wieso Kuckucksei?«

Frau Würmle-Brommer flüsterte: »Die Kurtzens haben Brünnhilde adoptiert.« Nach dieser Mitteilung ließ sie ihre Stimme wieder anschwellen: »Die Lore war eine gute Pflegemutter, und der Walter hat sich auch alle Mühe gegeben. Das Mädle hat es gut bei ihnen gehabt, aber gedankt hat sie es ihnen nie.«

»Woher wissen Sie das so genau?«

»Die Lore hat mir oft ihr Herz ausgeschüttet und bitterlich dabei geweint. Das Mädchen sei garstig, unnahbar und hinterfotzig, hat die Lore gejammert.«

»Hinterfotzig?«

»Die Brünni hat allweil ihre Mutter angeschwindelt. Sie war faul. Und sie hat Geld geklaut, um sich Bonbons und Kuchen zu kaufen. Und in der Schule hat sie mit allen Kindern Streit gesucht – auch mit den Lehrern.«

»Könnte das Gründe gehabt haben?«

»Die Brünnhilde ist halt so. Wer weiß, von wem sie das hat? Als sie herausgekriegt hat, dass die Kurtzens nicht ihre leiblichen Eltern sind, ist sie noch garstiger geworden und hat ihnen die Hölle heiß gemacht.«

»Wie die Hölle heiß gemacht?«

»Rumgebrüllt. Porzellan zertrümmert. Und irgendwann hat sie Elvis erschlagen.«

»Elvis erschlagen?«

»Lores Kanarienvogel«, sagte Frau Würmle-Brommer und wischte sich die Augen. »Sie hat ihn gegen die Wand geknallt.«

»Und weshalb das alles?«

»Weil Lore und Walter der Brünnhilde nichts über ihre leiblichen Eltern sagen wollten. Das konnten sie aber gar nicht, denn Brünnhilde war ein Findelkind. Ist als Baby in der Theatergarderobe im Marquardtbau gefunden worden. Früher war in dem Gebäude ein vornehmes Hotel, und weil da mal Richard Wagner übernachtet hatte, wurde das Kind kurzerhand Brünnhilde genannt. Sie wissen schon: nach der Walküre im *Ring des Nibelungen*.«

Irma wusste das zwar nicht, nickte aber eifrig.

Worauf Frau Würmle-Brommer weiterplauderte: »Als Brünnhilde im Teenageralter war, haben sie in der Schule die Nibelungensage durchgenommen. Danach hat die Lehrerin die Klasse in die Staatsoper geführt, wo *Die Walküre* gegeben wurde. Ab da war es um Brünni geschehen! Sie fühlte sich plötzlich ihrem Vornamen verpflichtet und hörte nichts anderes mehr als Wagner. Das hat ihre Eltern fast in den Wahnsinn getrieben. Und Elvis auch. Er hat nicht mehr gesungen, sondern nur noch geschrien. Ich glaube, Elvis musste sterben, weil er immer versucht hat, gegen Wagner anzuschreien.«

»Armer Elvis«, sagte Irma mitfühlend, um den Redefluss weiter anzuregen.

Frau Würmle-Brommer nickte betrübt. »Dieser Wagnerfimmel wird von Jahr zu Jahr schlimmer. Sobald Brünnhilde daheim ist, läuft ihr Plattenspieler auf Hochtouren. Vielleicht ist es auch inzwischen so ein CD-Dingsda. – Am Sonntagabend hat sie bis in die Nacht hinein immer und immer wieder den *Walkürenritt* gehört – und das bei offenem Fenster.«

»Walkürenritt?«, fragte Irma. »Kennen Sie sich mit Wagner so gut aus, dass Sie das Stück erkannt haben?«

»Die Lore hat mir immer gesagt, wie die Stücke heißen. Sie hat auf Brünnis Schallplatten und Kassetten nachgeguckt. Den Walkürenritt braucht man nur einmal zu hören, um ihn jederzeit wiederzuerkennen.« Frau Würmle-Brommer verschränkte die Arme fest vor der Brust, als müsse sie sich vor etwas schützen. »Es ist eine Musik, bei der es einem gruselt und eiskalt den Rücken hinunterläuft. Wirklich schlimm!«

»Vielleicht ist es auch schlimm, Brünnhilde zu heißen?«, sagte Irma. »Dieser Name ist heutzutage nicht mehr üblich und reizt sicherlich zu Spott.«

»Stimmt«, gab Adelheid Würmle-Brommer zu. »Aber eigentlich kann sie froh sein, dass sie nicht Ortlinde, Schwertleite, Siegrune oder Rossweiße genannt worden ist.«

»Was sind denn das für Namen?«, fragte Irma irritiert.

»So heißen die anderen Walküren bei Wagner«, sagte Frau Würmle-Brommer. »Aber es lag weniger an ihrem Namen, Brünnhilde ist sowieso von Kindheit an verspottet worden. Sie war eigentlich nie richtig normal.«

»Nicht normal?«

»Na ja, als Kind sah sie aus wie ein Mastschweinchen, und dann ist sie hochgeschossen zu einer Bohnenstange. Möchten Sie Kurtz heißen, wenn sie so lang wären?« Bevor Irma antworten konnte, sagte Frau Würmle-Brommer: »Blöd war sie nicht, wenn Sie das meinen. Sonst hätte sie es ja nicht bis zur Bankfilialleiterin gebracht. Wenn sie frühmorgens gewissenhaft pünktlich und korrekt gekleidet das Haus verlässt, würde niemand vermuten, wie die sich daheim aufführt!«

Frau Würmle-Brommer hatte sich in Rage geredet, und Irma nutzte eine Luftschnapp-Pause, um eine weitere Frage loszuwerden: »Kennen Sie Frau Kurtz' jüngere Schwester?«

»Die Brünnhilde hat doch keine Schwester!«

»Vielleicht ist es gar nicht die Schwester«, sagte Irma. »Aber außer Frau Kurtz wohnt doch noch eine junge Frau in dem Häuschen? Eine zierliche Frau mit langen blonden Locken?«

»Nie gesehen«, sagte Frau Würmle-Brommer. »Aber in einem haben Sie recht: Da wohnt noch jemand. Seit ungefähr einem Jahr.« Es folgte ein Hüsteln und ein heiseres Lachen. »Der Jemand sieht aber eher nach einem Bruder aus als nach einer Schwester.«

»Können Sie mir den jungen Mann beschreiben?«

»Von langen Locken kann keine Rede sein. Seine Haare sind glatt und dunkel, fast blauschwarz, so zigeunermäßig, wissen Sie?«

»Ist er so groß wie Frau Kurtz?«

»I wo«, kicherte Frau Würmle-Brommer. »Der ist ziemlich klein und dünn wie 'n Windhund.«

»Kennen Sie ihn näher?«

»Nein. Er kriegt genauso selten den Mund auf wie Brünnhilde. Aber wenigstens grüßt er. Manchmal kommt er mir wie ihr Butler vor. Seit sie neuerdings ein Auto hat – was Feines, einen Sportwagen – fährt er Brünnhilde durch die Gegend. Ich nehme an, zum Einkaufen oder so. Wochenende vielleicht in den Schwarzwald oder was weiß ich.« Frau Würmle-Brommer kicherte wieder. »Dem kleinen Kerl passt der Sportwagen wie angegossen, aber die Walküre Brünnhilde braucht zum Einsteigen einen Schuhlöffel.«

In diesem Moment sah Irma, wie Katz um die Hausecke bog, hinter der er wahrscheinlich schon eine Weile gelauscht hatte. Sie gab ihm ein Zeichen, dass er sich wieder zurückziehen sollte. Sie wollte nicht riskieren, dass der Redefluss vom Balkon womöglich verebbte, wenn Katz sich blicken ließ.

Katz tauchte zurück, und Irma fragte weiter: »Wie heißt denn der junge Mann, der bei Frau Kurtz wohnt?«

»Keine Ahnung«, sagte Frau Würmle-Brommer. »Hat sich nicht bei mir vorgestellt.«

»Wissen Sie, wo er arbeitet?«

»Ich glaube, der geht keiner geregelten Arbeit nach. Anfangs, als er hier wohnte, hat er immer für Brünnhilde gekocht – ich konnte ihn durchs Küchenfenster sehen, das dann offen stand. Es roch nach Fleischküchle, gegrillten Hähnchen oder Rinderrouladen.«

Irma stellte sich vor, wie Frau Würmle-Brommer ihre Nase aus ihrem Dschungel zum Nachbarhaus reckte, um herauszufinden, was dort gekocht wurde.

»Er hat sich auch mit Renovierungen, Fensterrahmen streichen und so, nützlich gemacht und die Kehrwoche auf dem Hof erledigt. Aber seit einiger Zeit schon hat er damit aufgehört. Dafür ist er immer öfter außer Haus. Zumindest geht er fast jeden Abend weg. Ohne Brünnhilde und immer picobello angezogen.« Obwohl es unwahrscheinlich war, von jemandem gehört zu werden, senkte Frau Würmle-Brommer die Stimme. »Wenn er dann irgendwann mitten in der Nacht heimkommt, geht er hier über den Hinterhof und zur Kellertür rein.«

»Und Sie sind auch rein zufällig mitten in der Nacht auf ihrem Balkon und können das beobachten.«

»Ich bin eine alte Frau und schlafe schlecht«, sagte sie pikiert. »Und das eine kann ich Ihnen sagen: Seit das Kerlchen erst spät nachts heimkommt, hängt der Haussegen auf Halbmast. Da wird jeden Tag und oft auch nachts gestritten, dass es bis zu mir herüberschallt. Da wackeln die Wände!«

»Heute ist aber niemand zu Hause«, stellte Irma fest.

»Seit dieser Woche ist Ruhe. Vielleicht sind sie verreist«, sagte Frau Würmle-Brommer.

Irma fand, dass das fast bedauernd klang. Vermutlich war das seltsame Treiben im Nachbarhaus die einzige Abwechslung für die alte Frau. Sie bedankte sich bei Frau Würmle-Brommer und ging Katz suchen. Er saß vor dem Haus unter einem Ahornbaum und döste.

»Wach auf, Herr Kommissar!«, rief Irma. »Höre, was es Neues gibt.«

Katz gähnte und brummte: »No was?«

»Neu ist ein kleiner Bruder. Wenn es kein Bruder ist, dann zumindest ein junger Mann, der nun wahrscheinlich gemeinsam mit Frau Kurtz am Strand von Mallorca in der Sonne liegt.«

»Do könne mer des abhake!?«

Irma wiegte den Kopf hin und her. »Vielleicht. Vielleicht auch nicht.«

Doch Katz schien Frau Kurtz wirklich schon abgehakt zu haben und murmelte etwas von Feierabend. »Es isch scho nach sechse und immer no so a idiotische Hitz!«

»Stimmt«, stöhnte Irma. »Ich bin am Verdursten.«

»Du brengsch mi uff a Idee«, sagte Katz. »Folg mir oifach oauffällig.«

Die Mühlstraße hinunter, vorbei am Gering-Platz mit der alten Kelter, war ein klitzekleiner Altstadtspaziergang. Katz überquerte schnurstracks die Stuttgarter Straße und steuerte das Eiscafé *Capri* an.

Kurze Zeit später saßen sie unter einem Dach aus Kastanienästen. Irma schlürfte einen Eiskaffee und Katz löffelte einen Hawaiibecher. Ihre Lebensgeister kehrten langsam zurück.

Katz leckte sich die Lippen. »Des wär au was für mei Ina gwäe.«

»Na, ist ja bald Wochenende, das könnt ihr zusammen in einer Eisdiele verbringen.«

»Leider net. Ina isch uff me Wochenend-Ritt nach Heidelberg zu rer Zahnarzt-Assistentinnen-Fortbildung.«

»Äh …?«, machte Irma. »Da du gerade Ritt sagst: Frau Würmle-Brommer hat fleißig geplaudert. Unter anderem über einen Walkürenritt.«

»Hab's ghört.«

»Dann hast du auch gehört, dass unsere Filialleiterin eine Leidenschaft für die Musik von Wagner hat. Findest du das nicht irgendwie bemerkenswert?«

Katz grinste und verwies darauf, dass seine Oma auch Wagnerfan sei und sich in ihrer Glanzzeit als Opernstatistin eine stattliche Schallplattensammlung zugelegt habe. »Früher hot se den Walkürenritt oft ghört, aber vielleicht isch ihr des jetzt em Alter zu wild.«

»Ich hab's nicht so mit Wagner«, sagte Irma. »Ich kenn das Stück gar nicht.«

»Diese Musik isch so oheimlich, dass grauenvolle Filmszenen damit unterlegt werde. Zuletscht in *Operation Walküre*, dem Film iebern Stauffenberg.«

»Hab ich nicht gesehen«, sagte Irma. »Noch 'ne Bildungslücke von mir.«

»Aber vielleicht hosch *Apocalypse now* gsehe?«

»Mein Exfreund hatte die DVD. Er hat Filme mit Marlon Brando gesammelt. Mein Lieblingsfilm war *Endstation Sehnsucht* mit Vivien Leigh. Martins Favoriten waren *Der Pate* und *Apocalypse now*.«

Katz grinste. »Mei Lieblingsfilm mit Brando isch *Der letzte Tango in Paris*. Das Erotischste, was i je gsehe hab. Wow!«

»Das hätte ich dir gar nicht zugetraut«, sagte Irma. »Aber es ist ja nicht nur eine höchst erotische Geschichte, sondern auch eine todtraurige. – Für mich jedenfalls ist *Apocalypse now* das Grauenvollste, was ich je gesehen habe.

Man wundert sich, dass es nach so einer Story überhaupt noch Kriege gibt. Wenn ich an die Hubschrauber denke, die den Angriff auf das vietnamesische Dorf fliegen, fangen meine Knie an zu zittern.«

»Siehscht!«, sagte Katz zufrieden. »Ond mit dene Hubschrauber reite die Walküre vom Wagner – i mein akustisch – wie apokalyptische Reiter ieber des Dorf.«

»Jetzt erinnere ich mich«, sagte Irma. »Diese Musik klang grausam. Wild und unheilbringend.«

»So ischs«, sagte Katz.

»Frau Würmle-Brommer hat gesagt, Frau Kurtz hätte dieses Stück die halbe Nacht lang gehört. Kann man solche Musik wieder und wieder hören, ohne verrückt zu werden?«

Katz zupfte an seinem Lippenbärtchen. »Wenn des Frau Brünnhilde Kurtz tut, dann isch se wahrscheinlich scho verrückt und braucht's net meh zu werde.«

»Was allerdings leider nicht beweist, dass sie was mit dem Bankraub zu tun hat. – Aber ich werde sie suchen«, sagte Irma kämpferisch. »Und wenn ich sie aufgespürt habe, werde ich herausfinden, ob sie verrückt oder kriminell ist. Oder beides.«

»Vielleicht het die untadelige, brave Bankagstellte a gespaltene Persönlichkeit!«, sinnierte Katz.

Irma zuckte die Schultern. »Mir scheint, wir fangen beide an zu spinnen.«

»Die Hitz!«, sagte Katz.

Irma rief Schmoll an und gab ihm einen kurzen Überblick über ihre Nachforschungen.

»Na, das klingt ja wirklich opernhaft«, knurrte Schmoll. »Das Schwesterchen verwandelt sich in ein Brüderchen! Und durch Feuerbachs Altstadt reiten Wagners Walküren! – Um den Märchennachmittag perfekt zu machen, könnt ihr, da ihr sowieso in der Nähe seid, noch ein paar Blicke hinter die Mauern des Alten Friedhofs tun, auf dem Geldscheine in Rucksäcke gezaubert werden.«

»Also Schmoll«, sagte Irma, »lass uns den Friedhof morgen machen. Erstens ist es jetzt fast sieben, und zweitens will ich rasch bei Helene vorbeischauen und ihr die Fotografie aus der Bank zeigen. Ich möchte sichergehen, dass Frau Kurtz die Frau ist, die wir beim Weinblütenfest kennengelernt haben.«

»Willst du Helene Ranberg jetzt bei jedem Mordfall als Miss Marple engagieren?«

»Nicht unbedingt. Aber ich möchte mich gern mit ihr über die seltsamen Schwestern unterhalten. Vielleicht ist ihr irgendetwas aufgefallen, das mir entgangen ist.«

»Steiger dich bitte nicht in Mutmaßungen hinein! Schließlich haben wir nicht mal 'ne anständige Leiche.«

»Außer Herrn Engelhard«, erinnerte Irma.

»Von dem nicht feststeht, ob er meuchlings ermordet wurde oder von selbst auf die Bordsteinkante gestürzt ist.«

»Und was habt ihr über den Bank-Kleiber herausgekriegt?«

»Sein Alibi ist hieb- und stichfest. Er wurde während der vermutlichen Tatzeit von mehreren Leuten im Luise-Schleppe-Haus gesehen.«

Irma fuhr mit der Straßenbahn von Feuerbach in die Nordbahnhofstraße und ging zum *Haus des betreuten Wohnens*, in dem Helene Ranberg lebte, seit ihr Sohn sie aus der Ranberg'schen Villa verbannt hatte. Der smarte, beruflich erfolgreiche Rolf hatte viele Jahre im Ausland verbracht und dann, frisch verheiratet mit der schönen Claire, sein Elternhaus für sich beansprucht. Allerdings hatte ihn in diesem Haus dann alsbald ein gewaltsamer Tod ereilt. Helene war nach dem Tod ihres Sohnes nicht wieder in die Villa gezogen. Die schlicht und praktisch veranlagte Helene wollte im Haus des betreuten Wohnens bleiben.

»Mit 72 Jahren«, sagte sie, »kann man nicht ausschließen, irgendwann Betreuung nötig zu haben.«

Irma drängelte sich zur Klingelanlage, vor der wieder einmal der sangesfreudige junge Mann saß. Er hielt Irma seine

Weinflasche entgegen, schwenkte seinen Hut und trällerte auf eine eigene Melodie: »I ben der Hansi Hinterseer. Hollatria, hollatrio.«

»Ist ja okay«, beschwichtigte ihn Irma und kramte nach Kleingeld, weil sie wusste, ohne würde sie hier nicht vorbeikommen.

Als der Euro im Hut lag, summte der Türöffner, und wenig später trat Irma in Helenes Apartment.

»Ja, das ist aber eine Überraschung!«

Helene drückte Irma ans Herz, wobei diese roch, dass auch hier eine angebrochene Weinflasche herumstehen musste.

In der nächsten halben Stunde leerten sie einträchtig den Rest des gekühlten Rieslings und verdrückten jede eine aufgebackene Laugenbrezel dazu. Nebenher betrachteten sie die Fotografie aus der Bankfiliale.

Nachdem Helene mehrmals steif und fest versichert hatte, die Frau auf dem Jubiläumsfoto sei jene, die mit ihrer kleinen Schwester auf dem Weinblütenfest gewesen war, verlieh sie ihrem Gesicht einen würdevollen Ausdruck und sagte: »Ich kann dir den Beweis liefern.«

»Beweis!«, seufzte Irma. »Willst du behaupten, du kannst beweisen, wer die Bank ausgeräumt hat und dass derjenige anschließend den alten Mann umgestoßen hat?«

Helenes würdevolle Miene runzelte zusammen und sie sagte bekümmert: »Also, das kann ich nicht. Aber ich kann beweisen, dass die Frau, die auf dem Lemberg war, die Filialleiterin ist.«

»Wie willst du das beweisen?«

»Ich habe doch geknipst! Du weißt schon, mit meiner intelligenten Kamera. Du musst zugeben, sie hat schon bei unserem letzten Fall wichtige Dinge ans Tageslicht gebracht. Ich glaube, auf mindestens zwei der Fotos, die ich beim Weinblütenfest geschossen habe, sind die Schwestern drauf.«

Irma jubelte los. »Das wäre großartig! Dann hol mal deine Wunderkamera und lass uns die Bilder gleich ansehen.«

Helene nahm ihren Fotoapparat aus der Schublade, setzte ihre Miss-Marple-Miene auf und übergab ihn Irma. Da sich aber herausstellte, dass auf der kleine Mattscheibe nicht viel zu erkennen war, lieh sich Irma den Apparat aus, um die Fotos an ihrem PC großformatig auszudrucken.

Als Irma sich bedankt und verabschiedet hatte und schon die Türklinke in der Hand hielt, sagte Helene mit Piepsstimme, sie müsse etwas beichten. Sie erzählte ein bisschen stotternd, dass sie den Schwestern Irmas Beruf verraten hatte.

»Ups«, machte Irma. »Meinst du wirklich, deine Schwatzhaftigkeit ist mir entgangen? Deine Stimme war ja an dem Nachmittag nicht nur weinselig, sondern auch ziemlich laut. Da sich die zwei nach dieser Information über meinen Beruf klammheimlich aus dem Staub gemacht haben, war mir klar, dass sie was auf dem Kerbholz hatten.«

»Sag ich doch! Entschuldige, Irma, es muss am Lemberger gelegen haben, der mich so mitteilungsbedürftig gemacht hat. – Hat eigentlich Miss Marple Wein getrunken?«

»Wenn, dann jedenfalls nicht so viel auf einmal wie du und wahrscheinlich auch keinen schwäbischen Lemberger«, sagte Irma.

Sechs

Freitag, 2. Juli

Als Katz und Irma sich am nächsten Morgen am Wilhelm-Geiger-Platz trafen, zeigte die Uhr am Kupfertürmchen des Rathauses Viertel vor acht.

Sie marschierten ein Stück die Wiener Straße hinauf, vorbei an der Bismarck-Schule, die Katz seiner reingeschmeckten Kollegin als architektonisches Schmuckstück der deutschen Renaissance vorstellte. Irmas Wunschdenken gaukelte ihr vor, Leo ginge durch das steinerne Rundportal, um hinter der gelben Klinkerfassade mit den hohen Fenstern als Lehrer zu arbeiten. Irma verkniff sich einen hoffnungsvollen Seufzer.

Sie folgte Katz, der in die Klagenfurter Straße einbog, an der nächsten Kreuzung stehenblieb und über die Schulter zurückrief: »Do hinte seh i scho de Friedhofsmauer.«

Hinter dieser Mauer angekommen, umrundeten Irma und Katz eine Rasenfläche, auf der ein Sandkasten, Schaukeln, Wippen und einige große alte Bäume verteilt waren. Irma blickte an einem graugrünen Nadelbaum empor, der als schlanke Pyramide in den Himmel ragte, und murmelte: »Mindestens dreißig Meter hoch und bestimmt hundert Jahre alt. Mir scheint, dieser Riesenbaum ist das letzte Relikt des einstigen Friedhofs.«

»Stimmt«, sagte Katz. »Ond die schee Naturssteimauer rondrom. Die steht sogar onder Denkmalschutz.«

»Leider kann uns nichts davon verraten, was Fabian Knorr hier getrieben hat«, sagte Irma.

Sie setzte sich auf eine Bank, die unter einem Holunderbusch stand, und sagte: »So wie es mir der Streifenpolizist erklärt hat, scheint hier Fabians Saufplatz gewesen zu sein.«

Katz ließ sich neben Irma nieder. »Was i no sage wollt ...«

Doch Irma hörte nicht zu, sondern tauchte ab. Sie kroch unter die Bank und drehte die Grashalme um, als suchte sie die berühmte Stecknadel im Heuhaufen. Nach einer Weile kam sie mit zerstruwelter Haarmähne wieder hoch, brummte: »War nix«, und begann an den Zweigen des Holunderstrauches, die über die Banklehne ragten, herumzufummeln. Nach etwa zwei Minuten stieß sie einen Jubelschrei aus.

»Hosch jetz a Schräuble locker, Eichhörnle?«

»Nein, aber ein Beweisstück.«

Sie hielt ihm ein Haar vor die Nase, ein langes blondes Haar, das sie von einer Holunderblüte gepflückt hatte. Sie steckte es vorsichtig in ein Plastiktütchen.

Katz fragte nicht, sondern zeigte zu der Bank, die ein paar Sträucher weiter stand. Dort hatte es sich ein Mann gemütlich gemacht. Zu seiner Ausstattung gehörten ein Rucksack, eine Bildzeitung und ein Dackel. Der Dackel kam angesaust, hopste neben Irma auf die Bank und sah sie mit einem unwiderstehlichen Dackelblick an.

»Willst wohl gestreichelt werden?«, fragte sie ihn und fing gleich damit an.

Der Hund streckte sich lang, bettete seinen Kopf auf Irmas Schoß und schloss die Augen. Er öffnete sie auch nicht, als jemand »Wastl, wo bist?« rief.

Katz sagte: »Der da driebe hockt, sieht aus, als ob er hier Stammgast isch.«

In diesem Moment nahte ein zweiter Mann, der dem ersten ähnlich sah: grauhaarig, kurzhosig, stachelbeerbeinig, kariertes Hemd über einem Bierbäuchlein. Er trug eine große Bäckertüte.

Da es auf der anderen Bank nach einer lautstarken Begrüßung richtig behaglich zu werden schien, entschloss sich Wastl, die Bank zu wechseln, um zu gucken, ob es was zu fressen gäbe. Es gab, und das war ein Grund für Wastl, Irma keines Dackelblickes mehr zu würdigen.

Irma und Katz warteten das Vesper ab, weil man sich erfahrungsgemäß mit gesättigten Menschen besser unterhalten kann. Als sie nach einer Viertelstunde hinüber zur Nachbarbank gingen und ihre Dienstausweise zeigten, wurde es dort kurzzeitig ziemlich still.

Erst nachdem Irma beteuert hatte, nur ein paar unverfängliche Auskünfte zu brauchen, die sich nicht auf die hier Anwesenden, sondern auf eine weitere Person bezogen, entspannte sich die Lage wieder. Die beiden rutschten sogar zur Seite, damit sich Irma mit in den Schatten setzen konnte.

Um das Gespräch locker zu beginnen, zeigte Irma auf den Baum, den sie vorhin bewundert hatte. »Ein schöner Riese, der da!«

»Metasequoia glyptostroboides«, sagte Wastls Herrchen wie aus der Pistole geschossen.

»Hä?«, machte Irma mit Fragezeichen in der Stimme.

»Ein Riesenmammutbaum«, erklärte der Mann. »Heimat China.«

»Sie send aber topfit en dr Botanik«, lobte Katz. »I ka kaum a Primel von am Veilchen onderscheide.«

Der Mann schien vor Stolz ein paar Zentimeter zu wachsen und erklärte: »Ich war vierzig Jahre lang beim Gartenbauamt. Unterhaltungsbezirk Stuttgart-Nord.«

»Unterhaltungsbezirk?«, fragte Irma erstaunt. »Gehört Unterhaltung nicht eher ins Fernsehen?«

»Die Pflege der städtischen Grünanlagen heißt offiziell und amtlich *Unterhaltung*«, erklärte der ehemalige Stadtgärtner im Tonfall eines Oberlehrers.

Irma sah ihm an, dass er diese Unwissenheit für eine unverzeihliche Bildungslücke der Kriminalpolizei hielt.

»Ach so«, sagte Irma, und Katz nickte verständnisvoll.

Der Gärtner schmunzelte zufrieden. »Nun bin ich schon seit zehn Jahren in Rente, da genieße ich hier, was ich früher im Schweiße meines Angesichts unterhalten hab.«

»Da han Se recht«, sagte Katz und fragte den anderen Mann, ob er auch beim Gartenbauamt gearbeitet habe.

»Ich war beim Bosch«, verkündete der. »Bin ein echter Feuerbächer.«

Katz drängte sich nun auch auf die Bank und sagte: »A schees Plätzle isch des hier.«

»Das ist die Bank von dem berühmten Übernächtler«, sagte der echte Feuerbächer.

»Übernächtler?«, fragten Irma und Katz gleichzeitig.

Und nun erzählten die beiden Herren abwechselnd und eifrig folgende Geschichte: Nachdem in den siebziger Jahren die Grünanlage neu gestaltet worden war, hatte sich ein Mann, seltsamerweise kein armer Wicht, sondern aus gutem Haus, im Gebüsch hinter der Bank ein Lager eingerichtet. Mit Zelt, Matratze und Grillplatz. Es blieb nicht aus, dass sich Obdachlose dazugesellten, und schließlich wurde diese Ecke des Parks nicht nur zum Übernachtungslager, sondern auch zum täglichen Aufenthaltsort für eine recht gemischte Gesellschaft. Feuerbachs ehrenwerte Bürger verlangten die Entfernung der wilden Wohnstätten. So mancher Penner verschwand nach polizeilichen Razzien wieder. Aber den Gründer des ersten Biwaks konnte die Polizei so oft wegschleppen, wie sie wollte, er kam immer zurück und baute seine Behausung neu.

»Wir von der Unterhaltung und die Kollegen vom Stadtreinigungsamt hatten die Ehre, hier ständig aufräumen zu dürfen«, berichtete der Stadtgärtner. »Ausgesehen hat's hier, als ob innerhalb dieser Friedhofsmauern 'ne Großfamilie hausen würde, die jegliche Kehrwochenpflicht verweigert.«

So interessant diese Feuerbacher Story war, die damals die Bürger aufgewühlt hatte, so mussten Irma und Katz doch allmählich zur Zeugenbefragung übergehen. Nachdem die Männer etwas widerwillig ihre Namen preisgegeben hatten, entwickelte sich das Interview recht aufschlussreich. Beide hatten am letzten Sonntag den dicklichen Jungen gesehen und amüsiert beobachtet, wie er sich systematisch hatte volllaufen lassen.

Irma setzte ihren Charme derart erfolgreich ein, dass die beiden offensichtlich die Kripobeamtin verdrängten. Und so erzählten der ehemalige Stadtgärtner und der ehemalige Boschler noch etwas sehr Interessantes: Kurz nachdem der Junge angekommen war, sei er im Gebüsch verschwunden, was der echte Feuerbächer als »brunza ganga« bezeichnete.

»Bevor der Junge wieder aufgetaucht ist, sind da oben, am Eingang der Stuttgarter Straße, zwei Personen in den Park reinmarschiert. Das fanden wir seltsam, weil ja außer uns Frischluftfanatikern alle Welt beim Fußballspiel vor den Fernsehern saß.«

»Und wo sind die zwei hingegangen?«, fragte Irma.

»Die wollten wahrscheinlich nur einen Weg abkürzen. Als sie aber an der Bank, wo der Rucksack des Jungen stand, angekommen waren, sind sie, obwohl sie's scheinbar eilig hatten, stehengeblieben.«

»Aber nicht lange«, sagte der ehemalige Stadtgärtner. »Danach sind sie quer über den Rasen gelaufen. Ich dachte noch: Die latschen hier einfach das Gras runter – da waren sie schon durch den Ausgang an der Burgenlandstraße verschwunden.«

»Haben Sie sehen können, ob die zwei Leute irgendwas mit dem Rucksack, der auf der Bank stand, gemacht haben?«, fragte Irma.

»Keine Ahnung. Als der Junge zurückgekommen ist, wollte ich eigentlich zu ihm gehen und fragen, ob ihm was geklaut worden ist, aber mir war's zu heiß, um extra aufzustehen.«

»Außerdem«, nahm der Stadtgärtner wieder das Wort, »haben wir in diesem Moment an dem Geschrei und Vuvuzela-Getute gehört, dass wieder ein deutsches Tor gefallen war. Obwohl wir nicht viel mit Fußball am Hut haben, hatten wir für eine eventuelle Siegesfeier ein paar Flaschen Bier dabei. Wegen der Hitze waren schon einige geleert, aber dann haben wir das Ereignis hochoffiziell begossen.«

Irma nickte verständnisvoll, nahm aber, bevor das Gespräch ganz zum Fußball abdriften konnte, rasch das vorhergehende Thema wieder auf.

»Die zwei Personen, die eilig quer über den Friedhof gelaufen sind, waren das Frauen oder Männer?«

»Wenn ich mich recht erinnere«, sagte der ehemalige Stadtgärtner, »waren es ein dünnes Mädchen mit blonden Haaren und ein großer Mann. Der hatte so ein Kapuzenshirt an.«

»Also, nun red keinen Quatsch«, sagte der Boschler zu seinem Kumpel. »Die Person mit dem Shirt war auch eine Frau.«

Die zwei Rentner begannen sich gegenseitig der Falschaussage zu beschuldigen und bekamen puterrote Köpfe.

Wastl leckte Irmas nackte Wade ab. Weil das kitzelte, schubste sie ihn weg, und er verzog sich mit beleidigtem Dackelblick unter die Bank. Irma stand auf, verabschiedete sich von den Herren und lief mit langen Schritten quer über den Rasen zum Ausgang.

Der ehemalige Stadtgärtner schüttelte den Kopf und sagte: »Nun latscht die Polizei auch übern Rasen!«

Katz lief Irma hinterher und als sie außer Hörweite waren, motzte er: »Die zwoi Knacker hattet an dem Nachmittag garandiert z' viel Bier intus!«

»Damit wirst du recht haben«, sagte Irma. »Wir müssen diese Aussagen mit Vorsicht genießen.« Sie stockte und dachte nach. Dann sprudelte sie den Rest ihrer Überlegungen heraus: »Wenn nun die beiden, die da über den Friedhof gelaufen sind, etwas in Fabian Knorrs Rucksack gesteckt haben? Zum Beispiel zehn Hundert-Euro-Scheine!?«

»Jetzt hasch a Sprung in dr Schüssel!«, sagte Katz.

Als sich die Ermittler gegen Mittag im Präsidium trafen und Schmoll und Stöckle Irmas Version, wie die Euroscheine in Fabian Knorrs Rucksack gekommen waren, angehört hatten, kommentierte Schmoll das ebenfalls mit: »Die Hitze hat dir zugesetzt.«

Stöckle hielt sich zurück, aber wahrscheinlich dachte er das Gleiche.

Schmoll und Stöckle waren sich zwar einig, dass Fabian Knorr so bald als möglich nochmals verhört werden sollte, aber Stöckle schien überfordert von den immer neuen Verdächtigen, die die Kollegen der Mordkommission aufstöberten. Er war ganz und gar auf Fabian Knorr fixiert.

»Sie werden zugeben, Kollege Schmoll, dass die Verdachtsmomente Ihrer Mitarbeiter auf schwachen Füßen stehen. In der Tat haben Sie bisher nicht einmal herausfinden können, ob hier Mord, Totschlag oder ein Unfall vorliegt. Also überlassen Sie diesen Fabian Knorr getrost mir.«

Irma hätte den Jungen am liebsten möglichst schnell befragt und sie ärgerte sich, weil das Verhör auf Montag angesetzt wurde. Meinetwegen, dachte sie, dann werde ich jetzt den schriftlichen Kram aufarbeiten und mal pünktlich Feierabend machen.

Nachdem Stöckle und Katz gegangen waren, sortierte Irma die Papiere, die kreuz und quer auf dem Besprechungstisch lagen. Sie hätte gern noch mal alle Fakten mit Schmoll durchgesprochen. Aber der begann trotz der Hitze mit seinen Nachdenknkiebeugen. Und da er stinksauer wurde, wenn jemand ihn dabei störte, nahm Irma nach dem sechsten Klingelton sein Telefon ab – und wurde bleich.

Sie stammelte: »Das kann doch nicht wahr sein! Also gut, dann bringt sie rauf.« Dann seufzte sie tief durch, murmelte: »Auch das noch«, und setzte sich an den Computer.

Schmoll schnaufte bereits, gab auf, tappte ein paar Runden durchs Büro und fragte: »Was war los?«

Im selben Moment sah er, was los war: In der offenen Tür stand ein Mitarbeiter der Hauswache mit einer Frau im Schlepptau. Die Frau bückte sich gerade nach ihrem Besucherausweis, der mit einem Clip an ihrer Bluse befestigt gewesen war und nun vor ihren Füßen lag.

Während sie den kleinen Ausweis mühsam wieder an den Busen steckte, motzte sie Schmoll ganz ungeniert an: »Kann mir jemand sagen, warum dieses blöde Ding ständig abfällt?«

Gewohnheitsmäßig, wie er es bei allen ihm unbekannten Menschen tat, machte sich Schmoll blitzartig sein Bild von dieser Frau: Trotz ihrer Maulerei war der Gesamteindruck nett und harmlos. Adrett, aber einen Tick zu jugendlich gekleidet. Den fransigen, karottenrot gefärbten Kurzhaarschnitt fand Schmoll etwas übertrieben. Aber diese gewagte Frisur verlieh dem molligen Persönchen eine übermütige, unbekümmerte Ausstrahlung. Schmoll dachte an eine Zeugin, war aber sicher, dass für heute niemand mehr auf der Liste stand.

Er donnerte: »Draußen warten!«

Die Frau kicherte und rief: »Also, Irmchen, nun hilf mir doch! Der darf mich doch nicht rausschmeißen, nachdem ich endlich da bin!« Und bevor Irma antworten konnte, trippelte die Frau näher, umarmte Irma und flötete: »Da hab ich dich also doch gefunden, mien lütt Deern.«

Irma schenkte ihr ein Tochterlächeln, das ziemlich verklemmt ausfiel.

Schmoll stellte sich vor und schüttelte Frau Eichhorn die Hand.

Und wahrscheinlich, weil er fürchtete, die Mama nicht anders loszukriegen, sagte er großzügig: »Nehmen Sie Ihr Töchterle nur mit. Ist ja sowieso gleich Feierabend.«

»Oh, das ist aber nett, Herr Hauptkommissar«, säuselte Mama Eichhorn, ließ sich unaufgefordert auf dem Besucherstuhl nieder und sah ihre Tochter erwartungsvoll an, was hätte heißen können: Nun mach schon Schluss. Gehen wir.

Irma machte Schluss und sie gingen.

Als sie das Präsidium hinter sich hatten und Irma den Koffer, der bei der Hauswache deponiert gewesen war, Richtung Haltestelle Pragsattel rollte, fand sie endlich die Sprache wieder: »Du liebe Zeit, Mam, wo kommst du denn her?«

»Überfall gelungen!«, flötete die Mama, hakte sich bei Irma unter und sprudelte los, wie es ihre Art war: »Wo ich herkomme? Natürlich aus Itzehoe. Ab Hamburg mit Herrn Jansen in seinem neuen Mercedes. Der hat vielleicht aufgedreht. Wenn wir nicht so ausführlich im Rasthof Kassel-West Mittag gegessen und geklönt hätten, wären wir in fünf Stunden hier gewesen.«

»Ich nehme an«, sagte Irma, »Herr Jansen besucht seinen Sohn – diesen unsympathischen Knut, mit dem du mich Weihnachten verkuppeln wolltest.«

»Also, da warst du nicht plietsch! Diese Chance hast du verpasst. Knut Jansen ist inzwischen in festen Händen. Eine Jungmanagerin bei Mercedes-Benz. Sie arbeitet im gleichen Werk, in dem auch Knut in der Chefetage sitzt.«

»Wie schön für ihn«, sagte Irma. »Und du hast dir den alten Jansen warmgehalten. Na ja, der ist wenigstens umgänglich. Gratuliere.«

Inzwischen saßen sie in der Straßenbahn und fuhren stadteinwärts. Mama Eichhorn beschwerte sich wieder einmal, dass Irma kein Auto hatte.

»Ist das dein ganzes Gepäck?«, fragte Irma, die gewohnt war, dass ihre Mutter mit mehreren Riesenkoffern verreiste.

»Aber nein. Das ist nur mein Notgepäck für Stuttgart. Meinen Koffer habe ich gleich in Kai-Friedrichs Mercedes gelassen, weil wir ja am Sonntagmorgen weiterfahren.«

Irma registrierte, dass Mama mit Herrn Jansen zum Du, zumindest aber bis zum Vornamen gekommen war, und fragte, wohin die Weiterreise ginge.

»Nach Baden-Baden! Kai-Friedrich hat mich zu einem Wellness-Urlaub eingeladen. Wir werden im Hotel Europäischer Hof wohnen. Erstes Haus am Platz direkt gegenüber dem Kurhaus. Stell dir das vor, Irma, so etwas hätte ich mir nie im Leben leisten können!«

»Wie lange bleibt ihr?«

»Drei Wochen mindestens«, sagte Mama Eichhorn. »In Baden-Baden gibt es unglaublich viele Sehenswürdigkeiten. Und wir wollen auch Ausflüge im Schwarzwald machen. Wenn's mal regnen sollte, gehen wir in die Caracalla-Thermen. Ich zeige dir nachher die Prospekte. Kai-Friedrich hat auch versprochen, mit mir ins Festspielhaus zu gehen. – Einfach Wahnsinn!«

»Freut mich für dich«, sagte Irma.

Das war nicht nur so dahingesagt, sondern sie gönnte es ihr wirklich. In den letzten Jahren hatte ihre Mutter mehrere missglückte Liebeseskapaden hinter sich gebracht. Irma konnte die Beharrlichkeit, mit der ihre Mutter rastlos einen Partner über Internet gesucht hatte, nur als mannstoll bezeichnen. Einmal hatte Irma ihre naive Mama sogar aus den Fängen eines bundesweit gesuchten Heiratsschwindlers befreien müssen. Mit dem seriösen Herrn Jansen, den Mama vorige Weihnachten auf der Fahrt nach Stuttgart im ICE kennengelernt hatte, schien sie zur Ruhe gekommen zu sein. Irma hoffte inständig, durch diese Bekanntschaft würde ihre Mutter ihr Handicap, den Hang zur Kleptomanie, endgültig überwinden.

Auch während des Umsteigens und auf der Fahrt zum Killesberg plauderte Mama Eichhorn munter weiter. Irma erfuhr eine Neuigkeit, die bei ihren Telefonaten ungesagt geblieben war: die geplante Doppelhochzeit.

Mama Eichhorn gab schon mal ihre Vorstellung für die gedruckten Anzeigen zum Besten: »›Kai-Friedrich Jansen aus Hamburg und Helga Eichhorn aus Itzehoe grüßen als Vermählte.‹« Sie kicherte glücklich. »Und für die Jugend würde passen: ›Knut Jansen, Neu-Stuttgarter, und Stephanie Kächele aus Biberach zeigen ihre Hochzeit an.‹«

Dieses Fest sollte im Kurhaus in Baden-Baden stattfinden und während des Urlaubs vor Ort vorbereitet werden.

Mama Eichhorn schwärmte: »Kai-Friedrich hat mir eine königliche Feier versprochen. Kein Tüdelkram!«

Irma fragte sich, ob das alles ernst zu nehmen sei, aber da ihre Mutter begeistert war und jünger denn je wirkte, hielt sie ihre Bedenken zurück. Sie konnte sich vorstellen, dass Jansen senior sich verliebt hatte, vielleicht auch des Alleinseins müde war. Und eins konnte Irma bezeugen: Langweilig wurde es mit ihrer Mam nie. Wer ihre Kapriolen, die manchmal in Chaos endeten, aushielt, konnte viel Spaß mit ihr haben. Außerdem war sie ein Kochprofi. Jansens Doppelkinn und sein Schmerbauch verrieten, dass er kein Kostverächter war.

»Du bist jetzt schon herzlich zu unserer Hochzeit eingeladen«, gurrte Mama Eichhorn.

Irma lachte und warf ihre Haarmähne in den Nacken. »Ich werde mir ein neues Kleid kaufen. Ich hoffe aber, königlich müssen nur die Brautpaare daherkommen.«

»Ich denke an ein cremefarbenes Spitzenkleid«, sagte Mama. »Habe in Hamburg schon was anprobiert – muss aber ein bisschen abnehmen.«

»Fein«, sagte Irma, »dann ist es ja nicht so schlimm, dass ich nicht viel im Eisschrank hab.«

»Mit dem Abspecken, das hat Zeit.« Mama lachte und ließ ihre Hände liebevoll über ihre Kurven gleiten.

»Und wann soll die königliche Feier stattfinden?«

»Im goldenen Herbst. Am 15. Oktober, da ist Kai-Friedrichs Geburtstag.«

»Wie alt wird er denn?«

»Wird nicht verraten«, sagte Mama Eichhorn. »Und auch mein Geburtsjahr plauderst du bitte bei den Gästen nicht aus.«

»Viele Gäste?«, erkundigte sich Irma.

»Hundert Leute werden sich zusammenläppern. Mindestens! Die müssen wir noch auseinanderklamüsern. Kai-Friedrich bestellt genügend Zimmer, damit wir bis in die Nacht hinein feiern können.«

»Und dann geht's auf Hochzeitsreise?«

»Knut und Stephanie fliegen nach Hawaii. Wir überlegen noch, wo es hingeht.«

Da Mama Eichhorn trotz Abspeckvorsätzen der Hunger plagte, ließen sie den Tag in der Gaststätte *Schwäbische Weinstube* im Höhenpark Killesberg ausklingen. Das Gesprächsthema war das gleiche wie vorher und schien unerschöpflich.

Erst nach dem Maultaschenessen, in das mehrere Viertele eingeschlossen waren, bei einem Verdauungsspaziergang durch den Park erkundigte sich Mama Eichhorn, ob Irma etwas von Martin aus Itzehoe gehört habe, und setzte hinzu: »Nach meinen letzten Informationen ist Martin noch unbeweibt.«

»Wieso und bei wem informierst du dich über Martin?«, fragte Irma ungehalten.

»In einer Kleinstadt wie Itzehoe erfährt man das, ob man will oder nicht.«

»Lass mich mit Martin zufrieden«, sagte Irma. »Das ist Schnee von gestern. Das heißt, dieser Schnee ist schon seit über zwei Jahren weggetaut. Ich fühle mich als Single sehr wohl.«

»Wenn du so weitermachst, kommst du nie in die Puschen.«

Darauf antwortete Irma nicht. Von Leo hatte sie ihrer Mutter wohlweislich noch nichts erzählt.

Irma und Leo hatten sich im vorigen Winter kennengelernt, während Leo als vermeintlicher Mörder in Untersuchungshaft saß. Als sich der Verdacht gegen ihn als Irrtum herausstellte, hatten die zwei bereits Feuer gefangen. Irma wusste, wenn ihre Mutter diese Geschichte kennen würde, käme es zu einem unaufhörlichen, hartnäckigen Frage- und Antwortspiel. Und viele Fragen konnte sich Irma selbst noch nicht beantworten. Sie hoffte, Leo im Urlaub auf Mallorca wiederzusehen. Es stimmte nicht, dass sie sich als Single wohlfühlte. Sie träumte von Leo und der Insel.

»Was meinst du, Mam«, lenkte sie ab. »Wollen wir morgen etwas unternehmen?«

»Was schlägst du vor?«

Irma hatte sich, seit sie die Filialleiterin Kurtz als die Frau erkannt hatte, die beim Weinblütenfest gewesen war, vorgenommen, noch einmal auf den Lemberg zu gehen. Sie wollte sich dort ein bisschen umsehen und hoffte, ihr würde dabei irgendetwas auffallen, worauf sie am vorigen Sonntag nicht geachtet hatte. Das sagte sie ihrer Mutter aber nicht, sondern schlug nur vor, am Samstag auf den Lemberg über den Feuerbacher Höhenweg zu wandern.

»Es ist einer der schönsten Panoramawege Stuttgarts. Wir nehmen für unterwegs ein Picknick mit und kehren später in Feuerbach ein.«

Obwohl Mama Eichhorn für Wanderungen nichts übrig hatte, schien ihr der Vorschlag, in Stuttgarts exklusiver Höhenlage zu picknicken und anschließend eine gute schwäbische Mahlzeit einzunehmen, recht reizvoll. Dass dazu einige Gläschen schwäbischen Weins, für den sie inzwischen eine Schwäche hatte, gehören würden, war so recht nach ihrem Geschmack. Sie stimmte also freudig zu.

Auch mit Irmas Vorschlag, dass sich ihr Kollege Katz dem Ausflug anschließen würde, war Mama Eichhorn einverstanden.

Auf Irmas Frage, was denn Mamas Zukünftiger und sein Sohn am nächsten Tag vorhätten, erfuhr sie, dass die zwei Jansens ins Mercedes-Benz-Museum gehen wollten.

»Da bin ich wirklich kein büschen scharf drauf«, sagte Mama Eichhorn. »Wenn ich auch schnelle Autos liebe, Technik macht mich rammdösig.« Sie hakte sich bei Irma unter. »Ich freue mich auf einen Ausflug mit mien Deern. Wir können den ganzen Tag klönschnacken.«

»Darauf freu ich mich auch, und auch darüber, dass du mich den zwei smarten Herren vorziehst.« Irma lachte entspannt und dachte: Mam ist ja heute richtig anschmiegsam – wir haben uns tatsächlich noch kein einziges Mal gestritten!

Bevor sie schlafen gingen, tranken die zwei Damen Eichhorn noch einige Viertele Cannstatter Zuckerle. Davon besaß Irma einen Vorrat. Seit sie letzten Winter Frau Zuckerle aus Cannstatt als Mörderin entlarvt hatte, bekam Irma diese Weinsorte zu jedem möglichen Anlass von Kollegen und Bekannten geschenkt.

Gegen elf Uhr lag Mama endlich leicht beschwipst, was sie »angetüdert« nannte, im Bett. In Irmas Bett, das ihr als Mutter zustand.

Nachdem Irma ihr Nachtlager im Wohnzimmer auf der Ikea-Couch hergerichtet hatte, rief sie Steffen Katz an. Er fand die Idee, auf den Lemberg zu wandern, großartig, bedauerte sehr, dass seine Ina bei ihrem Fortbildungsseminar in Heidelberg war und fragte: »Meinscht, dei Mama hot was dagege, wenn i mei Oma mitbring?«

»Bestimmt nicht«, sagte Irma, obwohl sie etwas unsicher war, ob die beiden sich verstehen würden. Wegen Oma Katz' breitem Schwäbisch war das fraglich.

»Ond Nutella? Mag dei Mama Hond?«

»Natürlich«, sagte Irma. »Bringt ihn nur mit, das wird lustig werden.«

Sieben

Samstag, 3. Juli

Der Wetterbericht hatte schwere Gewitter prophezeit. Das schien glaubhaft, da während der letzten Tage die Temperaturen bei 30 Grad und darüber gelegen hatten. Die Spannung der heißen Luft schien auf eine Zerreißprobe zuzusteuern.

Doch das Gewitter ließ auf sich warten. Jedenfalls hatte der Wettergott den Zeitpunkt verschlafen, denn als Irma und ihre Mutter mit Steffen Katz, seiner Oma und dem Mops Nutella um elf Uhr in Weilimdorf an der Landauer Straße aus der Straßenbahn stiegen, waren weit und breit keine Anzeichen eines Unwetters zu sehen oder zu hören.

Nach der Fahrt in der klimatisierten Straßenbahn lauerte draußen ein auf Hochtouren laufender Backofen. Doch die wanderwillige Gesellschaft war guter Dinge. Oma Katz' schokoladenbrauner Mops benahm sich wie ein aufgedrehtes Kinderspielzeug. Er sprang von einem zum anderen und spulte seine Palette drolliger Töne von begeistertem Kläffen bis zu verliebtem Fiepen ab.

Unter Steffens Leitung zog man gemächlich los.

Großmutter Katz hatte aus ihrem Opernfundus eine dirndlähnliche Robe gewählt, dazu trug sie deftige Wanderschuhe und weiße Kniestrümpfe. Ihre sonst kunstvoll aufgesteckten Haare lagen heute als geflochtener Kranz um den Kopf. Neben ihr trippelte Mama Eichhorn, trotz mittelhoher Absätze einen Kopf kleiner, nett und mollig in mattrosa Rüschenbluse und moosgrünem Lodenrock. Eine Ausstattung, die sie sich für Schwarzwaldwanderungen angeschafft hatte. Ihre fransige Kurzhaarfrisur war frisch gewaschen und anmutig verwuschelt. Die Haare von Mutter und Tochter leuchteten feurig auf, sobald sie aus dem Schatten in die Sonne tauchten.

Ungeachtet der drückenden Luft marschierten die Wanderer forsch drauflos. Nachdem ein Sträßchen mit Giebelhäusern hinter ihnen lag und die Lindenbachstraße überquert war, gelangten sie zu einer Grünanlage mit einem See, an dessen Ufer jede Menge einladende Bänke standen.

Da es wider Erwarten zwischen Mama Eichhorn und Oma Katz keine Sprachprobleme gab – sie redeten meist gleichzeitig und schienen sich bestens zu verstehen – waren sie sich einig, auf einer dieser Bänke die erste Rast einzulegen.

Nach einer Viertelstunde gelang es Steffen, sie zum Weiterwandern in Richtung Wald zu überreden. Ab da stieg der Weg leicht an und wurde nach und nach steiler, was das Wandertempo erheblich verringerte. Nach ein paar Kurven und Kehren erreichten sie einen Treppenaufgang. Katz beteuerte, sie befänden sich nun bereits auf halber Höhe vom Lemberg.

An dieser Stelle stand eine Informationstafel, die als Grund für eine Verschnaufpause herhalten musste. Die Tafel belehrte, dass die Lücke im Berg, an dessen Fuß sich die Wanderer befanden, Kotzenloch hieß und hier einst von Weingärtnern Mergelgestein als Dünger abgebaut wurde. Des Weiteren erfuhr man, dass das Kotzenloch wegen der mineralhaltigen farbigen Kraterwände ein Naturdenkmal war, das aber leider langsam zuwachse. Oma Katz erweiterte diese Informationen, indem sie von Kotzenloch-Geistern erzählte, die bevorzugt in der Faschingszeit hier ihr Unwesen trieben.

Auf Irmas Frage, weshalb das Kotzenloch Kotzenloch heiße, zog Frau Katz mit einem Seufzer die Schultern hoch und sagte: »Des woiß koi Mensch net.«

Steffen behauptete dagegen, er habe aus zuverlässigen Quellen erfahren, die Weilimdorfer, die ja bekanntlich keine Weinberge besäßen, seien früher gern nach Feuerbach zum Saufen gegangen. Wer nicht viel vertragen konnte, hatte dann auf dem Heimweg hier in das Mergelloch gekotzt.

Nachdem die Wanderer lange genug über das sagenumwobene Naturdenkmal diskutiert hatten, machten sie sich an den Aufstieg über die Treppe, die, abgesichert mit einem soliden Geländer, direkt neben dem Kotzenloch auf den Lemberg führte. Das war für die ältere Generation eine echte Herausforderung. Mama Eichhorn pausierte auf jeder zehnten Stufe und verlangte nach jeder zwanzigsten von Irma die Wasserflasche. Oma Katz, die die meisten Jahre auf dem Buckel hatte, entwickelte eine Technik langsamen Steigens mit kurzen rhythmischen Schritten. Auf diese Weise erklomm sie die über hundert Stufen ohne nennenswerte Probleme.

Irgendwann kamen alle oben an. Nutella, der die Strecke dreimal hoch- und runtergewetzt war, lag schon hechelnd vor einer Bank, als ob er sie für seine Leute freihalten wollte. Die Bank stand im Schatten alter Eichen am Saum eines verwilderten Märchenwalds. Steffen erklärte seiner Wandergruppe, dass dieser Landschaftspunkt das *Horn* sei.

Wer sich vorbeugte, konnte über die Weinberge hinunter nach Feuerbach und Weilimdorf sehen.

Alle waren zufrieden, nur Nutella fiepte jämmerlich. Oma Katz drohte ihm mit dem Finger und kicherte.

»Scho wieder!? Jedes Mal, wenn du dei Bein hebsch, drückt mir au die Blas!«

Da Oma Katz öffentliche Toiletten verabscheute, freute sie sich, diese Angelegenheit im Grünen erledigen zu können. Sie ging mit ihrem Mops ein Stück in den Wald hinein, dicht entlang des Zaunes, der verhindern sollte, dass jemand ins Kotzenloch fiel. Außer Sichtweite ließ sie sich mit einem Seufzer im Gebüsch nieder, wohlweislich an einer Stelle, an der sie sich mit geleerter Blase an einem Ast hochziehen konnte.

Aber als sie wieder stand, ihren Schlüpfer über die Hüften gezogen und ihr Dirndl glattgestrichen hatte, war Nutella verschwunden. Sie rief nach ihm und folgte dem Trampelpfad weiter ins Dickicht. Da es immer stiller und einsamer wurde, wollte Oma Katz umkehren, aber da kam der Mops aus dem Gebüsch geprescht. Er hielt etwas Haariges in der

Schnauze und legte es seinem Frauchen vor die Wanderschuhe. Statt wie sonst in solchen Situationen auf Lob zu warten, winselte er und sauste wieder davon.

Frau Katz war es gewohnt, von ihrem Liebling seltsame Fundstücke überbracht zu bekommen. Obwohl Nutella dafür meist nicht das erwartete Lob erhielt, ließ er sich den Spaß nicht verderben, derartige Geschenke zu machen. Unter diesen Gaben hatten sich am häufigsten Schuhe, aber auch Damenslips, tote Mäuse, Pizzastücke und natürlich jede Menge Äste befunden.

Nun stand Frau Katz mutterseelenallein im Wald und beäugte misstrauisch das seltsame Ding vor ihren Füßen. Sie hob einen morschen Ast auf und stocherte angewidert an diesem Etwas herum. Was sie auf den ersten Blick für eine tote Katze mit einstmals hübschem gelbem Fell gehalten hatte, war für eine Katze definitiv zu leicht. Die Haare waren verdreckt und zusammengeklebt und lösten sich unter den leichten Schlägen, die Frau Katz ihnen mit dem Ast verabreichte, auf. Die tote Katze entpuppte sich als blonde Lockenperücke.

Irgendwo im Wald jaulte Nutella in den höchsten Tönen. Das klang ängstlich und verzweifelt und erinnerte Frau Katz an Alarmsignale, wie sie an vornehmen Häusern ausgelöst werden, wenn man zu dicht am Tor vorbeigeht. Da ihre Rufe nichts nützten, ging sie nun so schnell sie konnte dem Gejaule nach.

Mein Gott, vielleicht ein Wildschwein!, dachte sie und malte sich aus, wie ihr kämpferischer Mops einem riesigen Eber gegenüberstand und ihn so lange reizte, bis er angreifen und das kleine kläffende Monster zerfleischen würde.

Oma Katz bekam selbst Angst vor dem Wildschwein. Trotzdem schlich sie tapfer über den schmalen Trampelpfad weiter und schwang den Ast, an dem die Perücke hing. Sie fand Nutella vor dem Abgrund des Kotzenlochs an einer Stelle ohne schützenden Zaun. Der Mops stand am Rand des Kraters, als hätte er eine Vollbremsung gemacht und drückte den Schwanz zwischen die Beine. Er winselte alle seine verschiedenen Jammertöne und schickte hin und wieder einen verzweifelten Jauler hinunter in die Mergelgrube.

Die Steilwand war kahl und würde offensichtlich für immer kahl bleiben, denn es war zu erkennen, dass jeder Regenguss Geröll und Erdreich oder sogar Bäume löste und in die Tiefe riss. Deshalb waren auf dem Grund des Kotzenlochs Akaziengebüsch, Waldclematis und Efeu-Lianen zu einem Nest für Riesen zusammengewachsen.

Oma Katz starrte nun gemeinsam mit ihrem Mops in das Nest im Abgrund, und dabei entdeckte sie, weswegen Nutella jaulte. Augenblicklich stimmte sie lautstark in sein Klagen ein. Sie ließ den Ast mit der Perücke fallen und rannte so schnell sie konnte zurück zum Lemberger Horn, wo die restliche Wandergesellschaft fröhlich plaudernd die Bank besetzt hielt.

Oma Katz schrie schon von Weitem: »Steffen, Steffen – ein Fall für die Mordkommission!«

Jetzt hat sie einen Hitzekoller, dachte Katz und ging ihr besorgt entgegen.

Die Szene wurde noch dramatischer, als der Mops um die Ecke geflitzt kam. Nutella brachte die Perücke und legte sie diesmal Steffen vor die Füße. Wahrscheinlich traute er diesem bei der Beurteilung der Lage mehr zu als seinem aufgeregten Frauchen. Weil sich aber auch Steffen nicht über das Fundstück freute, kroch Nutella beleidigt unter die Bank.

»Guck doch, Steffen!«, keuchte Oma Katz. »Des isch a Perücke. Ond sie ghört garandiert der Leich!«

»Nu ma net hudle, Oma«, sagte Steffen leise und drückte sie sanft neben Irma auf die Bank. »Wo isch hier a Leich? Ond wieso traget Leiche Perücke?«

Oma Katz zeigte auf Irmas Rucksack und verlangte einen Schnaps. Sie bekam einen Becher Apfelsaftschorle und war auch damit zufrieden. Danach erzählte sie ohne Punkt und Komma von dem, was Nutella und sie im Kotzenloch entdeckt hatten.

Alle machten sich Sorgen und waren überzeugt, Omas Hirn hätte unter der Hitze gelitten. Da sie aber keine Ruhe gab und so laut zeterte, dass andere Spaziergänger aufmerksam wurden, beschloss Steffen schließlich, seine Oma zum Tatort, wie sie das Feuerbacher Naturdenkmal Kotzenloch bereits nannte, zu begleiten.

Nutella fiepte unter der Bank, aber Steffen befahl ihm »Kusch!« und Irma befahl er: »Häng ihn an die Leine!«

Fünf Minuten später guckte Steffen über die steil abfallende Mergelwand ins Kotzenloch und sah die Bescherung. Natürlich waren Frau Eichhorn und auch Irma mit Nutella nachgekommen. Sie blieben aber bei Oma Katz auf dem Weg stehen, von dem aus Steffen über einen Trampelpfad bis dicht an den Kraterrand hinuntergestiegen war.

Oma Katz rief: »Pass uff, Bua, fall net nei en des Deifelsloch!«

Irma kletterte zu Steffen hinunter.

Ihre Mutter schrie: »Um Himmels willen, Kind, mach kein dumm Tüch!«

Katz zeigte hinunter auf den überwachsenen Grund. Aus dem Blättergewirr ragte ein Arm hervor. Ein weißer Arm mit einer Hand, die zu winken schien.

Irma sagte: »Da hat jemand eine Schaufensterpuppe ins Naturdenkmal geschmissen!«

Nutella zerrte an der Leine und winselte.

»Wenn Nutella winselt, liegt do koi Schaufenschterpüpple«, sagte Katz. »Des Hondle riecht was. Wahrscheinlich hängt an dem Arm no Verschiedenes dra.«

Nach kurzer, leiser Konferenz beschlossen Katz und Irma, Polizeiverstärkung anzufordern. Da die Leiche auf dem Grund des Kotzenlochs lag, mussten sie wohl oder übel die Kotzenlochstaffel wieder hinuntersteigen. Das nun war Mama Eichhorn und Oma Katz nicht zuzumuten. Es gab dann eine ziemlich lange Debatte, bevor sich die beiden Damen bereiterklärten, die Wanderung über den Feuerbacher Höhenweg vorläufig allein anzutreten. Frau Eichhorn schulterte Irmas Rucksack mit dem Proviant, und Oma Katz nahm Nutella an die Leine.

»Emmer dr Nas nach«, sagte Katz zu seiner Oma.

»Es geht leicht bergab. Mit Superaussicht. Und vielen Bänken zum Ausruhen«, sagte Irma zu ihrer Mama.

Also marschierten die Damen los. Eine mit festen Schritten in deftigen Wanderschuhen und kerzengerade wie ein Gardeoffizier, die andere klein, mollig und adrett, auf Absätzen nagelneuer, inzwischen blasenreibender Pumps humpelnd.

Mama Eichhorn sagte: »So ein Gedöns wegen einer Leiche.«

Oma Katz sagte: »Da semmer en an Mordfall neidappt. Ond nu müsse mer hier alloi romdappe.«

Darauf Mama Eichhorn: »Ich bin ganz tüdelig.«

Oma Katz seufzte und schritt zügig aus. »Bittre Pille mueß mer tapfer schlucke ond net lang verbeißa.«

Mama Eichhorn sagte: »Ihr Steffen und meine Irma sind ja keine Dösbaddel. Die werden schon zu Potte kommen.« Sie zog die Pumps aus, humpelte ein paar Schritte barfuß und steuerte die nächste Bank an.

Oma Katz ließ sich neben ihr nieder und sie kamen überein, gleich mal nachzusehen, was in Irmas Rucksack steckte. Einträchtig mampften sie belegte Laugenweckle und tranken dazu Apfelsaftschorle. Gemeinsam freuten sie sich an dem verwilderten Märchenwald, der sich hinter ihnen, und der schönen Aussicht, die sich vor ihnen auftat. Es war ein schattiger, angenehm kühler Platz. Das fand auch Nutella, und irgendwann schnarchten alle drei um die Wette.

Während Irma und Steffen die Kotzenlochstaffel herunterliefen, stellten sie fest, dass der Arm mit der winkenden Hand von der Treppe aus nicht zu sehen war.

»Da musste erst Nutella von oben in diese Grube schnuppern, um das seltsame Ding zu entdecken«, sagte Irma. »Bist du sicher, Steffen, dass der Arm nicht doch zu einer Schaufensterpuppe gehört?«

117

»Absolut sicher. Deswega ruf i jetz em Schmoll a.«

Katz lehnte sich ans Geländer und zog sein Handy aus der Tasche. Er musste es ziemlich lange klingeln lassen, bis Schmoll abnahm.

»Hallo, Chef. Tut mr echt leid, aber mer henn hier a Leich.«

»Wer wir?«

»Irma und ich.«

»Und wo liegt die Leiche?«

»Am Lemberg. Mer ganget jetzt zur Goslarer Stroß nonter und warte am Parkplatz bei der Altenwohnanlage Lindenbachsee auf Verstärkung.«

Schmoll stand auf der Leitung. Offensichtlich schien er noch halb zu schlafen. Er murmelte: »Altenwohnanlage? Da liegen meist nur Leichen rum, die ein natürlicher Alterstod dahingerafft hat!«

»De Leich liegt net in dene Altenwohnunge«, erklärte Katz. »Se liegt em Kotzeloch.«

»Du meinst die Mergelgrube am Lemberg?«

»Ja.«

»Wie romantisch!« Schmolls verschlafene Stimme festigte sich und er brüllte los: »Was zum Teufel treibt ihr am Kotzenloch?« Er wartete die Antwort nicht ab, sondern schnauzte weiter: »Ich find's jedenfalls zum Kotzen, mich an meinem dienstfreien Tag aus dem wohlverdienten Mittagsschlaf aufzuschrecken. Wollt ihr mich verarschen?«

»Noi«, sagte Katz. »Bring den Polizeiarzt ond paar Spusis mit.«

Zwanzig Minuten später fuhr Schmolls alter Daimler am Treffpunkt vor. Kurz danach erschienen der Arzt und die Spurensicherer. Keiner war begeistert von der Störung am Samstagnachmittag. Jeder hoffte, hier fertig zu sein, wenn in drei Stunden das WM-Spiel Deutschland gegen Argentinien beginnen würde.

Bei dem Gedanken, die Kollegen zu einem blinden Alarm herbeordert zu haben, wurde es Irma bänglich.

»Und wenn es nun doch eine Schaufensterpuppe ist?«, wisperte sie Katz zu. »Vielleicht hätten wir uns vergewissern sollen, was sonst noch zu der Hand gehört.«

Katz zuckte die Schultern. »Dr Dienschtweg isch korrekt.«

Irma wusste, was Katz damit meinte: Wenn sie selbst nachgeschaut hätten, wäre ihnen der Vorwurf sicher gewesen, sich vorzeitig eingemischt, Spuren zertrampelt oder etwas ohne Handschuhe angefasst zu haben! Schiet drauf, dachte Irma, sollen unsre Spezialisten sehen, wie sie sich durch den Urwald kämpfen!

Es stellte sich tatsächlich als schwierig heraus, zu dem Fundort vorzudringen. Der Arzt und die Spusis arbeiteten sich mit stinksauren Mienen durchs Dickicht. Alle zerrissen sich die Schutzkleidung und zerkratzten sich Arme und Beine an Schlehdorn- und Akaziengebüsch. In dem Moment, in dem der Arzt die schneeweiße Hand ergreifen wollte, rutschte sie ins Unterholz. Die Leiche musste mühsam aus Brombeerranken befreit werden.

Am Treppenweg hing eine Traube von Wanderern am Geländer. Wenn es nachgibt, dachte Irma, dann müssen wir noch mehr Leichen aus der Grube sammeln. Sie versuchte, die Leute wegzuscheuchen, aber diese fanden die Show im Kotzenloch mindestens so spannend wie ein WM-Fußballspiel. Niemand wollte seinen Logenplatz aufgeben und das Spektakel verpassen, zumal auch die Flüche, die aus der Mergelgrube schallten, einen beachtlichen Unterhaltungswert hatten.

Irgendwann lag dann die Leiche beziehungsweise das, was Würmer, Mäuse und Vögel davon übrig gelassen hatten, auf einer Bahre.

Der Arzt informierte Schmoll über die Details, die er vorläufig feststellen konnte: »Männlich. Mitte zwanzig. Todesursache: Sturz aus großer Höhe. Aber der Tod kann auch zu einem späteren Zeitpunkt, während er im Gebüsch hing, eingetreten sein. Die Wunde im Genick kann ein Specht gehackt haben oder von einem Werkzeug stammen, mit dem der Mann betäubt oder getötet wurde. Genaueres lässt sich hier in diesem Dschungel beim besten Willen nicht feststellen.« Die Leiche wurde in die Gerichtsmedizin gebracht.

Wenig später wussten die Spurensicherer, dass ihr freier Nachmittag, an dem sie das Fußballspiel Argentinien gegen Deutschland sehen wollten, nicht mehr zu retten war.

Schmoll zeigte nach oben zum Kraterrand und verkündete: » Der Kerl ist von dort runtergestürzt oder gestürzt worden. Steigt rauf und sichert alle Fußabdrücke und sonstige verdächtige Spuren. Durchkämmt den Wald in möglichst weitem Umkreis.« Nach einem Blick zum Himmel, der grünfaserig wie gehackter Spinat schimmerte, und an dem die Sonne wie ein zerlaufenes Spiegelei klebte, sagte Schmoll energisch:»Ihr müsst sofort anfangen. Wenn das Gewitter losbricht, sind alle Spuren futsch. Macht euch umgehend an die Arbeit!«

Gemeinsam mit den Spusis erklommen Schmoll, Irma und Katz die Kotzenlochstaffel. Oben angekommen, begann der Samstagnachmittag-Notsuchtrupp damit, das Terrain abzustecken. Während Katz zur Verstärkung dablieb, machte sich Schmoll mit Irma auf den Weg zum Ulmerschen Weinberg mit der Besenwirtschaft. Nicht um sich dort zu stärken, der Appetit war ihnen beim Anblick der Leiche gründlich vergangen. Sie wollten den Wirt und die Gäste befragen, ob sie in den letzten Tagen etwas Verdächtiges bemerkt hätten. Etwas, das mit dem Toten in Zusammenhang gebracht werden könnte.

Unterwegs kamen sie an der Bank vorüber, auf der Mama Eichhorn und Oma Katz dösten. Auf ein dezentes »Hallo« von Irma schreckten sie synchron zusammen und rieben sich die Augen, um richtig wach zu werden.

»Wir hatten's richtig kommodig«, sagte Frau Eichhorn. »Wir haben gegessen, getrunken und allerhand bekakelt.«

»Ond danach habet mer a schees Nickerle gmacht«, ergänzte Frau Katz.

Nutella gähnte zur Bestätigung, um danach seine Knopfaugen wieder zuzudrücken. Es passte ihm überhaupt nicht,
als es weiterging.

Schmoll und Frau Eichhorn bildeten das Rücklicht. Die
Vorhut merkte am fröhlichen Geplauder der beiden, dass
Mama Eichhorn ihren gesamten Charme über Schmoll er-
goss und ihn fröhlich einwickelte.

Die Terrasse der Besenwirtschaft war verwaist. Ein Plakat
informierte, sie würde erst ab nächsten Donnerstag für das
Wochenende mit dem traditionellen Sommerfest wieder geöffnet sein. Die Damen Katz und Eichhorn waren bitter enttäuscht und jammerten im Duett. Aber es blieb nichts anderes übrig als erst mal auf dem Feuerbacher Höhenweg wei-
terzuwandern. Die Hoffnung Schmolls, jemanden zu treffen, den man hätte fragen können, ob er in den letzten Tagen
in der Nähe des Kotzenlochs etwas gehört oder gesehen hatte, wurde nicht erfüllt. Es schien, als ob dieser beliebte Pan-
oramaweg an diesem Tag Ruhetag hätte. Das bevorstehende
Fußballspiel hatte alle Leute, die noch vor einer Stunde spazieren gegangen waren, vor die Fernseher getrieben. Noch
fünfzig Minuten bis Spielbeginn!

Schmoll sah ein, dass es hier nichts zu ermitteln gab, und
zeigte sich von seiner großzügigen Seite: Er ließ Irma mit
Mama und Oma Katz ihre Wanderung hinunter nach Feuerbach fortsetzen und empfahl ihnen den Biergarten seiner
Stammkneipe. Dann kehrte er selbst zum Kotzenloch zurück, schickte Katz den Damen hinterher und half bei der
Spurensuche. Da sich der Spinathimmel verzogen hatte, arbeiteten sie bis zum Einbruch der Dunkelheit. Die ganze
Zeit über war in der Ferne Donnergrollen zu hören. Im Tal
wurden vier deutsche Tore mit Geschrei aus tausend Kehlen
und Triumphtuten aus Vuvuzelahörnern begrüßt.

Gegen halb zehn tappte Schmoll als Letzter vom Suchtrupp die Kotzenlochstaffel hinunter, holte seinen geliebten
alten Daimler vom Parkplatz und fuhr Richtung Stammheim nach Hause. Er konnte nicht abschalten. War der Tod

des alten Engelhard schon rätselhaft genug, so war der des jungen Mannes aus dem Kotzenloch geradezu mysteriös. Beide Fälle lagen mitten in seinem Ermittlungsgebiet und nicht weit voneinander entfernt. Aber wo, zum Teufel, sollte da ein Zusammenhang bestehen?

Schmoll ahnte, dass er ab sofort zwei Mordfälle gleichzeitig am Hals hatte.

Acht

Sonntag, 4. Juli

Das Gewitter hatte sich lange zurückgehalten, grollend zwar und mit Sturmböen als Vorhut, aber als es endlich mit Urgewalt losbrach, zog es alle Register.

Mama Eichhorn wurde um vier Uhr früh vom ersten markerschütternden Schlag geweckt und lernte beim anschließenden Inferno aus Blitz und Donner das Fürchten.

Deswegen schlich sie ins Wohnzimmer, postierte sich vor dem Sofa, auf dem sich Irma schlafend stellte, und schluchzte: »Diese Schläge können ja Tote aufwecken!«

Irma scheuchte sie mit wenig zartfühlenden Worten zurück ins Schlafzimmer und sagte ihr, wo das Ohropax lag.

Tote aufwecken!, dachte Irma. Vor ihren geschlossenen Lidern tauchte der lädierte Körper des zierlichen jungen Mannes auf, den ihre Kollegen aus dem Kotzenloch geborgen hatten. Dieses Bild ließ sich nicht mehr verdrängen. Was war auf dem idyllischen Lemberg geschehen? Wann war es geschehen? Und warum? Warum? Warum? Das Warum war immer die Frage, die sich am schwierigsten beantworten ließ. Solange aber nicht geklärt war, ob es sich um Mord oder Selbstmord handelte, würde diesem Geheimnis nicht beizukommen sein.

Irma zuckte zusammen, weil ein Donnerschlag krachte, als wäre der Blitz direkt über ihr ins Dach gefahren. Gleich wird Mam wieder angetanzt kommen und mir die Ohren volljammern, dachte sie. Das Gewitter scheint sie weit mehr zu erschrecken als gestern der Leichenfund. Aber da Mam den Toten nicht gesehen hat, geht ihr die Sache nicht nahe. Ich bin froh, dass sie keine Details wissen wollte. Sie hat nur geschimpft, es sei eine Zumutung für die Polizei, eine Leiche wegräumen zu müssen, weil sich so ein Jungchen aus Liebeskummer in ein Mergelloch gestürzt hätte. Danach hat Mam das Problem weggesteckt und den Tag frohgemut in einem Feuerbacher Biergarten ausklingen lassen. Irma gähnte und wälzte sich auf die andere Seite. Mam ist schon halb in Baden-Baden. Sie lässt sich ihre gute Laune nicht durch eine Leiche verderben. Dass ich einen Mörder finden muss, darüber denkt sie ganz gewiss nicht nach.

Das Gewitter kreiste um Stuttgart wie ein lärmender Dämon. Irma setzte sich auf und sah zum Fenster: Der Himmel wurde von Blitzen zerhackt, und es krachte in kurzen Abständen. Am Birnbaum regte sich kein Blatt. Selbst im Zimmer schien sich die Luft zu verdichten. Urplötzlich brach der Regen los. Es hörte sich an, als prasselten zentnerweise Erbsen aufs Dach. Später wurde ein sintflutartiges, dann ein gleichmäßiges Rauschen daraus, bei dem Irma einschlief.

Erst gegen acht Uhr hatten sich die Naturgewalten ausgetobt und hinterließen gespenstische Stille. Von dieser Stille wachte Irma auf. Sie überzeugte sich, dass ihre Mutter noch schlief, holte die Zeitung aus dem Briefkasten und las im Lokalteil den Artikel unter der Überschrift: *Leiche eines Unbekannten aus dem Kotzenloch geborgen.*

Um neun Uhr hatte Frau Eichhorn ihren Erschöpfungsschlaf beendet, kroch aus dem Bett und sah aus dem Fenster.

»Da draußen ist die reinste Waschküche! So ein Schietwedder ist eine Zumutung! Überhaupt, weil ich doch heute nach Baden-Baden fahre!«, rief sie empört in Richtung Küche, wo Irma Kaffee kochte.

»Im Schwarzwald ist die Luft bestimmt klarer. Sei froh, dass die große Hitze endlich gebrochen ist!«

»Zu der Mordshitze gestern hätte ja nicht noch die Leiche hinzukommen müssen«, sagte Mama Eichhorn gereizt. »Wenn ich daran denke, wird mir kodderig und ich bekomme Puddingknie.«

Irma begriff, dass ihre Mutter die Leiche doch nicht endgültig abgelegt hatte. Jetzt, wo eine Nacht über dieses Erlebnis hinweggedonnert und -geblitzt war, hatte ihre Mutter wohl genügend Abstand gewonnen, um ihre Meinung darüber kundzutun.

»Wie hältst du das aus, Irma?! Wieso konntest du dir nicht einen vernünftigen Beruf suchen? Kein Wunder, dass du keinen Mann abkriegst! Da denkt doch jeder gleich an Mord und Totschlag, wenn er erfährt, dass du Kriminalkommissarin bist!«

Diese Standpauke schickte Mama aus dem Bad in die Küche, in der Irma als Antwort heftig mit dem Geschirr klapperte.

Irma merkte, dass ihre Mutter ein Streitgespräch suchte. Schade, dachte sie, nun fängt sie wieder an zu sticheln. Ich nehm sie doch auch, wie sie ist! Dass ich zur Polizei gegangen bin, wird sie nie verkraften. Aber ich bereue es nicht. Nur manchmal, in Situationen wie bei dem Leichenfund im Kotzenloch, wünsche ich mir fast, Friseurin oder Köchin zu sein, um auch mal was für Lebende tun zu können …

Irma wurde in ihren Grübeleien gestört, weil nun Mama tipptopp aufgebrezelt in einer Chanelwolke – »hat mir Kai-Friedrich geschenkt« – in die Küche getänzelt kam. Sie schien ihren Frust weggeduscht zu haben und zeigte ihre freundliche und praktische Seite, indem sie ihrer Tochter »einen wunderschönen guten Morgen« entgegenjubelte. Danach trug sie das Frühstücksgeschirr ins Wohnzimmer, fischte Butter, Marmelade und Käse aus dem Kühlschrank und faltete die Servietten zu Schiffchen. Frau Eichhorn hatte unbestreitbar Sinn für Esskultur.

Sie flötete: »Gemütlich hast du's, mein Irmchen«, und setzte sich erwartungsvoll an den Tisch.

Irma erschien mit dem Kaffee und stellte das Radio an. Es kamen Nachrichten. Die erste Meldung auf dem Regionalsender galt dem Unwetter, das Teile der Stuttgarter Innenstadt und mehrere Vororte unter Wasser gesetzt hatte. Die zweite Nachricht war der Leichenfund im Kotzenloch. Irma erwartete ein »Mach aus, dabei vergeht mir der Appetit«, aber Mama kaute weiter genüsslich ihr Honigbrot und spitzte die Ohren.

Nachdem Irma das Radio nach dieser Meldung, die für beide nichts Neues brachte, abgestellt hatte, lehnte sich Mama zurück und sagte: »Ist ja doch ganz spannend. Wenn ich das Kai-Friedrich erzähle! Ich sehe schon, wie er staunt!« Sie blickte auf ihre Armbanduhr. »In einer Stunde holt er mich ab.«

Herr Jansen war pünktlich. Er hielt mit einem nagelneuen Mercedes vor dem Gartentor und plauderte mit der Hauswirtin Frau Flachs, die im Vorgarten die vom Regen lädierten Fuchsien auszupfte.

Gleich darauf rauschte Frau Eichhorn mit Irma im Schlepptau aus der Haustür. Sie strahlte wie eine Hundertwattbirne und begrüßte ihren Kai-Friedrich mit innigen Wangenküsschen. Herr Jansen schenkte Irma ein paar charmante Höflichkeitsfloskeln und richtete Grüße von Knut aus. Dem folgte ein herzlicher Abschied, und schon saß Mama neben Herrn Jansen im Auto. Während der Mercedes über die Thomasstraße davonrollte, flatterte ihr Schal aus dem Fenster. Irma und Frau Flachs winkten.

»A liebenswürdiger Mensch, Ihr Herr Vater«, sagte Frau Flachs zu Irma.

Irma erklärte, dies sei nicht ihr Vater gewesen, sondern der Lebensabschnittsgefährte ihrer Mutter.

Frau Flachs spitzte die Lippen und nickte. »Des hot se guet verwischt. Wer so a Auto fahrt, isch koi Krautscheißer.«

Irma war froh, als ihr Handy klingelte und sie das Gespräch mit ihrer Hauswirtin abbrechen konnte. Es war Schmoll. Wer sollte sie auch sonst am Sonntagmorgen anrufen?

Nach den Regengüssen, sagte er, sei es unsinnig geworden, einen größeren Suchtrupp in den Wald zu schicken.

»Aber auf den Verdacht hin, doch noch irgendetwas zu entdecken, möchte ich selbst noch mal auf den Lemberg und mich ein bisschen umsehen. – Deine Mama reist ja heute weiter, wie sie mir gestern erzählt hat. Vielleicht lindert es deinen Abschiedsschmerz, wenn du heute mit dem alten Schmoll noch mal über den Feuerbacher Höhenweg spazierst.«

»Ist das ein dienstlicher Befehl?«

»Ja, Eichhörnle. Nimm's leicht.«

Sie trafen sich auf dem Parkplatz beim Lindenbachsee, wo Schmoll auch am Tag zuvor sein Auto abgestellt hatte. Der Waschhausdunst hatte sich verdünnt. Im Wald war es angenehm kühl. Schmoll und Irma nahmen den Aufstieg über die Kotzenlochstaffel in gemächlichem Tempo. Da sie öfter stehen blieben, weil Schmoll gegen seine überschüssigen Pfunde anschnaufen musste, brauchten sie eine gute Viertelstunde bis hinauf zum Horn. Dort setzten sie sich, wie gestern die Wandergesellschaft, auf die Bank unter den Eichen.

Schmoll berichtete, die Spurensicherer hätten gestern unweit des Steilabhanges ein Erdloch gefunden, das offensichtlich erst vor wenigen Tagen ausgehoben worden sei.

»Ein Grab?«

»Noi. Kein Mensch, auch nicht so ein kleiner wie der, den wir aus dem Kotzenloch gefischt haben, hätte da reingepasst. Aber interessant ist: In einem Baum daneben wurde in dem hohlen Stamm ein Klappspaten gefunden. Und nun rate mal, was da dran geklebt hat?«

»Dreck.«

»Dreck ja, aber was noch?«

»Blut.«

»Jetzetle.« Schmoll nickte. »Der Spaten ist schon im kriminaltechnischen Labor.«

»Und?«, fragte Irma gespannt. »Was haben die dort festgestellt?«

»Noch gar nichts. Gestern war es zu spät, und heute ist Sonntag. Du weißt ja, da arbeitet nur der Notdienst, und es dauert alles länger.«

»Blut an einem Spaten«, sagte Irma aufgeregt. »Ich wette, es stammt vom Genick unserer kleinen Leiche.«

»Ich fürchte, um das genau zu erfahren, müssen wir uns bis morgen gedulden«, sagte Schmoll. »Doktor Bockstein hat vormittags noch einen gerichtsmedizinischen Termin in

Tübingen. Er kommt erst gegen Mittag ins Robert-Bosch-Krankenhaus in die Pathologie. Aber er hat versprochen, sich dann sofort das Kerlchen aus dem Kotzenloch vorzunehmen.«

»Und du willst dir jetzt gemeinsam mit mir das Erdloch vornehmen«, schlussfolgerte Irma.

»Ja«, sagte Schmoll.

Er wischte sich den Schweiß von der Glatze und zog seine unvermeidliche abgewetzte Lederjacke aus, klemmte sie sich unter den Arm und stapfte los. Doch im Wald hob sich Grund und Boden. Die Gewittergüsse hatten ihre Spuren hinterlassen und alle anderen weggespült.

»Wow«, sagte Irma, »ein richtiger Dschungel. Nichts als Urwald, Sumpf und Morast!«

Sie kletterten über kreuz und quer liegende Baumstämme und stampften durch totes Gestrüpp. Wenn Äste unter ihren Schuhen brachen, krachte es wie Schüsse durch die Stille. Es roch nach Moder und Fäulnis. In den Baumkronen lärmte ein Spatzenschwarm. Zwei Eichhörnchen jagten sich die Stämme rauf und runter. Irma zuckte zusammen, als sich ein Laubhaufen bewegte. Ein Igel trippelte eilig ins nächste Dickicht.

Der Gang durch die Wildnis wurde zum Kampf mit Matschlöchern und Brombeerranken. Alle paar Meter mussten sie Dreckklumpen von den Schuhsohlen abkratzen und wuchernde Zweige von ihren Kleidern lösen. Schmoll stolperte über einen Ast und landete im Schlamm.

Er rappelte sich hoch, rieb sich die Hände an den Hosenbeinen ab und brüllte: »Das haben wir Lothar zu verdanken!«

»Wer ist Lothar?«

»So hieß der Orkan, der vor zehn Jahren hier durchgetobt ist.«

»Und warum ist der Wald nicht wieder instand gesetzt worden?«

»Hast du das Schild nicht gesehen? Dieser Wald ist zum Naturschutzgebiet erhoben worden. Nun kann er verwildern, wie er will. Damit spart man Pflegekosten.«

Inzwischen hatte sich Irma rettungslos zwischen Brombeerranken verheddert. Schmoll half ihr, sich zu befreien. Dabei hinterließen seine Schlammfinger nun auch Spuren an Irmas Jeans und T-Shirt. Derartig sonntäglich verdreckt, beschlossen sie, statt dieses Erdloch zu suchen, das irgendwo im Dickicht lag und wahrscheinlich sowieso vom Regen zugespült worden war, auf dem Feuerbacher Höhenweg nach möglichen Zeugen Ausschau zu halten.

Sie marschierten los und kamen nach zehn Minuten an der Besenwirtschaft vorbei. Die Terrasse über dem steilen Weinberg lag wie am Tag zuvor verlassen. Nur das Pagodenzelt erinnerte noch an das Weinblütenfest.

Irma sagte: »Ich kann es kaum glauben, dass es erst eine Woche her ist, seit ich hier die Bekanntschaft der seltsamen Schwestern gemacht habe. Merkwürdig, dass sich eine davon als Filialleiterin der ausgeraubten Bank entpuppt hat!«

»Deine komischen Schwestern können ja kaum was mit der Kotzenloch-Leiche zu tun haben!«, knurrte Schmoll genervt.

Sie gingen eine Weile, jeder in seine Gedanken versunken, nebeneinander her. Aus den Tälern stiegen feuchte Nebel und die Sonne probierte, ein Loch in die Wolken zu bohren. Die Vogelstimmen aus dem verwilderten Wald klangen träge und lustlos. Weit und breit war kein Mensch zu sehen.

Irma sagte: »Die schlafen heute alle noch und erholen sich von den WM-Siegesfeiern.«

Schmoll schnaufte. »Kann sein. Jetzt setzen wir uns hier auf die Bank und warten, ob irgendwann irgendwer auftaucht, den wir irgendwas fragen können.«

Kaum saßen sie, sahen sie einen Inline-Skater nahen. Sie sprangen auf und winkten ihm, dass er stehenbleiben sollte.

Du meine Güte, dachte Irma, das ist ja, als würden wir Autostopp machen. Der Kerl ist ja nicht zu bremsen.

Schmoll bremste ihn, indem er ihm seine zwei Zentner Lebendgewicht in den Weg stellte. Der Mann versuchte ein Ausweichmanöver, das Schmoll erfolgreich abfing. Nun

stand er Schmoll gegenüber. Dieser sah in Augen, in denen
nackte Angst flackerte. Die rollenden Füße bewegten sich
ruckartig und versuchten an Schmoll vorbeizukommen.
Aber der stand wie ein Baum und hielt den zappelnden
Herrn am Schlafittchen fest.

Erst als Schmoll seine Dienstmarke gezückt und »Kriminalpolizei« gedonnert hatte, blieb der Skater endlich ruhig
stehen. Er prüfte die Marke und nickte.

»Du liebe Zeit«, keuchte er, »was macht denn die Kripo am
heiligen Sonntagmorgen auf dem Lemberg?« Er schielte auf
Schmolls dreckige Klamotten und riskierte einen Blick zu Irmas Sturmfrisur. »Ich hab geglaubt, das wäre ein Überfall!«

Irma erklärte, sie seien in dienstlichen Obliegenheiten
durch den vom Gewitter versumpften Wald gelaufen, was
ihren Sonntagsstaat verdorben habe.

Nachdem der Herr auf den Rollschuhen sein seelisches
Gleichgewicht wiedererlangt hatte, wirkte er wie ein Ent-
scheidungsträger der Firma Porsche. Dieser Präsenz konnte
auch sein perfektes Skater-Outfit – Sportdress, Schutzhelm,
Knie-, Ellbogen- und Handgelenkprotektoren – nichts an-
haben. Sein Selbstbewusstsein und seine Zielstrebigkeit waren ganz offensichtlich zurückgekehrt, und ohne zu fragen,
was die Polizei von ihm wollte, schwang er einen Fuß auf die
Banklehne und begann mit Dehnübungen.

»Wenn Sie fertig sind«, sagte Schmoll, »möchte ich Ihnen
ein paar Fragen stellen.«

»Können Sie ja nebenher machen.«

»Skaten Sie oft hier?«, fragte Schmoll.

»Jeden Tag. Wo findet man schon einen asphaltierten Weg
ohne Autos und in so schöner Umgebung?«

»Zu welcher Tageszeit sind Sie hier unterwegs?«

»Ist das ein Verhör?«

»Nein, nur eine Befragung.«

»Ich skate wochentags nach Dienstschluss, so ab fünf,
meist eine Stunde lang. Und am Wochenende, wie es rein-
passt.«

»Haben Sie von dem gestrigen Leichenfund im Kotzenloch gehört?«

»Gestern nicht, aber heute früh in den Nachrichten.«

»Wir suchen dringend Zeugen«, sagte Schmoll. »Ist Ihnen
während Ihres Trainings etwas Ungewöhnliches aufgefallen?«

»Wann?«

»Während der letzten Woche. Die Leiche hat mindestens
acht Tage im Gebüsch gehangen.«

Der sportliche Herr beendete sein Stretching und setzte
eine Pobacke neben Schmoll auf die Bank. Irma blieb stehen,
um das Gesicht des Mannes von vorn zu sehen und seine Reaktionen auf Schmolls Fragen beobachten zu können.

»Ich kann mich an nichts Ungewöhnliches erinnern. Nur
dass am letzten Wochenende mehr Leute als sonst hier oben
waren, wegen des Weinblütenfestes.«

»Sie sind also letzten Sonntag auch hier entlanggerollt?«,
fragte Irma. »Haben Sie auf dem Feuerbacher Weg, kurz
nach dem Ende des Fußballspiels, zwei Frauen gesehen?
Eine große Stattliche und eine kleine Zierliche?«

Schmoll schüttelte unmerklich den Kopf und dachte: Verflixt noch mal, nun fängt sie schon wieder mit den vermaledeiten Schwestern an!

Er war froh, als der Rollschuhmann lachte und sagte:
»Also, am Sonntag habe ich den Aktivsport den Fußballern
überlassen. Ich habe das Spiel angesehen. Daheim mit meinem Sohn.«

Irma schrieb Name und Telefonnummer des sportlichen
Herrn in ihr Notizbuch, und Schmoll übergab ihm seine
Karte und leierte dabei den berühmten TV-Krimi-Spruch
herunter: »Rufen Sie mich bitte an, wenn Ihnen noch was
einfällt.«

Damit ließen sie ihn rollen.

Es ging schon auf Mittag zu. Weit und breit waren keine
Spaziergänger, keine Jogger oder Radfahrer unterwegs. Die
Weinberge, in denen sonst auch an Wochenenden gemäht,

gespritzt oder geschnitten wurde, lagen verwaist in der pelzigen Luft. Irma und Schmoll saßen auf der Bank, schwiegen, schwitzten und spähten den Feuerbacher Weg rauf und runter.

Schmoll gähnte und sagte: »Das letzte Mal, als ich hier oben war, habe ich an einer Weinwanderung teilgenommen.«

»Weinwanderung?«

»Jedes Jahr im August öffnen mehrere Wengerterfamilien ihre Weinberge einen Tag lang für Besucher. Die Gäste wandern über den Lemberg von einem Weinberg zum andern und verkosten die guten Tropfen, die dort gereift sind. Wenn man sich an den Probierständen nicht zwischendurch ein gutes Vesper gönnen würde, bekäme man Probleme, vom Lemberg wieder herunterzukommen.«

»Ich kapier nicht, wieso derart viel Lemberger in den Weinhandlungen steht«, sagte Irma. »Wieso können solche Mengen auf dem Lemberg wachsen? So groß ist der doch gar nicht.«

Nun lachte Schmoll und haute sich dabei auf die Oberschenkel wie ein Bayer. Als er sich beruhigt hatte, gab er sein Insiderwissen zum Besten: Die sogenannte Lemberger Rebe, sagte er, laufe andernorts unter den Namen *Blaufränkischer* oder *Blauer Limberger* und stamme aus dem Donaugebiet.

»Der Lemberger wird in ganz Baden-Württemberg, aber auch in der Pfalz und Rheinhessen angebaut.« Schmoll breitete die Arme aus. »Und natürlich wachsen auf dem Feuerbacher Lemberg neben mindestens zwanzig anderen Weinsorten auch Lemberger Reben.«

»Aber das lüftet ja nicht das Geheimnis, warum der Berg, auf dem wir sitzen, Lemberg heißt«, bohrte Irma weiter.

Schmoll dachte: Tadellose Kriminalkommissarin! Lässt nicht locker, bis sie alles ganz genau weiß.

Er lehnte sich zurück und gab bereitwillig Auskunft: »Dieses Rätsel liegt in vorchristlichen Zeiten. Wenn wir zwei Hübschen nachher noch ein Stückchen den Feuerbacher Höhenweg entlangspazieren, kommen wir an Resten keltischer Befestigungswälle vorüber. Wenn's stimmt, dann hieß der Höhenzug bei den Kelten Lindenberg, woraus dann vielleicht Lemberg geworden ist.«

Irma konnte sich nicht mehr für die Vorträge über Lemberger Weinreben und den gleichnamigen Höhenzug bedanken, weil ein Mann in Sicht kam. Er schritt in gemäßigtem Tempo daher, da er eine Gehhilfe mit sich führte, die er rhythmisch auf den Asphalt knallte. Was mehr ins Auge fiel als der Mann, war sein Hund. Ein Hund, der von weitem aussah wie Pippi Langstrumpfs Pferd.

Schmoll und Irma ließen Herrn und Hund heranspazieren. Bevor sie ihn ansprechen konnten, fragte der Herr, ob es störe, wenn er sich mit auf die Bank setzen würde.

»Oh nein, Sie stören uns überhaupt nicht«, versicherte Irma mit einladendem Lächeln.

Der Alte zog seinen Strohhut, sagte: »Grüß Gott. Sorgfalt.«

Er setzte sich und sein Pippi-Langstrumpf-Hund legte sich zu seinen Füßen. Das sei eine Dalmatinerin, sagte Herr Sorgfalt mit liebevollem Blick auf das Tier. Ihr gemeinsamer Spaziergang über den Feuerbacher Höhenweg sei Tradition und tägliche Pflichtübung.

»Wie heißt er denn?«, erkundigte sich Irma.

»Gertrud«, sagte der Alte.

Worauf die Hündin den Kopf hob, die Nase krauste und die Lefzen zurückzog und ihr Herrchen mit leuchtenden Augen ansah.

»Sehn Sie, wie Gertrud lacht?«, fragte der Alte. »Das können nur Dalmatiner.«

Auf die irritierten Blicke von Schmoll und Irma, Blicke, die Herr Sorgfalt wahrscheinlich öfter wegen des Namens und Lächelns seines Hundes geschenkt bekam, erklärte er: »Sie heißt Gertrud wie meine Frau, Gott hab sie selig. Meine Dalmatinerin und ich sind inzwischen zusammen alt gewor-

133

den und haben jeder unsere Wehwehchen. Bei mir ist's das Knie und Gertrud hört außer ihrem Namen fast nichts mehr. Bei Dalmatinern ist Taubheit eine rassespezifische Krankheit.«

Schmoll nickte, und Irma kraulte Gertrud hinter den Ohren.

Herr Sorgfalt grinste ein Zahnlücken-Lächeln und sagte: »Sie mag junge Frauen, so wie ich auch.«

Irma streichelte und tätschelte, und die Getupfte leckte ihre Hand und kratzte hilfsbereit Dreck von ihren Turnschuhen ab. Das Herrchen erzählte derweil weiter, ohne gefragt zu werden. Zehn Minuten später kannten Irma und Schmoll in groben Zügen Herrn Sorgfalts Lebensgeschichte, die ausschließlich in Feuerbach stattgefunden hatte. Nachdem er preisgegeben hatte, vierzig Jahre lang als Hausmeister in der Kerschensteinerschule gearbeitet zu haben, verlangte er nun, die Berufe von Irma und Schmoll zu erfahren.

Als sie sich als Kripokommissare outeten, hielt Herr Sorgfalt das für einen Witz, über den er gar nicht mehr zu kichern aufhören wollte. Wahrscheinlich hatte er sich das Äußere von Polizeibeamten seriöser vorgestellt.

Wieder versuchte Irma, ihr ramponiertes Outfit zu erklären, und war somit auch gleich beim Thema. Da Schmoll befürchtete, Irma würde sofort wieder von den Schwestern anfangen, nahm er das Wort und berichtete von dem Leichenfund im Kotzenloch. Danach fragte er Herrn Sorgfalt, ob ihm in der letzten Woche beim Gassigehen ein junger, dunkelhaariger Mann, klein und zierlich, begegnet sei. Herr Sorgfalt sagte, er sei zwar jeden Tag mit Gertrud seine Runde gelaufen, aber er könne sich nicht erinnern, einen derartigen Mann gesehen zu haben. Am Sonntagnachmittag allerdings seien er und Gertrud während des Fußballspiels auf der Weinbergterrasse der Besenwirtschaft Ulmer gesessen.

»Es könnte ja sein«, sagte Irma, »dass die Leiche – ich meine, bevor der junge Mann eine Leiche war – auch auf der Terrasse gewesen ist und ein Viertele getrunken hat. Vielleicht war er in Begleitung oder hat dort jemanden kennengelernt, der ihn später ins Kotzenloch geworfen hat. Oder vielleicht hat der junge Mann auch zu viel getrunken. Dann wäre es denkbar, dass er sich selbst hinuntergestürzt hat.«

Mit diesem vielseitigen Frageblock war Herr Sorgfalt sichtlich überfordert. Er sagte, es hätten viele junge Männer mit dunklen Haaren während des Fußballspiels auf der Weinterrasse gesessen. Auch welche, die einen über den Durst getrunken hätten. Aber er könne sich an niemand Bestimmtes erinnern, da er selbst etwas zu viel geladen hatte.

»Und während Ihrer Gassirunden ist Ihnen die ganze Woche über niemand aufgefallen, auf den die Beschreibung passen könnte?«, fragte Schmoll.

»Nein«, sagte Herr Sorgfalt. »Wenn hier Verbrecher rumlaufen, würde Gertrud sie wittern.«

Schmoll gab ihm seine Karte und sprach an diesem Mittag zum zweiten Mal das TV-Krimi-Zitat.

Herr Sorgfalt nahm seine Gehhilfe in eine und Gertruds Leine in die andere Hand und klickte Richtung Horn davon.

»Ich glaube, wir erfahren hier nichts«, sagte Irma resigniert.

Schmoll nickte und überredete Irma, nach Feuerbach zu laufen und in seiner Stammkneipe einzukehren. »Mir steht der Sinn nach einem Zwiebelrostbraten«, sagte er. »Nach dieser Pleite habe ich ihn verdient.«

»Ich auch«, sagte Irma. »Heute nehme ich auch einen. Mit Spätzle. Und mindestens drei Viertele Lemberger.«

Es waren dann so viele Viertele geworden, dass Schmoll sein Auto am Lindenbachsee stehen ließ und mit der Straßenbahn heimfuhr. Er hätte nie zugegeben, dass er das Alleinsein in seiner Wohnung nicht ertragen konnte. In seiner Freizeit tigerte er verdrießlich durch die Zimmer, die er bis vor zwei Jahren mit Karin bewohnt hatte. Er sah zwar, dass dringend hätte aufgeräumt werden müssen, konnte sich aber nicht dazu aufraffen. Von der peniblen Ordnung, auf die er in seinem Büro Wert legte, war zwischen seinen privaten vier Wänden nichts zu sehen. In seiner Wohnung herrschte Chaos. Eine Putzfrau kam nicht in Frage, weil er überzeugt war, dann nichts mehr wiederzufinden. Schmoll verschob die Aufräumaktion von einem zum anderen Mal, und meist hatte er eine gute Ausrede, weil er zu einem Fall gerufen wurde, der ihn dann nicht mehr losließ.

Karin hatte ihn verlassen, weil ihm seine Arbeit so viel wichtiger gewesen war als das Eheleben. Nie hatte er damit gerechnet, dass sie die Drohung, irgendwann auf und davon zu gehen, wahr machen würde. Und dann war sie weg gewesen. Kurz vor der Silberhochzeit! Seither erhielten sie gegenseitige Informationen über ihre beiden erwachsenen Söhne, die nicht recht wussten, zu wem sie halten sollten, und sich diesbezüglich nicht festlegen wollten und konnten. Schmoll wusste, dass Karin wieder arbeitete. Aber das hatte sie vorher auch schon getan, seit die Kinder aus dem Gröbsten heraus gewesen waren. Er wusste nicht, ob es einen neuen Mann in Karins Leben gab.

Und was er auch nicht wusste: Sie wartete darauf, dass er den ersten Schritt zur Versöhnung tun würde. Obwohl er das nicht wusste, nahm er sich wie schon öfter vor, sie demnächst anzurufen. Warum er es nicht gleich tat, hätte er nicht sagen können.

Hauptkommissar Peter Schmoll, ein gestandenes Mannsbild in den besten Jahren, der beruflich keine noch so schwierige Entscheidung hinauszögerte, schob den Anruf bei Karin auf die lange Bank und setzte sich vor den Fernseher. Er war froh, durch den Ausflug zum Lemberg, wenngleich er erfolglos gewesen war, seinen freien Tag gut über die Runden gebracht zu haben.

Auch Irma kam erst am späten Nachmittag wieder daheim an. Nachdem sie eine Weile herumgetrödelt hatte, beschloss sie, etwas für die Verdauung des Zwiebelrostbratens zu tun. Seit einer Woche hatte sie das Joggen wegen der Hitze ausfallen lassen, aber an diesem Abend waren die Temperaturen tauglich für sportliche Aktivitäten.

Wieder einmal beglückwünschte sie sich, in der Thoma-straße zu wohnen. Diese ruhige Straße auf dem Killesberg war nicht nur ein idealer Ausgangspunkt, um durch den Park das Präsidium zu erreichen, sondern auch als Start für ihre Joggingrunden geeignet. Heute hatte sie genügend Zeit, um zum Bismarckturm zu laufen.

Als Irma den Bretterzaun entlang der Baustelle, wo einst die Messehallen gestanden hatten, hinter sich hatte, hielt sie sich rechts von dem ebenfalls mit Brettern vernagelten Haupteingang und trabte ein Stück entlang der verkehrsrei-chen Straße Am Kochenhof. Sie überquerte sie auf einem Fußgängersteg und lief dann leicht bergauf, vorüber an un-krautüberwachsenen ehemaligen Messeparkplätzen.

Über ein paar Umwege erreichte sie die Feuerbacher Hei-de, die eigentlich nichts weiter als Grasland war, auf dem hin und wieder Schafe weideten. Hinter einer Gruppe uralter Eichen sah Irma den Bismarckturm auftauchen. Am höch-sten Punkt angekommen, machte sie im Schlagschatten des Turmes ein paar Dehn- und Atemübungen.

In der Grünanlage waren alle Bänke besetzt. Alt und Jung hatte den Abend genutzt, um einen Spaziergang zu einem der schönsten Aussichtspunkte Stuttgarts zu machen.

Irma setzte sich auf die oberste Stufe der Freitreppe, die zu der Aussichtsgalerie des Turmes führte. Wie immer stockte ihr bei dem Blick über Stuttgart der Atem: Die Stadt lag in sonntäglicher Stille. Lag friedlich in ihrem grü-nen Kelch und schien voller Geheimnisse. Im Wirrwarr der Dächer und Türme erkannte Irma die markantesten Bau-ten. Der Hauptbahnhof – noch waren seine Seitenflügel nicht gestutzt. Aus dem Schlossgarten ragte das Kupfer-dach des Opernhauses. Nicht weit davon entdeckte Irma das Alte und das Neue Schloss, die Stiftskirche und das Rathaus. Das Häusermeer zog sich an den Hängen hoch und ging in die Stadtteile der gepriesenen Halbhöhenlagen über, die wie Inseln zwischen Wäldern und Weinbergen lagen.

Am Horizont blitzte die Nadel des Fernsehturms in der Abendsonne.

Direkt unterhalb der Bismarckhöhe, scheinbar nur einen Katzensprung entfernt, aber mindestens 200 Meter tiefer, lag das Katharinenhospital. Irma stellte sich Helene vor, wie sie durch diesen riesigen Gebäudekomplex irrte und hartnäckig nach einer Krankenschwester fahndete, die ihr etwas über den alten Engelhard erzählen sollte. Irma seufzte, denn mit diesem Gedanken war sie nach fast einer Stunde, in der sie sich den Kopf freigelaufen hatte, wieder bei ihrem Fall gelandet. Diesem Fall, der immer verzwickter wurde. Ein Bankraub – und ein alter Mann, dessen Tod eine Folge davon gewesen sein könnte. Irma wurde das Gefühl nicht los, dass die Leiche am Kotzenloch mit diesem Fall zusammenhing.

Je weniger ihre Kollegen sie wegen der Schwestern ernst nahmen, desto mehr grübelte sie: Über die große Schwester, die Filialleiterin der ausgeraubten Bank war und sich ins Ausland abgesetzt hatte – und über die kleine Schwester, an die sich niemand erinnern konnte und die verschwunden war. Wo sollte sie diese Schwestern suchen?

Irma starrte auf Stuttgarts Panorama und dachte, dass die Stadt eigentlich nur dann wie eine Großstadt wirkte, wenn man von oben auf sie herabblickte und die Höhenzüge nicht im Wege standen. Früher, so hatte ihr Schmoll erzählt, waren die Mädchen aus dem ländlichen Feuerbach tagtäglich über diesen Bergkamm, auf dem sich jetzt der Bismarckturm befand, hinunter ins großbürgerliche Stuttgart gegangen und hatten Milch verkauft. Mit dem Fahrrad hatte Irma die Straßen, die sich in Serpentinen hinunterschlängelten, abgefahren. Aber das nächste Mal würde sie über die Stäffele laufen. Über die schmalen Treppenläufe, die zwischen Gärten und Häusern bis hinunter zum Katharinenhospital führten.

In dieser Stadt, dachte Irma, brauchte sich niemand von einem Dach zu stürzen. Es gab die senkrechten Hänge neben den Stäffele und manchmal auch ein Mergelloch, in das man springen oder hinuntergeworfen werden konnte – und damit waren ihre Gedanken endgültig zu der Leiche aus dem Kotzenloch zurückgekehrt.

Irma schloss die Augen, öffnete sie aber sogleich wieder, weil ein Schatten auf ihre Lider fiel. Der Schatten gehörte zu einem sportlich gekleideten jungen Mann, der eine Baseballkappe trug. Er kehrte ihr den Rücken zu und schaute ins Tal. Bevor er weiterging, zog er seine Kappe ab und dabei kamen blonde Locken zum Vorschein. Irma rannte ihm nach, um ihn von vorn zu sehen. Es war ein Mädchen.

Die Erkenntnis, dass junge Leute sich an ihrer Kleidung nicht immer spontan in Männlein oder Weiblein unterscheiden ließen, war Irma zwar nicht neu, traf sie aber jetzt wie ein Hexenschuss. Plötzlich schien alles ganz einfach. Sie war dem Geheimnis auf der Spur. Die blonde Perücke, die Nutella im Wald gefunden hatte, wurde endgültig zu einem wichtigen Indiz. Mit einem Satz sprang Irma auf und joggte wie gehetzt nach Hause.

Als sie daheim ankam, war es halb zehn und immer noch hell. Nachdem sie geduscht hatte, fabrizierte sie eine ihrer nicht gerade künstlerischen, aber überaus logischen Grafiken. Danach ging sie mit einem Buch ins Bett. Ein historischer Roman, den Helene ihr aufgedrängt hatte. Eine Geschichte, die in Schwaben spielte, von einer schwäbischen Gräfin handelte und von einer schwäbischen Vielschreiberin verfasst war. Als nach den ersten fünf Seiten Irmas Kopf zurücksank und ihr die Augen zufielen, rutschte das Buch vom Bett. Es fiel auf den Fußboden, die Seiten raschelten und raunten, bis es sich selbst zugeklappt hatte.

Irma träumte. Schmoll springt ins Kotzenloch und seine zwei Zentner wippen unten auf einem Trampolin aus Buschwerk, das raschelt und raunt. Schmoll trällert dazu die ersten Takte einer Mozartsonate, die Töne von Irmas Handy-Klingeln. Irma lässt Schmoll trällern und träumt lieber von Leo, der sein Telefon in der Hand hält und wartet, dass sie ihres abhebt.

Irma schreckte hoch, weil es wirklich klingelte und angelte nach dem Handy. Aber es war nicht Leo, es war Mama.

Sie sprudelte ihre Erlebnisse des Tages durch die Leitung: »Gut angekommen. Wunderbare Fahrt durch den Schwarzwald. Baden-Baden ist ein Traum. Das Kurhaus, irrsinnig edel. Erlesene Speiserestaurants.

In einem allerliebsten Café am Römerplatz in der Altstadt Kaffee getrunken. Auf der Kurpromenade flaniert. Abendessen im Europäischen Hof. Ein unvergleichliches Hotel! Ich habe alles fotografiert!«

Das Wort »fotografiert« weckte in Irma eine Erinnerung. Verdammt, dachte sie, ich habe Helenes Fotos nicht ausgedruckt, nicht mal angesehen! Mam hat mich mit ihrem Besuch völlig aus dem Konzept gebracht. Na ja, ich kann ihr nicht die Schuld an meiner Vergesslichkeit geben – wahrscheinlich war es die Leiche im Kotzenloch, die alle meine Gedanken verklebt hat.

»Bist du noch dran?«, rief Mama.

Irma gähnte geräuschvoll.

»Hast du schon geschlafen?«

»Ja, Mam.«

»Dann schlaf weiter, mien Deern. Ich ruf dich morgen wieder an.«

Irma war hellwach geworden. Sie stand auf, verband Helenes Kamera mit dem PC, sah die Fotos an und schaltete den Drucker ein.

Neun

Montag, 5. Juli

Als Irma morgens ins Präsidium kam, sagte Katz, Schmoll hätte vor fünf Minuten angerufen und mitgeteilt, er würde sich mit Stöckle in Stammheim treffen, um Fabian Knorr zu verhören.

Irma versuchte lange vergeblich, Schmoll in der Justizvollzugsanstalt zu erreichen. Als er endlich sein Handy abnahm, blaffte er Irma an, was es so Wichtiges zu bereden gäbe.

»Ich hab Stöckle versprochen, dass wir Knorr gemeinsam verhören. Unter uns gesagt, Irma: Stöckle hat vorige Woche nicht erreicht, den Jungen geständig zu machen. Null Erfolg. Ich bin überzeugt, zu zweit schaffen wir das heute. – Wenn's bei deinem Anliegen nicht um Leben und Tod geht, solltest du abwarten, bis ich in circa zwei Stunden zurück bin!«

»Es geht um Leben und Tod«, sagte Irma nachdrücklich. »Es geht um den Tod des jungen Mannes, den wir aus dem Kotzenloch geborgen haben. Eine heiße Spur! – Aber wenn's dich nicht interessiert, warte ich eben, bis du geneigt bist, mir zuzuhören.«

»Jetzt wird erst mal der Knorr vernommen«, sagte Schmoll. »Wir müssen eins nach dem anderen machen, sonst kommen wir sowieso nicht weiter.«

Obwohl Katz neugierig war und Einzelheiten über Irmas heiße Spur wissen wollte, blockte sie seine Fragen ab und machte sich daran, ihre Ermittlungsübersicht, die sie am Abend zuvor skizziert hatte, ins Reine zu zeichnen.

* * *

Stöckle war überzeugt: Knorr war der Bankräuber! Schmoll war sich dessen nicht so sicher, hoffte aber, nach diesem Verhör klarer zu sehen. Wenn nicht, sollte sich Stöckle allein weiter mit Knorr auseinandersetzen.

Für ihn selbst war es wirklich an der Zeit, Verdächtige im Zusammenhang mit der Leiche vom Lemberg aufzuspüren. Wenn Schmoll es auch nicht zugab, so war er gespannt auf die neue Spur, die Irma angeblich entdeckt hatte.

Doch vorerst betrat er mit Stöckle den Verhörraum der JVA. Fabian Knorr saß, von einem Vollzugsbeamten bewacht, bereits am Tisch. Die Atmosphäre in dem nüchternen Raum war frostig und trotzdem stickig. Die unwirkliche Stille wurde durch gleichmäßiges leises Klopfen zerhackt. Es war Fabians Fußspitze, die auf den Linoleumboden tippte. Er trug Anstaltskleidung. Die hatte er anziehen müssen, weil seine Kleider, die er tagelang am Leibe getragen hatte, verdreckt waren. Im Gefängnis herrsche Hygiene, hatte man ihm gesagt. Die Gefängnisjacke war ihm um den Bauch zu eng und die Hose zu lang. Fabian sah aus wie in einem Schlafanzug und wirkte noch jünger, als er sowieso schon war. Jung und so bleich und verstört, als hätte er mehrere Nächte nicht geschlafen.

Als ihn Stöckle aufforderte, den Tathergang zu beschreiben, stammelte der Junge: »Wie? Was? Schon wieder? Ich hab nichts getan.«

Stöckle blätterte mit einer Hand ungeduldig in der Akte und massierte mit der anderen hektisch seinen Adamsapfel.

Schmoll schlug seinen väterlichen Ton an, den er für jugendliche Straftäter, die noch nicht überführt waren, parat hatte. »Okay, Herr Knorr, fangen wir also noch einmal von vorn an: Sie sind achtzehn Jahre alt und Lehrling in einer Metzgerei.«

»Pützle«, bestätigte Fabian.

»Gut«, sagte Schmoll. »Die Metzgerei Pützle ist bekannt für ausgezeichnete, perfekt gewürzte Rostbraten.«

Fabian nickte eifrig. Sein Nervenkostüm schien sich aber nur unwesentlich zu lockern, denn sein Fuß tippte weiter rhythmisch auf den Boden. Ungewollt fiel Schmoll in diesen Rhythmus mit Fingertrommeln ein.

»Sie sind nicht vorbestraft und nehmen keine Drogen. Sie haben bei allen Vernehmungen ausgesagt, keinen Alkohol zu trinken und nicht zu rauchen. Bis auf die unrühmliche Ausnahme am vorigen Sonntag.«

Diesmal nickte Fabian nicht nur, er stellte das Fußtrippeln ein und sagte laut und deutlich: »Ja. Stimmt.«

Jetzt schaltete sich Stöckle wieder zu: »Ihr Problem sind nach wie vor die zehn Hundert-Euro-Scheine, die wir in Ihrem Rucksack gefunden haben. Ist Ihnen, Herr Knorr, inzwischen eingefallen, wie Sie in den Besitz des Geldes gekommen sind?«

Fabian rang seine Wurstfinger und japste: »Ich weiß es wirklich nicht!«

Nun wurde Stöckle laut: »Das, Herr Knorr, haben Sie mir nun oft genug gesagt. Sie müssen doch endlich gemerkt haben, dass leugnen nichts nützt. Wir hatten damit gerechnet, Ihnen würde mit der Zeit etwas Neues einfallen.«

Fabian Knorr schluckte. Er schluckte im gleichen Abstand, wie Stöckles Adamsapfel rauf und runter fuhr.

Stöckle beugte sich mit verbissener Miene über den Tisch. »Ich frage Sie jetzt zum letzten Mal: Wie konnte das Wunder geschehen, dass sich derart viel Geld in Ihren Rucksack verirrt hat?«

»Ich hab nachgedacht«, sagte Fabian weinerlich. »Tag und Nacht denke ich an nichts anderes. Ich kann nicht schlafen. Und wenn doch mal, dann träume ich alle Banküberfälle durcheinander, die ich je im *Tatort* oder bei *XY-ungelöst* gesehen habe. Mir platzt fast der Kopf. Nach solchen Träumen bin ich nicht mehr sicher, ob ich nicht doch irgendeine Bank ausgeraubt habe.«

»Na also«, sagte Stöckle. Er fixierte Fabian und wechselte, ob absichtlich oder aus Versehen, zum Du. »Dann erzähl doch mal, wie das alles gekommen ist. Ich kann dir versichern, ich gehe nicht davon aus, dass du die Bank allein ausgeräumt hast. Also, streng deinen Grips an. Sag uns, wer dich angestiftet hat, wer deine Komplizen waren. Das kann doch nicht so schwer sein! – Und bedenke: Je früher du gestehst, desto günstiger ist das für dich. Ich vermute, ein Geständnis würde dich sogar einigermaßen entlasten. Wenn du uns sagst, wer deine Komplizen sind, kommst du möglicherweise mit einem blauen Auge davon!«

»Ich hab keine Komplizen.«

»Haben sie dir gedroht, dich fertigzumachen, wenn du sie verrätst?«

»Nein.«

»Da du behauptest, sie hätten dir nicht gedroht, hast du bereits eingestanden, dass es Komplizen gibt.«

»Es gibt keine Komplizen.«

Schmoll lehnte sich zurück und trommelte ein paar Takte des Radetzky-Marschs auf die Tischplatte. Langsam in beruhigendem Tempo. Adagio bis Largo. Da Stöckle nicht weiterkam, war er jetzt wieder an der Reihe. Er hoffte auf einen Hinweis zu Erich Engelhards Sturz. Wenn man den Bemerkungen, die der alte Mann vor seinem Tod gemacht hatte – ihn habe ein Mann vor die Brust gestoßen – glauben sollte, konnte Schmoll sich schwer vorstellen, dass dieser Mann der kleine, dicke Fabian gewesen sein könnte. Falls er wirklich nicht an dem Raub beteiligt gewesen war, musste er aber zumindest auf seinem Weg zum Alten Friedhof an der Bankfiliale vorbeigekommen sein.

Schmoll übernahm das Verhör und auch das von Stöckle für den Angeklagten eingeführte Du und bemühte wieder seinen väterlichen Tonfall. Seine Bassstimme tuckerte wie ein Dieselmotor. »Wo hast du das Bier gekauft?«

Fabian zuckte die Schultern. »Irgendwo. Ich glaub, es war in der Wiener Straße.«

»Und die haben dich nicht gefragt, wie alt du bist?«

»Der Kiosk war von Leuten belagert, weil drinnen auf dem Fernseher schon das Fußballspiel gelaufen ist. Den Alk und die Glimmis habe ich anstandslos bekommen, obwohl ich sonst meistens jünger als achtzehn geschätzt werde.«

»Und dann?«

»Weil ich nicht nach Hause gehen wollte, hab ich das Zeug eine Weile rumgeschleppt. Hab nach einem schattigen Platz gesucht, wo ich mir in Ruhe einen ansaufen konnte. Die Straßen waren leer und es war so affenheiß, dass der Asphalt gestunken hat. Nach den ersten Schlucken aus der Bierdose war ich schon duselig.«

»Welchen Weg bist du gegangen, um zum Alten Friedhof zu gelangen?«

»Ich weiß nicht mehr.«

»Hast du einen alten Mann gesehen und seinen Kater?«

»Kater? Ich habe keinen Kater gesehen. Und auch keinen alten Mann. Was ist mit dem Mann?«

»Er ist tot«, sagte Schmoll. »Genauso tot wie sein Kater. Den Kater hat vermutlich ein Auto überfahren, und den alten Mann, der ihn gesucht hat, hat jemand so heftig umgestoßen, dass er mit dem Kopf auf die Bordsteinkante geknallt ist. Der Mann hat direkt gegenüber der Eingangstür zu der Bankfiliale gelegen. Einen Tag später ist er an den Verletzungen des Sturzes gestorben.«

Fabian heulte. Ob wegen des alten Mannes oder ob er einfach nicht weiter wusste, konnte Schmoll schwer einschätzen. Für Schmoll war es nichts Neues, Verdächtige bei Verhören weinen zu sehen. Die meisten heulten, um sich dabei die nächste Lügengeschichte auszudenken. Schmoll gab Fabian ein Papiertaschentuch, das lautstark und ausgiebig benutzt wurde. Als der Junge nur noch ab und zu schniefte, fragte Schmoll, ob ihm jemand auf dem Alten Friedhof begegnet wäre.

Fabian legte den Kopf in den Nacken, blinzelte in das Viereck der Neonbeleuchtung und schien nachzudenken. »Als ich vom Pinkeln aus dem Gebüsch kam, gingen ein Mann und ein Mädchen quer über den Spielplatz. Sie liefen, als ob sie's eilig hätten.«

»Kannst du die beiden beschreiben?«, fragte Schmoll.

»Das Mädchen war klein und dünn«, sagte Fabian.

»Geht's auch genauer?«

»Lange Haare. Lockig. Blond wie Ariadne. – Hat sie wirklich noch nicht nach mir gefragt?«

Stöckle schluckte, ließ seinen Adamsapfel hopsen und knurrte: »Nicht vom Thema abkommen, Herr Knorr.«

»Kannst du dich erinnern, was das Mädchen angehabt hat?«, hakte Schmoll nach.

»Jeans.«

»Farbe?«

»Blau, glaube ich.«

»Oben rum?«

»T-Shirt oder vielleicht war es auch ein Polohemd. Hellblau. Schlabberig.«

»Weiter!«

»Turnschuhe. Schwarz mit Weiß. Vielleicht Adidas.«

Stöckle räusperte sich. »Das hast du aber in der angeblich kurzen Zeit gut beobachtet.«

»Vielleicht weiß ich das noch, weil ich zu diesem Zeitpunkt noch nicht voll besoffen war. Aber an den Weg zum Friedhof kann ich mich nicht erinnern, weil ich da immerzu an Ariadne gedacht habe.«

»Also, dann noch mal zum Friedhof«, sagte Schmoll. »Streng dich an, überlege, wie der Mann, den du dort gesehen hast, ausgesehen hat.«

»Er war groß.«

»Was hatte er an?«

Fabian überlegte. »Ein Shirt mit Kapuze, die er in die Stirn gezogen hatte. Komisch bei der Hitze? Deswegen konnte ich sein Gesicht nicht sehen.«

»Was ist dir noch aufgefallen?«

»Ich glaube, er hatte auch Turnschuhe an, weiße, aber sonst war er dunkel angezogen. Ich hab noch gedacht: Wie kann man bei dieser Hitze in schwarzen Klamotten rumlaufen?«

Schmoll kratzte seine Glatze. »Du hast dir diese Personenbeschreibungen nicht ausgedacht, um jetzt von dir selbst abzulenken?«

»Ich hab mir nichts ausgedacht. Ich hab's gesehen.«

»Hat dir dieser Mann mit dem Kapuzenshirt die 1000 Euro gegeben?«, fragte Stöckle.

»Verdammt, er hat mir nichts gegeben! Er hat mich wahrscheinlich gar nicht gesehen.«

»Überleg noch mal«, forderte ihn Stöckle auf. »Vielleicht bist du mit den beiden gemeinsam auf dem Friedhof angekommen und hast vorher bei dem Bankraub Schmiere gestanden? Für 1000 Euro!«

Fabian stutzte, er schien sich zu besinnen. Schmoll und Stöckle dachten beide: Jetzt packt er aus! Doch weit gefehlt.

Fabian fragte: »Heißt das, der Mann, der über den Friedhof gelaufen ist, war der Bankräuber?«

»Kann sein«, wich Stöckle aus.

»Wie viel hat er denn geklaut?«

Diese Frage, so fand Schmoll, klang sehr interessiert. Kam Fabian womöglich zu Bewusstsein, dass er zu wenig Geld abbekommen hatte?

Schmoll sagte: »Der Bankräuber hat sehr viel mehr mitgehen lassen als die zehn Hundert-Euro-Scheine, die in deinem Rucksack waren.«

»Ich weiß nicht, wie die da reingekommen sind.«

Stöckle nahm die Akte hoch, haute sie zurück auf den Tisch und brüllte: »Na, dann wären wir ja wieder am Anfang!«

»Das Geld muss mir jemand in den Rucksack gesteckt haben, als ich geschlafen habe!«, schrie Fabian.

»Na prima! Das ist ja gang und gäbe, dass jemand Geldscheine in einen fremden Rucksack steckt!«, höhnte Stöckle.

Schmoll holte erneut seinen väterlich ermutigenden Tonfall aus seiner Trickkiste: »Nun überlege doch bitte mal ganz in Ruhe, wie deine Fingerabdrücke auf einige der Scheine gekommen sein könnten.«

Fabian verdrehte die Augen, als ob er überlegen würde, und dann nuschelte er: »Vielleicht hab ich etwas in meinem

Rucksack gesucht und die Scheine dabei angefasst. Wenn, dann muss das aber in der Zeit gewesen sein, in der ich völlig vom Bier vernebelt war. Ich kann mich beim besten Willen nicht daran erinnern.«

Er seufzte abgrundtief und begann wieder, mit dem Fuß auf den Boden zu tippen.

»Hör auf mit der Trippelei!«, befahl Stöckle.

Fabian stellte einen Fuß auf den anderen und starrte darauf, als müsse er sie bewachen.

Das kann er, dachte Schmoll: zerknirscht gucken, dieser Grünschnabel, aber die Weisheit scheint er nicht mit Löffeln gefressen zu haben. Ich wette, er hatte einen gewieften Komplizen, der sich mit dem Restgeld aus dem Staub gemacht hat. Aber an dieser Friedhof-Story mit dem großen Mann und der kleinen Frau scheint was dran zu sein. Die zwei Rentner haben Irma und Katz ja auch erzählt, es seien zwei Personen, eine große und eine kleine, eilig quer über den Friedhof gegangen. Insofern ist die Aussage des Jungen in diesem Punkt glaubhaft.

Aber er erzählte ein bisschen zu flüssig, wie einstudiert, fand Schmoll. Bildete Fabian sich womöglich ein, dass seine Komplizen noch ein paar große Scheine mehr rausrückten, wenn er dichthielt?

Schmoll sagte: »Gucken Sie nicht immerzu auf den Boden. Wenn ich Ihnen glauben soll, müssen Sie mir in die Augen sehen!«

Fabian hob den Kopf und Schmoll fragte ihn, ob er sonst noch jemand auf dem Friedhof gesehen hätte.

Fabian begann, wieder mit der Fußspitze zu tippen. Ganz leise und vorsichtig. Wie unbewusst.

Er sagte: »Ich hab nicht darauf geachtet, ob da Leute rumspaziert sind. Ich hatte andere Sorgen. Sie wissen schon: der Streit mit meiner Freundin. Ich hab nichts getan als auf der Parkbank gehockt und Bier getrunken, bis ich groggy war und eingeschlafen bin. Ich bin doch keinen Alkohol gewöhnt, und dazu war es so verdammt heiß am

Sonntagabend.« Nach einer Schweigeminute seufzte Fabian
wieder und fragte: »Ariadne hat wirklich nicht nach mir gefragt?«

»Wenn das alles ist, was Ihnen Sorgen macht, Herr Knorr,
dann können wir Ihnen nicht helfen!«, bellte Stöckle.

»Sodele!«, sagte Schmoll genervt. »Jetzt hab ich genug
von dem Spielchen!«

Stöckle nickte.

* * *

Auf der B 10 Richtung Pragsattel stand Schmoll im Stau und
kam erst gegen elf Uhr im Präsidium an. Er war nicht nur
wegen der langen Fahrzeit sauer, sondern vor allem, weil er
sich überhaupt nicht sicher war, was er von Fabian Knorr
halten sollte. Deswegen gab er erst mal keine Meinung dazu
ab und ließ Irma und Katz das Aufnahmegerät mit der Befragung abhören. Katz stufte die Antworten des Jungen als
verdächtig ein. Irma äußerte sich nicht zu der Schuldfrage,
sondern geriet wegen einer für Schmoll und Katz nebensächlich scheinenden Aussage Fabian Knorrs in helle Aufregung: Das blondgelockte Mädchen, das er auf dem Alten
Friedhof gesehen haben wollte! Irma zog Helenes Fotos aus
der Tasche und vergewisserte sich, dass die Kleidung, die die
zwei Frauen beim Weinblütenfest getragen hatten, mit Fabians Beschreibung übereinstimmte. Allerdings trug die große
Schwester keinen Kapuzenpullover, aber den konnte sie inzwischen ausgezogen und irgendwo entsorgt haben. Das
schwarze T-Shirt hatte sie wahrscheinlich schon darunter
angehabt.

Am Abend zuvor beim Bismarckturm, nachdem sie sich
den Kopf freigejoggt hatte, war die Erkenntnis, dass der
Verdacht, der sie schon lange unterschwellig umtrieb, kein
Hirngespinst war, wie ein Geistesblitz bei ihr eingeschla-
gen. Seitdem ließ sich der Gedanke nicht mehr verdrängen.
Helenes Fotos hatten die letzten Zweifel beseitigt.

Irma war froh, Schmoll und Katz die kuriose Geschichte anhand ihrer Zeichnung vorlegen zu können. Dazu gehörte eine plakative Skizze der Stadtkarte, auf der die Bankfiliale, der alte Friedhof, das Rathaus Feuerbach, die Fahrtroute des Pendelbusses zum Lemberg und das Kotzenloch eingezeichnet waren. Die Fixpunkte dieser Grafik waren mit Pfeilen, neben denen Daten notiert waren, verbunden.

Auf einem zweiten Flipchart waren alle Personen, die sich bisher bei dem Bankraub und dem Mord am Lemberg verdächtig gemacht hatten, der Reihe nach aufgelistet:

Fabian Knorr (Azubi in der Metzgerei Pützle).
Ariadne Fröhlich (Knorrs Arbeitskollegin und Freundin).
Adam Fröhlich (Ariadnes Vater. Taxifahrer).
Klaus Kleiber (stellvertr. Leiter der ausgeraubten Bank).

Darunter stand in fetten Großbuchstaben:

BRÜNNHILDE KURTZ (Filialleiterin)
KLEINE SCHWESTER = KLEINER BRUDER

Nachdem Schmoll und Katz eine Weile auf die Zeichnung und die Liste gestarrt hatten, waren beide aus der Fassung gebracht. Katz' Nase erschien spitzer denn je, er biss sich auf die Unterlippe und zupfte heftig an seinem Schnauzbärtchen.

Schmolls Augenbrauen hoben sich in dem Maß, wie seine Mundwinkel absackten, und als Irma schon an einen leichten Schlaganfall dachte, weil seine Mimik erstarrte, zog Schmoll die Schultern bis zu den Ohren und zischte: »Deine Spekulation zu der zuletzt aufgeführten Person ist ehrlich gesagt zu hoch für mich. Wieso soll die kleine Schwester plötzlich ein kleiner Bruder sein?«

»Das Mädchen, das ich auf dem Weinblütenfest gesehen habe, war der Mann, der bei Frau Kurtz gewohnt hat. Also der junge Mann, von dem mir die Nachbarin Frau Würmle-Brommer erzählt hat. Für diesen als Mädchen verkleideten Mann haben wir Beschreibungen von drei Zeugen. Erstens von Erich Engelhard, der ein Mädchen nach seinem Kater gefragt hat, bevor er von einer großen, kräftigen Person umgestoßen wurde. Zweitens: Die zwei Feuerbacher Rentner haben eine große und eine kleine Person auf dem Alten Friedhof gesehen. Und drittens: Demnach scheint sich Fabian Knorr die beiden nicht ausgedacht zu haben. Das Verwirrspiel, dem ich und alle Zeugen auf den Leim gegangen sind, nämlich wer von den zwei Personen eine Frau und wer ein Mann gewesen ist, war gewollt in Szene gesetzt, um nicht erkannt zu werden. Durch ihre Statur wurde Frau Kurtz für einen Mann gehalten. Das Mädchen aber war ein junger Mann, der eine blonde Perücke getragen hat.« Irma tippte auf die Namensliste und sagte mit Nachdruck: »Ich gehe davon aus, dass Frau Kurtz und dieser junge Mann, der zur Tatzeit als Mädchen kostümiert war, gemeinsam den Bankraub begangen haben.«

Es folgte minutenlange Stille, in der allen dreien der Kopf rauchte.

Danach erkundigte sich Katz vorsichtig: »Het onser Raub-Stöckle dem scheene Gschichtle: Bankangestellte räumet höchstpersönlich den Tresor ihrer Filiale aus, net absoluten Seltenheitswert eingräumt ond es zu de Akte glegt?«

Schmoll rieb seine Stirn und hob die Schultern. »Es gibt nichts, was es nicht gibt! Allerdings sollten wir außer diesen doch etwas laschen Zeugenaussagen wenigstens einen wirklichen Beweis haben.«

Irma legte die Fotos, die Helene auf dem Lemberg geschossen hatte, auf den Tisch. »Hier ist der Beweis, dass die Schwestern Kleidung getragen haben, wie sie Fabian Knorr beschrieben hat. Nur das Kapuzenshirt fehlt, aber das kann zwischenzeitlich in einem Müllcontainer gelandet sein.«

Dann schob Irma das Jubiläumsbild mit der Belegschaft der Bankfiliale neben die Fotos vom Weinblütenfest. Und nun mussten Schmoll und Katz zugeben, dass die große Schwester die Filialleiterin Brünnhilde Kurtz war!

Noch während Schmoll und Katz die Fotos betrachteten, hob Irma ein Fax hoch: »Das ist vorhin vom technischen Labor gekommen. Erstens: Das Blut an dem Spaten stammt von der Leiche aus dem Kotzenloch. Zweitens: Das Haar, das ich auf dem Alten Friedhof von einem Holunderstrauch gepflückt hab, stammt von der Perücke, die Nutella auf dem Lemberg aufgestöbert hat. Das beweist: Die blondgelockte Person vom Weinblütenfest ist vorher auf dem Alten Friedhof gewesen. Dort haben dieses vermeintliche Mädchen und Frau Kurtz Fabian Knorr ein Päckchen Scheine aus der Beute in die Seitentasche seines Rucksacks gesteckt. Um ihn verdächtig zu machen!«

Katz machte langgezogen: »Wow!«

Schmoll lehnte sich zurück und sagte großmütig: »Los, Irma, mach weiter. Ich weiß zwar, was kommt, aber du hast den Braten gerochen und soeben unsre verklebten Augen geöffnet.«

Der Stein, der Irma vom Herzen fiel, war fast hörbar. Sie hatte es sich nicht einfach vorgestellt, ihre Kollegen zu überzeugen.

Nun beeilte sie sich, mit der Quintessenz ihrer Theorie herauszurücken: »Damit wären wir bei der Leiche vom Kotzenloch. Ich behaupte, der junge Mann, der dort zu Tode gestürzt ist oder möglicherweise schon vor dem Sturz erschlagen wurde, ist Frau Kurtz' ›kleine Schwester‹.«

Schmoll kratzte mit beiden Händen durch den Haarstoppelkranz, aus dem seine Glatze hervorwuchs. Er grämte sich nicht, weil ihm diese Idee nicht selbst gekommen war, sondern er bewunderte den Scharfsinn seiner jungen Kollegin. Er war ein umsichtiger, erfolgreicher Ermittler, der auch ohne Irma schon so manchen kniffligen Fall gelöst hatte. Aber er war fair genug, Irma ihren Erfolg, auch wenn es vorläufig ein Teilerfolg war, zu gönnen. Ihm schwante allerdings, dass die eigentliche Ermittlungsarbeit noch vor ihnen lag.

»Jedenfalls ist endlich eine Spur gefunden«, sagte er fast feierlich. »Vielleicht ist es die entscheidende Spur, die wir dringend brauchen. Sie führt nicht nur zu dem Bankraub und dem Tod des alten Engelhard, sondern auch zum Mörder des jungen Mannes aus dem Kotzenloch. Wenn die Leiche wirklich die ›kleine Schwester‹ sein sollte, dann müssen wir uns ohne Aufschub mit Brünnhilde Kurtz befassen.«

Schmoll zog die Augenbrauen gleichzeitig mit den Mundwinkeln hoch. »Unser cleveres Eichhörnle hat mich tatsächlich von der mysteriösen kleinen Schwester überzeugt.«

Katz stand auf der Leitung. »Ond wer hot die kloi Schweschter beziehungsweise den kloine Bruder totgschlage ond ens Kotzeloch gschmisse?«

»Das kann uns nur Frau Kurtz beantworten«, sagte Irma. »Und wenn sie es beantwortet hat, wissen wir wahrscheinlich auch den Grund, weshalb der Junge sterben musste.«

Nach diesem Satz fiel bei Katz der Groschen. Er schlug sich gegen die Stirn. »Mei Oma hätt jetzt zu mir gsagt: ›Du hosch a Gottesgab: Bisch a Rindviech ond woisch's net.‹«

Schmoll grinste und tröstete ihn: »Na, glücklicherweise ist das ja nicht immer so!« Zugleich arbeitete sein Hirn auf Hochtouren. Danach brachte er die Sache auf den Punkt: »Der alte Engelhard ist ihnen in die Quere gekommen, er war der Zeuge, den sie gefürchtet haben. Möglicherweise ist sein Tod nicht beabsichtigt gewesen, aber es war auf alle Fälle Totschlag.«

»I frag me bloß oins«, meldete sich Katz. »Warum send die zwoi nach dem Bankraub uff de Lemberg gange?«

»Das ist mir auch ein Rätsel«, gab Irma zu.

»Vielleicht um ein Alibi weitab vom Tatort zu haben«, sinnierte Schmoll.

»Dass sie von Zuffenhausen gekommen sind, wie sie mir auf dem Weinblütenfest weismachen wollten, war gelogen«, sagte Irma. »Sie sind direkt nach dem Raub mit dem Pendelbus vom Feuerbacher Rathaus auf den Lemberg gefahren. Ich hab heute Morgen endlich den Fahrer ausfindig ge-

153

macht. Er erinnert sich, kurz nach dem Fußballspiel zwei Personen, eine großgewachsene Frau und ein blondes Mädchen, zum Weinblütenfest chauffiert zu haben.«

Schmoll versuchte, die Tatbestände zu rekonstruieren: »Frau Kurtz, die bei dem Raub als Mann agiert hat, verschafft sich mit dem Besuch des Weinblütenfestes ein Alibi als große Schwester. Möglicherweise wollten sie ihre Beute im Wald verstecken. Dann hat es Streit um die Knete gegeben und der Mord ist wahrscheinlich im Affekt geschehen.« Da Irma und Katz nur nickten und nichts sagten, fuhr Schmoll fort: »So kann es gewesen sein! Aber nun müssen wir uns ein bisschen ruckzuck mit der Frage nach dem Motiv für den Mord befassen. Nur ein plausibles Motiv kann den Täter – oder die Täterin – entlarven.«

Er seufzte. Es klang wie ein tiefes Luftholen nach einem Dauerlauf. Irma kannte Schmoll gut genug, um diesen Seufzer richtig zu deuten. Es war sein Startschuss, nun endlich an eine Arbeit gehen zu können, die Erfolg versprach. Mit diesem Durchatmen pflegte er wichtige Entscheidungen einzuleiten.

Wie Irma vermutete, wurde ihr Boss im Handumdrehen umtriebig und verteilte seine Befehle.

»Es gibt eine Menge zu tun!«, stellte er mit energischer Betonung fest. Dabei rutschte sein Bass eine halbe Oktave tiefer und wurde entsprechend lauter. »Möglicherweise brauchen wir mehr Leute und müssen das Ding mit einer Soko durchziehen.« Er grinste hinterhältig und sagte zu Irma: »Aber vielleicht reicht es schon, wenn das Eichhörnle sein Köfferle packt, um Frau Brünnhilde Kurtz auf Mallorca aufzuspüren!?«

Auf Irmas Antwort: »Das halte ich für das Beste, und zwar sofort«, erfolgte kein Kommentar, sondern Schmoll griff zum Telefon und sprach ziemlich lange mit dem Staatsanwalt.

»Obwohl es eilt«, sagte er dann zu Irma, »fliegst du erst, nachdem wir hier noch zwei wichtige Termine erledigt haben. Zuerst solltest du dir die Leiche des Spargeltarzans aus dem Kotzenloch noch mal ansehen. Wenn du ihn als Frau Kurtz' angebliche kleine Schwester identifizieren kannst, dann bekommen wir von der Staatsanwaltschaft umgehend den Durchsuchungsbeschluss für die Kurtz-Wohnung. Nach einer Hausdurchsuchung werden wir wahrscheinlich ein paar Details mehr haben, die deine Reise notwendig machen und dir bei der Suche nach Frau Kurtz nützen könnten. Dem Amtshilfeersuchen für Mallorca wird dann auch nichts mehr im Wege stehen.«

Irma merkte wieder einmal, dass ihr Chef, sobald er ernstzunehmende Fäden in der Hand hielt, diese meisterhaft zu verknüpfen wusste und nichts dem Zufall überließ. Sie sah ein, dass die umgehende Hausdurchsuchung wichtiger war als eine überstürzte Abreise nach Mallorca.

Schmoll konnte sich nicht verkneifen zu bemerken: »Wenn ich nicht wüsste, dass du als Kommissarin ein absolut zuverlässiges Mädle bist, würde ich jemand anderen nach Palma schicken.«

»Keine Sorge«, sagte Irma munter, aber doch ein wenig verlegen. »Ich hoffe nur, du gestattest mir, Leo wenigstens Guten Tag zu sagen.«

»Wenn du dich daran hältst, dass das Vergnügen nach der Arbeit kommt, dann schon.«

»Okay.«

Irma wechselte das Thema, indem sie fragte, ob sich noch immer kein Anhaltspunkt über die Identität des jungen Mannes aus dem Kotzenloch ergeben hätte.

»Bisher nicht«, sagte Schmoll. »Die baden-württembergischen Melderegister und Datenbanken sind erfolglos durchgecheckt worden. Ich hab Anweisung gegeben, die Aktion aufs ganze Bundesgebiet auszudehnen. Da wir nur das Foto mit dem ausgeflickten Gesicht haben, wird es schwierig werden. Sobald die DNA feststeht, können wir prüfen, ob er bereits was auf dem Kerbholz hat und registriert ist.«

Obwohl es Irma grauste, die Kotzenloch-Leiche, die sie bei der Bergung gesehen und in beklemmender Erinnerung hatte, noch einmal zu besichtigen, fragte sie tapfer: »Und wann gehen wir in die Pathologie?«

»Nach dem Essen«, sagte Schmoll. »Erst brauche ich jetzt was zwischen die Zähne.«

Irma schluckte. »Na prima: erst Kantine, dann Pathologie! Wie kriegst du das nur immer hin, Schmoll?«

»Stell dich nicht so an!«, sagte er.

Schmoll beschloss, das Stäffele zu nehmen, das vom Präsidium über den Stuttgarter Weinwanderweg zum Robert-Bosch-Krankenhaus führte. Es war ein gut ausgebauter, steiler Treppenaufgang, bei dem sich Schmoll nie entscheiden konnte, ob er 264 oder 266 Stufen hatte, obwohl er sie bei jedem Aufstieg zählte. Diesen Treppenweg zwischen den Rebstöcken war Irma vor mehr als einem Jahr, als sie gerade erst nach Stuttgart gekommen war, das erste Mal hinaufgestiegen. Damals hatte Schmoll ihr von hier aus einen seiner Heimatkundevorträge gehalten und die zauberhafte Aussicht über Stuttgarts Täler und Höhen gezeigt. Irma hatte begonnen, die Stadt kennen und lieben zu lernen. An jenem Tag waren sie ebenfalls zur Pathologie unterwegs gewesen, zu der Leiche des jungen Industriellen Rolf Ranberg.

Irma war froh, auch heute Schmoll an ihrer Seite zu haben. Manchmal hatte er sie schon alleine in Dr. Bocksteins »heilige Hallen«, wie Schmoll die Pathologie nannte, geschickt. Nicht weil Schmoll keine Zeit gehabt hätte, sondern weil sich die beiden gestandenen Mannsbilder, Kriminalhauptkommissar Schmoll und Rechtsmediziner Dr. Bockstein, nicht grün waren. Bockstein ärgerte sich über Schmolls Ungeduld, mit der er die Untersuchungsergebnisse sofort oder früher verlangte. Und Schmoll verdächtigte Bockstein, mutwillig länger als erforderlich an den Leichen herumzuschnippeln, wie er sich ausdrückte, um sich wichtig zu machen. Schmoll wollte nicht einsehen, dass viele der Untersuchungen Zeit kosteten, und Bockstein wollte nicht einsehen, dass der Erfolg bei Schmolls Ermittlungsarbeit oft von schnellen Obduktionsergebnissen abhing. Zudem entschieden die rechtmedizinischen Resultate auch darüber, ob die Staatsanwaltschaft einen richterlichen Durchsuchungsbeschluss beantragte oder ob ein Verdächtiger dem Haftrichter vorgeführt werden konnte.

Irma amüsierte dieser Zwist, der nicht ganz ernsthaft, aber hartnäckig ausgefochten wurde. Sie war gespannt, was die zwei Herren sich diesmal wieder an die Köpfe werfen würden.

Darin wurde sie heute allerdings enttäuscht. Dr. Bockstein, der Hautfarbe und der Statur nach ein Massai-Krieger, obwohl sein Stammbaum in Bebenhausen verwurzelt war, bleckte freundlich sein eindrucksvolles Pferdegebiss.

Er begann bereitwillig, seine Untersuchungsergebnisse aufzuzählen: »Männlich. Etwa 25 Jahre. 163 cm groß. Sehr schlank, ohne unterernährt zu sein. Alle Organe unglaublich gesund. Die Todesursache ist nicht die Wunde im Genick. Er hat sein Leben auch nicht durch den Sturz ausgehaucht, sondern er ist verdurstet, während er im Gebüsch hing.«

»Er hätte doch um Hilfe rufen können«, sagte Irma leise.

»Vielleicht hat er es getan, bevor er ohnmächtig geworden ist«, sagte Dr. Bockstein. »Vielleicht hat er gerufen und es hat ihn niemand gehört oder hören wollen.«

Irma lehnte sich an die Wand. Jetzt bloß nicht umkippen, dachte sie. Wie kommt es nur, dass mir der Tod des jungen Mannes so nahe geht? Ist Verdursten schlimmer als erschossen oder erstochen zu werden? Ja, es ist schlimmer. Weil das Sterben länger dauert. Eventuell tagelang.

Irma hörte nun wieder Dr. Bocksteins Stimme: »Wie gesagt, innerlich fantastisch gesund. Äußerlich leider nicht mehr so hübsch, wie er wahrscheinlich gewesen ist, da er mindestens acht Tage lang hohen Temperaturen und gefräßigem Waldgetier ausgesetzt war. Aber sehen Sie selbst.«

Bevor Bockstein das Tuch von der Leiche ziehen konnte, hielt Irma ihn zurück und sagte flehend: »Ich möchte nur den linken Arm sehen.«

Bockstein nickte und schob freundlich zähnebleckend das Tuch von dem gewünschten Körperteil. Irma zeigte auf einen grüngoldenen Drachen, der vom Oberarm zum Ellenbogen kroch.

Sie sagte: »So ein Tattoo hat Frau Kurtz auch. Beide haben es mir am Sonntag, den 27. Juni, auf dem Lemberg gezeigt.«

»Aha«, sagte Schmoll etwas irritiert, weil ihm das neu war. Und an Bockstein gewandt: »Dann können Sie den jungen Mann wieder einschieben, Herr Doktor.«

Bockstein tat's, und Schmoll fragte, ob an der blonden Perücke Schweiß oder Hautpartikel von der Leiche gefunden worden seien.

Dr. Bockstein sagte, dass er die DNA-Analyse abwarten müsse, bevor er das mit Sicherheit sagen könne.

»Und wann ist mit den Ergebnissen zu rechnen?«, fragte Schmoll ungeduldig.

»Die Auswertung braucht ihre Zeit, werter Herr Hauptkommissar. Sie haben das Kerlchen ja erst vor zwei Tagen angeliefert. – Wisst ihr inzwischen, wer es ist?«

»Um das herausfinden zu können, fehlt uns die DNA«, sagte Schmoll giftig.

Dr. Bockstein lächelte.. »Ich hab meine Ergebnisse ans kriminaltechnische Institut weitergegeben, aber hexen können die auch nicht.«

Schmoll und Irma verließen das Areal des Robert-Bosch-Krankenhauses so, wie sie gekommen waren – über den Hinterausgang zu den Weinbergen – und machten sich auf den Abstieg über den Treppenweg.

Auf halber Strecke, als der Verkehrslärm von der Kreuzung am Pragsattel bereits lauter zu hören und die Abgase zu riechen waren, unterbrach Schmoll den Schweigemarsch: »Wenn nun auch die Verbindung zwischen diesem jungen

Mann und Frau Kurtz feststeht und es durchaus sein kann, dass sie gemeinsam die Bankfiliale ausgeräumt haben, wissen wir noch lange nicht, ob Frau Kurtz schuld an seinem Tod ist.«

»Ich habe sie an dem Tag, der als Mordtag in Frage kommt, zusammen in der Nähe des Tatortes gesehen!«, erinnerte Irma.

»Dass der Mord an diesem Tag verübt wurde, ist nicht bewiesen«, gab Schmoll zu bedenken. »Der Junge kann auch ein oder zwei Tage später umgebracht worden sein. Da ist doch auch noch die Grube im Dickicht! Hatte sein Mörder vor, ihn dort zu vergraben? Oder war der Junge noch quicklebendig und wollte dort selbst die Beute versenken?«

»Ich glaube«, überlegte Irma, »wenn die Beute dort versteckt werden sollte, ist es nicht dazu gekommen, weil sich aus irgendeinem Grund die Situation geändert hatte. Jedenfalls steht fest, dass der junge Mann alias kleine Schwester zusammen mit Frau Kurtz zum Weinblütenfest gekommen ist und sie es auch gemeinsam wieder verlassen haben. Ich vermute, dass die beiden an diesem Tag auch zusammen in den Wald gegangen sind. Aber in die Grube sollte die Beute und nicht der Junge. Das Loch hatte die Maße der Kühltasche.«

Schmoll blieb stehen, setzte sich auf eine Stufe. Irma, die sonst immer zu ihm hinaufschauen musste, blickte auf ihn herunter und sah fasziniert zu, wie sich das Wellblechdach über seiner Stirn bis über die halbe Glatze aufbaute.

Schmoll guckte zu Irma hoch und fragte: »Hast du gerade Kühltasche gesagt? Wieso Kühltasche? Gibt es noch mehr Geheimnisse, die du deinem Boss bisher verschwiegen hast?«

Irma grinste. »Du hast ja das Thema ›Schwestern auf dem Lemberg‹ immer sofort abgewürgt, ohne mir zuzuhören.«

»Also, jetzt raus damit: Was ist mit der Kühltasche?«

Irma setzte sich neben ihn auf die Treppe und blickte in die Richtung, in der der Lemberg lag.

»Die Schwestern hatten auf dem Weinblütenfest eine Kühltasche dabei. Darin sollten angeblich die Erdbeeren transportiert werden, die sie in ihrem angeblichen Kleingarten ernten wollten. Frau Kurtz hat diese Tasche nicht aus den Augen gelassen. Sie ist nervös geworden, als ich versehentlich mit dem Fuß daran gestoßen bin. Ich wette, da war das Geld drin.«

»Raffiniert«, brummte Schmoll. »Kühltasche als Geldtransporter! Aber jetzt mal ganz nüchtern: Das Geld ist verschwunden. Frau Kurtz hat sich aus dem Staub gemacht. Wir wissen nicht, wer der junge Mann ist, der bei Bockstein auf Eis liegt. Wir können nicht beweisen, dass Frau Kurtz den Jungen umgebracht hat. Was meinst du, warum sie es getan haben könnte?«

»Vielleicht um das Geld von dem Bankraub nicht mit ihm teilen zu müssen«, sagte Irma. »Oder damit es keinen Zeugen gibt. Aber ich frage mich ja selbst immer wieder, ob einer unbescholtenen Bankangestellten Raub und Mord zuzutrauen sind.«

Schmoll hatte damit mehr Erfahrungen.

Er behauptete, ohne zu zögern: »Merk dir eins, Irma – bei jedem Kriminalfall muss man jedem alles zutrauen. Sonst ist es ziemlich aussichtslos, Verbrechern auf die Spur zu kommen. Du musst Frau Kurtz finden, dann werden wir sehr rasch wissen, ob sie mit dem Raub oder mit dem Mord – oder mit beidem – etwas zu tun hat. Vergiss nicht, dass unser Verdacht bisher nur Theorie ist.«

Sie gingen weiter, beide schweigsam und in sich gekehrt. An diesem Tag waren weder Schmoll noch Irma in der Lage, sich für den Panoramablick über Stuttgart zu begeistern.

»Okay«, sagte Irma. »Ich fliege also nach Palma und versuche Frau Kurtz zu finden. Aber was nützt das? Sie wird mir nicht erzählen, wie sie ihre Bank ausgeräumt hat, und auch nicht, was anschließend im Wald passiert ist.«

»Du sollst sie ja auch nicht fragen, was sie vor ihrer Reise angestellt hat«, sagte Schmoll genervt. »Beobachte sie. Vielleicht fällt dir auf, dass sie mit Geld um sich wirft. Versuche, an Geldscheine zu gelangen, die sie ausgibt. Ein Teil der Scheine aus dem Bankraub ist registriert. Erst wenn wir solche Beweise haben, wird mir die Staatsanwaltschaft spanische Amtshilfe beantragen und einen internationalen Haftbefehl genehmigen. Auf alle Fälle muss dann die Polizei zugreifen und nicht du. Du bist sozusagen eine Vorhut – sei bitte nicht wieder so leichtsinnig wie bei deiner Jagd nach Frau Zuckerle in Cannstatt.«

Dazu äußerte sich Irma nicht, sie dachte nicht gern an die lebensgefährliche Situation, in die sie im vorigen Winter hineingeraten war. Stattdessen fragte sie Schmoll, ob er es für möglich hielt, dass man 250 000 Euro im Flugzeug ins Ausland schmuggeln konnte.

»Mit etwas Glück wahrscheinlich schon«, sagte er. »Aber man kann auch einen Teil der Beute in einem Haus verstecken. Morgen früh haben wir die Durchsuchungspapiere, dann gehen wir mit einem Trupp der Spurensicherung zum Feuerbacher Oberdorf und stellen Frau Kurtz' Bude auf den Kopf. Wenn mir dort nur ein einziger handfester Verdacht unterkommt, fliegst du mit dem nächsten Flugzeug nach Mallorca.«

Zehn

Dienstag, 6. Juli

An diesem Morgen wurde die Identität der Kotzenloch-Leiche geklärt. Der junge Mann hieß Erik Raabe. Er war 25 Jahre alt, ledig, gelernter Koch und arbeitslos. Sein letzter gemeldeter Wohnsitz war in Frankfurt am Main. Die Ermittlungen hatten ergeben, dass er keine Angehörigen hatte und in Heimen aufgewachsen war. Nach Erik Raabe wurde seit mehr als einem Jahr wegen Autodiebstahls und Fahrerflucht gefahndet. Er war in einem geklauten Opel unterwegs gewesen und nicht allzu weit gekommen. Auf dem Zubringer zur Autobahn war der Opel aus unerfindlichen Gründen in den Kofferraum eines Audis gefahren, was diesem sowie dem fast neuwertigen geklauten Opel erhebliche Blechschäden und der Fahrerin des Audis ein Schleudertrauma beschert hatte.

Als die Polizeistreife am Unfallort eintraf, war der Unfallverursacher verschwunden gewesen. Deswegen ging man davon aus, dass er unverletzt geflohen war. Da der Flüchtige ein halbes Jahr vorher wegen mehrfachen Taschendiebstahls registriert worden war, konnte durch den Vergleich seiner Fingerabdrücke aus dem Opel schnell festgestellt werden, um wen es sich handelte. Die Fingerabdrücke der unbekannten Leiche aus Stuttgart stimmten mit denen des gesuchten Autodiebes aus Frankfurt überein. Auf den Fotos der Datenbank war Erik Raabes Gesicht gut zu erkennen. Seine braunen Augen blickten melancholisch, die Lippen waren zu einem verhaltenen Lächeln verzogen. In seine runde Babystirn hingen schwarze Haarsträhnen.

»Ein hübsches Büble«, sagte Schmoll.

»Des Dumme isch nur«, sagte Katz, »mer wisse zwar nu, wer der Mann isch und wie er aussieht, aber no lang net, wer ihn ombracht het.«

Schmoll zuckte mit den Schultern. »Ich denke, das ist ein triftiger Grund, uns jetzt nach Feuerbachs Altstadt aufzumachen, um Frau Kurtz' Behausung zu inspizieren.«

Eine Stunde später rückte Schmolls Team zusammen mit drei Spurensicherern zum Haus von Brünnhilde Kurtz aus, um es nach allen Regeln der Kunst zu durchsuchen. Dass in dem Haus eine weitere Person gewohnt hatte, war eindeutig, weil in allen Räumen zweierlei Fingerabdrücke gefunden wurden. Die meisten davon gehörten vermutlich zu Frau Kurtz. Die anderen, von denen es nur wenige gab, da viele davon unverkennbar einer Putzaktion anheimgefallen waren, sollten mit denen des jungen Mannes, der in einem Kühlfach der Pathologie ruhte, verglichen werden.

Irma zeigte der Nachbarin Erik Raabes Fotos aus der Fahndungsdatei, und Frau Würmle-Brommer erkannte den jungen Mann, der bei Brünnhilde Kurtz gewohnt hatte. Sie behauptete, ihn noch am Morgen des letzten Sonntags gesehen zu haben.

Deswegen war es rätselhaft, dass sich in Frau Kurtz' Haus keinerlei Kleidungsstücke oder sonstige Dinge fanden, die auf einen männlichen Mitbewohner schließen ließen.

Wenn man von einigen Seltsamkeiten absah, wurde in dem Häuschen nichts Auffälliges und auch kein Geld aus dem Bankraub entdeckt.

Die Seltsamkeiten fasste Katz in dem Satz zusammen: »Isch des hier a Wohnung oder a Fitnessclub?«

In der oberen Etage befanden sich ein geräumiges Schlafzimmer und ein Bad. Diese Räume waren wie auch die Wohnküche im Parterre mit Mobiliar versehen, das man in einem schwäbischen Haushalt erwartete. Doch die Einrichtung des Wohnzimmers, das den großen Rest der Quadratmeter im Parterre einnahm, lag nicht im Normalbereich der Gutbürgerlichkeit. Außer einer wuchtigen schwarzen Ledercouch, die an einen Sarkophag erinnerte, waren verschiedene Geräte im Raum verteilt, die im Allgemeinen nicht in einem Wohnzimmer zu finden waren, dazu ein Fernseher mit Riesenbildschirm und eine augenscheinlich hochwertige Stereoanlage mit riesigen Lautsprecherboxen.

Verdrossen über so viele Ungereimtheiten in dieser Wohnung gab Irma einer einbeinigen Statue einen Faustschlag gegen den rotledernen Birnenkopf. Als das Ding zurückschlug, war sich Irma nicht sicher, wie das zugegangen war. Sicher war ihr nur ein blauer Fleck.

Einer der Spusis, der sportliche Egon, lachte. Irma fand das gar nicht lustig und rieb die schmerzende Stelle an ihrer Schulter.

»Du meine Güte!«, schimpfte sie. »Ich wollte mich eigentlich nicht mit diesem Monster anlegen.«

Egon grinste und erklärte: »So ein Standboxsack reagiert durch ein Reflexsystem wie ein echter Gegner.«

»Mach keine blöden Witze«, zischte Irma.

»Das ist kein Witz«, versicherte Egon. »Mit dem Ding kannst du deine Schlagkraft, aber auch deine Reaktion und Koordination optimal trainieren.«

»Nein danke!«, sagte Irma. »Aber vermute ich richtig, dass es sich bei der Lederbombe, die da von der Decke baumelt, um einen sogenannten Boxsack handelt?«

»Erraten!« Egon zwinkerte Irma zu. »Wenn man ihn zärtlich behandelt, ist er völlig ungefährlich.« Danach zeigte er zur Zimmerdecke. »Da oben ist 'ne Klimmstange. Vielleicht will Kollege Katz ein paar Klimmzüge machen? – Nein? – Oder eine Dehnübung an der Sprossenwand?«

Egon hängte sich an die oberste Sprosse und versuchte seine Sportlichkeit zu demonstrieren. Da ihn aber sein Spurensicherer-Overall behinderte, gab er auf und machte sich wieder an die Arbeit.

Schmolls Augen wanderten von dem Boxsack zu einer Vibrationsplatte und blieben an einem Ergometer hängen.

Er schüttelte den Kopf, als könne er nicht glauben, was er sah, und murmelte: »Wer zum Teufel trainiert hier?«

Irma sagte: »Na, wer wohl? Da die körperliche Konstitution des jungen Mannes aus dem Kotzenloch nicht auf sportliche Betätigungen schließen lässt, kann es nur Frau Kurtz sein.« Und nach einer Denkpause, bei der sie mit wütenden Bewegungen ihren Haarschwanz fester unter das Gummiband zwängte: »Obwohl ich mir beim besten Willen nicht vorstellen kann, wie diese seriöse Bankfilialleiterin auf einen Boxsack eindrischt.«

Das konnte sich auch keiner der Herren vorstellen, nachdem Irma das Jubiläumsfoto herumgezeigt hatte. Irma starrte gegen die Sprossenwand und meinte, dahinter das Gesicht der großen Schwester auftauchen zu sehen. Ein Gesicht hinter Gitterstäben.

Als sie mir auf dem Lemberg begegnet ist, dachte Irma, habe ich die Frau falsch eingeschätzt. Der Ärmel ihres Shirts war nur für einen Moment hochgerutscht. Wieso habe ich nicht gesehen, ob der Drache auf einem durchtrainierten Bizeps saß? Die Frau erschien mir weder dick noch besonders muskulös. Im Nachhinein habe ich ihren Körper wie den eines gutgenährten Fohlens in Erinnerung. Allerdings waren ihre Bewegungen zu träge, um sie mit einem Fohlen vergleichen zu können.

Irma entsann sich, wie die Frau die Kühltasche zwischen die Beine geklemmt hielt. In engen Hosenbeinen saßen stramme Waden. Waren das Muskelpakete gewesen?

Da der sportliche Egon inzwischen eine Etage höher gegangen war und im Moment keine sportfachlichen Auskünfte geben konnte, raunte Schmoll die Frage, die ihn umtrieb, dem Gnom zu, der ein Standboxsack war: »In welchem Maß entwickelt sich Muskulatur, die regelmäßig trainiert wird?«

»Ich werde Leo danach fragen«, antwortete Irma.

»Frag ihn auch, ob an solchen Geräten ein Training ohne Anleitung überhaupt möglich ist. Das würde mich persönlich interessieren.«

»Zu Befehl«, sagte Irma. »Ich werde ihn fragen.«

Sie versank in Gedanken an Leo, an seine Arme, die sie hochgehoben hatten, als ob sie ein Kind wäre. Sie dachte an seine Hände, die so zärtlich sein konnten. An sein übermütiges Lachen. An seine komische Frisur, die an ein gescheckes Kaninchenfell erinnerte. An das Grübchen in seinem Kinn, die einzige Gemeinsamkeit mit seiner Schwester Line. Irma dachte an Leo und daran, dass sie ihn bald wiedersehen würde. Auf Mallorca. Vielleicht schon morgen!

Plötzlich zuckte sie zusammen. Ein Tsunami aus Tönen raste aus den Lautsprecherboxen. Ein Heer von Streichern entfachte einen Feuersturm, brauste – summte, surrte wie ein Schwarm außer Rand und Band geratener Monsterinsekten. Unvermittelt wurde der Schwarm von Triumphschreien überstimmt. Eine Armee von Posaunen marschierte in den fiebrig summenden Schwarm hinein und stampfte über ihn hinweg. Die Insekten gerieten in Panik, duckten sich, winselten und verstummten.

Die Stille kam so abrupt, dass Irma meinte, in ein Loch zu fallen.

Wie aus weiter Ferne hörte sie Katz sagen: »I hab den Player ausgstellt.«

Irma hatte die Musik erkannt. Sie trat zu Katz an das Regal, in dem CDs aufgereiht standen. Hunderte.

»I ben mer fast sicher, dass da koi einzige Note, die Wagner je gschriebe hat, fehlt.« Katz zog einen Stapel mit dreizehn CDs, einer Gesamtaufnahme von *Der Ring des Nibelungen*, aus dem Regal und murmelte: »Rheingold. Walküre. Siegfried. Götterdämmerung.«

»Ich war noch nie in einer Wagner-Oper«, sagte Irma.

Das klang nicht, als ob ihr diese Bildungslücke peinlich wäre. Es klang ablehnend und trotzig.

Katz grinste. »I scho. Freiwillig gezwunge. – Als mei Oma no Statistin em Opernhaus gwä isch, da musst i en jede Generalprob, weil des nix koscht het.« Er hielt Irma eine DVD unter die Nase. »Falls du den Walküreritt net nur höre, sondern au sehe willscht, schieb i dir des Teil in de Fernseher.«

Irma schüttelte den Kopf. Die Härchen an ihren Armen stellten sich auf, als sie an die Musik dachte, die eben durch Frau Kurtz' Haus gerast war.

Als am Nachmittag die Durchsuchung beendet war und die Ermittler ins Präsidium zurückkamen, stand bereits fest, dass die Fingerabdrücke in Frau Kurtz' Haus zu Erik Raabe gehörten. Alle anderen Abdrücke stammten von Frau Kurtz, sie waren identisch mit denen, die man an ihrem Schreibtisch in der Bank sichergestellt hatte.

Während die Kollegen nach der gemeinsamen Besprechung schon in die Kantine gegangen waren, sah Irma, wie Schmoll in Fahndungsfieber geriet.

Nachdem er ein paar Mal im Raum auf und ab getigert war, fasste er seine Entschlüsse zusammen, indem er sie Irma so energisch und laut kundtat, als hielte er eine Volksrede: »Du bist die geeignete Person, die auf Mallorca nach Frau Kurtz fahnden wird. Du hast dich bei solcherlei Auslandseinsätzen bewährt. Zudem bist du ganz wild darauf, nach Mallorca zu fliegen. Auch wenn mir deine Gründe dafür nicht ganz in den Kram passen, werde ich darüber hinwegsehen. Dass du jemanden wie diesen Leo kennst, der fließend spanisch spricht und sich auf der Insel auskennt, ist auf alle Fälle günstig für die Ermittlungsarbeit.«

Irma nickte. »Dann rede mit dem Staatsanwalt. Ich hol uns inzwischen Kaffee.«

Schmoll griff zum Telefon und wollte den Staatsanwalt anrufen. Doch bevor die Verbindung zustande kam, legte er seine Stirn in Falten und den Hörer zurück. Er zweifelte plötzlich. Waren Erik Raabes Fingerabdrücke in Frau Kurtz' Wohnung Grund genug, ihr seine Ermordung zu unterstellen? Würde die Staatsanwaltschaft bei der jetzigen Beweislage, die nur auf Indizien basierte, beim BKA einen internationalen Haftbefehl beantragen? Schmoll war sich ziemlich sicher, dass ihm der Staatsanwalt nahelegen würde, erst einmal abzuwarten, ob Frau Kurtz nach ihrem Urlaub womöglich freiwillig nach Stuttgart zurückkam.

Es ist einfach noch zu früh, dachte Schmoll. Da Spanien Schengenstaat ist, werde ich zu gegebener Zeit ohne Aufschub die Amtshilfe bekommen. Nur nichts überstürzen!

Schmoll gestand sich ein, Irmas Hypothese immer noch nicht so richtig zu trauen. Diese kleine Schwester beziehungsweise der kleine Bruder oder Freund, oder was auch immer Erik Raabe für Brünnhilde Kurtz gewesen war, und das zwielichtige Leben, das er vorher geführt hatte, schien Schmoll zu undurchsichtig. Er wollte nicht riskieren, einen Fehlalarm einzuleiten. Andererseits wollte er Irma die Chance geben, der Sache auf den Grund zu gehen.

Als Irma mit dampfenden Kaffeebechern zurückkam, sagte Schmoll: »Die spanische Amtshilfe hat noch Zeit. Aber du fliegst trotzdem nach Mallorca, Eichhörnle. Dort nimmst du die Dame unauffällig unter die Lupe!« Er grinste hinterhältig. »Nebenher kannst du gleich deinen Fitnesstrainer observieren, ob er sich auch nicht mit schönen Urlauberinnen einlässt. – Um diesen Job beneide ich ihn!«

»Leo arbeitet auf Mallorca als Fitnesstrainer, weil er in Deutschland keine Anstellung als Sportlehrer bekommt«, stellte Irma klar.

Schmoll räusperte sich und begann ihr seinen Plan, den er soeben ausgetüftelt hatte, zu erklären: »Du fliegst morgen früh. Sobald du das Hotel gefunden hast, in dem die Dame Quartier bezogen hat, mietest du dich dort ein und beobachtest sie. Frag auch das Personal aus.«

»Ohne Amtshilfe der Spanier kann ich Frau Kurtz unmöglich finden. Ich hab keinen Zugang zu irgendwelchen Meldedaten der Hotels und außerdem kann es sein, dass sie gar nicht in einem Hotel wohnt, sondern sich auf einer Finca in einer gottverlassenen Gegend versteckt hält. Wenn sie das auf dem Kerbholz haben sollte, was wir vermuten, hätte sie verdammt nötig, erst mal abzutauchen.«

»Stell dich nicht so an. Du hast doch schon ganz andere Sachen herausgefunden. Dir wird schon was einfallen, wenn du erst dort bist.«

Irma zog Schmoll die Grimasse, die sie für solche Gelegenheiten für ihn bereit hatte und die im Wesentlichen aus gefletschten Zähnen bestand. »Wenn ich erst mal da bin, brauche ich vor allem einen Dolmetscher.«

Schmoll machte sein Bulldoggengesicht und fragte zynisch, ob sie sonst noch Wünsche hätte.

»Nein«, sagte Irma, »aber eine Idee.«

»Lass hören.«

»Vielleicht kann mir Aline, Leos Schwester, dolmetschen. Sie spricht spanisch und kennt sich auf der Insel und mit der Mentalität der Mallorquiner aus.«

»Willst du diese kleine Wilde mitnehmen?«

»Line gebärdet sich nur in ihrer Freizeit wild. Ernsthafte Aufgaben erledigt sie ruhig und mustergültig. Außerdem brauche ich sie nicht mitzunehmen, sie ist bereits seit voriger Woche in Palma.«

»Bekommt so ein frisch gebackener Azubi schon Urlaub?«

»Ihr Reisebüro hat sie dienstlich hingeschickt.«

»So, so«, brummte Schmoll und tätschelte seine Glatze. »Was macht sie denn da?«

»Sie soll an der Westküste Hotels auftun, die für Wandergruppen geeignet sind.«

»Wandern die Touristen nicht lieber an den gepriesenen Stränden vor dem Ballermann auf und ab?«

»Du hast keine Ahnung, Schmoll. An der Westküste und im Norden ist es gebirgig. Da gibt es Wanderwege über Bergkämme und durch Schluchten. So richtig was zum Kraxeln.«

»Das klingt, als wärst du schon dort gewesen.«

»Man kann sich auch aus Reiseführern und im Internet schlau machen.«

Schmoll rieb seine Denkerstirn, hinter der es momentan ziemlich chaotisch zuging. »Möglicherweise tappt der Mörder ja auch noch in Stuttgart rum«, knurrte er. »Vielleicht schnapp ich ihn, während du deiner Intuition auf der Insel nachrennst!«

Irma dachte, sie höre nicht recht. Sie war frustriert und enttäuscht von Schmolls Wenns und Abers. Schließlich wusste er seit der Durchsuchung des Kurtz-Hauses, dass man die Frau verhören musste. Wurmte es ihn nun doch, diese Spur nicht selbst gefunden zu haben?

Es war nicht Irmas Art, mit Erfolgen anzugeben, aber nun warf sie ihre Mähne in den Nacken und sagte sehr bestimmt: »Meine Intuition hat bekanntlich schon manchmal dazu beigetragen, einen verzwickten Fall zu lösen!«

Schmoll sah sie an, etwas belustigt, aber nicht spöttisch, und brummte: »Woran das wohl liegen mag?«

»Das liegt daran, dass ich verzwickt denke.«

Spätabends, nachdem Irma ihren Flug übers Internet gebucht und alle Unterlagen des Kotzenloch-Mordfalles noch einmal durchgesehen und überdacht hatte, als endlich auch ihr Rucksack gepackt war und sie gerade ins Bett kriechen wollte, klingelte das Telefon.

»Nett, von dir zu hören, Mam, aber findest du nicht, dass es schon ziemlich spät ist? Ich sollte jetzt schlafen gehen, weil ich morgen sehr früh zum Flughafen muss. – Nein, ich hab keinen Urlaub. Eine Dienstreise. – Das findest du komisch: Dienstreise nach Mallorca? Ich erkläre dir das, wenn ich zurück bin. Jetzt würde es zu lange dauern. Außerdem darf ich nicht über laufende Ermittlungen sprechen. – Nein, auch nicht mit meiner Mutter.«

Und da Mama nichts aus Irma herauskriegte, sprudelte sie nun erst mal hervor, was Kai-Friedrich ihr am heutigen Tag alles geboten hatte: Bummel durch die Baden-Badener Einkaufsmeile (»Kai-Friedrich hat mir eine Handtasche gekauft und dazu passende Schuhe. Beides von Joop«). Lukullisches Mittagsmenü im feinsten Restaurant des historischen Stadtkerns. »Und nach gemeinsamem Mittagsschläfchen haben wir bis zum Abend die Annehmlichkeiten der Caracalla-Thermen genossen.«

»Klingt alles wunderbar«, sagte Irma, unterdrückte ein Gähnen und hörte Mamas Stimme, die sprudelte wie die Thermen in Baden-Baden.

Bevor Irma endlich auflegen konnte, schrie Mama in den Hörer: »Und morgen gehen wir ins Casino!«

Elf

Mittwoch, 7. Juli

Leo hatte Irma gemailt, er könne sie leider nicht abholen, da er seine Aerobic-Gruppe auf einen Ausflug nach Alcudia begleiten müsse. Aber er würde Line zum Flugplatz schicken. Line habe auch bereits ein Zimmer für sie besorgt.

Irma hatte gar nicht daran gedacht, eine Unterkunft zu buchen, da sie davon ausgegangen war, bei Leo zu übernachten. Sie war sauer, weil Leo sie nicht abholte, und enttäuscht, dass sie in einem anderen Hotel schlafen sollte.

Die Boeing landete kurz vor 11 Uhr mit leichter Verspätung in Palma. Vom Gate aus begann ein kilometerlanger Marsch über Treppen und auf Laufbändern zur Ankunftshalle.

Irmas Missmut über Leo schwand, als Line ihr entgegengerannt kam, sie in die Arme schloss und willkommen hieß. Line hatte einen Sonnenbrand auf der Nase. Eine zusätzliche Farbnuance zu ihren zitronen-, karotten- und spinatfarbenen Haaren, die wie immer in alle Richtungen standen. Ihr orangefarbenes Schlabbertop war mit knallbunten Figuren und Zeichen bedruckt.

»Aha«, sagte Irma, »du trägst jetzt Klamotten mit Joan-Miró-Motiven. Hatte der nicht sein Atelier irgendwo an dieser Küste?«

Line nickte. Ihre Augen, rund und goldgelb wie Eulenaugen, strahlten. Sie drückte ihren fast nicht vorhandenen Busen gegen Mirós surrealistische Kunst, sagte: »Cool, gell!?« und dann: »Das Zimmer, das ich dir reserviert habe, ist in Cala Major. In dem Hotel, wo ich auch wohne. Es liegt ein paar Kilometer westlich von Palma.«

»Und wie kommen wir nach Cala Major?«

»Wir können ein Taxi nehmen oder den Flughafenbus, der braucht allerdings länger, weil er unterwegs an verschiedenen Hotels die Leute auslädt.«

Irma entschied sich für den Bus. Er wurde soeben von den eingeflogenen Touristen gestürmt. Irma und Line erwischten mit Ach und Krach die zwei letzten Plätze nebeneinander.

»Ich hab heute frei«, sagte Line. »Wir werfen nur das Gepäck in dein Zimmer, und dann machen wir uns einen schönen Tag.« Und als der Bus anrollte, begann Line unverzüglich ihre Reiseleiter-Weisheiten auszupacken: »Wir fahren über die Küstenstraße, auf der *Autopista de Llevant*. Sie führt entlang der Bucht von Palma.«

Da der Geräuschpegel der urlaubsfreudig-aufgeregten Touristen ständig an- und abschwoll, verstand Irma zeitweise von Lines Vortrag nur die Hälfte.

Gerade wollte sie Line scherzhaft vorschlagen, sich nach vorn neben den Fahrer zu setzen und das Mikro zu benutzen, da schrie Line: »Augen nach rechts! Die Kathedrale! Kulturhistorisches Highlight von Palma. Glanzstück gotischer Architektur!«

»Wieso Gotik?«, fragte Irma. »Mir scheint, der Kasten ist etwas gedrungen. Da fehlen doch die himmelstürmenden Türme wie beim Ulmer Münster und dem Kölner Dom.«

»Diese Kirchen in Ulm und Köln sind vielleicht von außen eleganter«, sagte Line und schien persönlich beleidigt. »Aber bevor du die *Sa Seu* von innen gesehen hast, kannst du gar nicht mitreden. Das Hauptschiff ist genauso hoch wie das des Kölner Doms, aber wesentlich breiter, und es gibt Seitenkapellen, da bleibt dir die Luft weg. In dem warmen südlichen Licht strahlen die farbigen Fenster und die berühmte Rosette, als wären sie aus Edelsteinen zusammengesetzt.«

Irma antwortete nicht darauf, weil sie nach der anderen Seite schaute. Das Meer! Der Hafen mit tausend Schiffen, darunter Kreuzfahrtriesen, so groß wie Hochhäuser.

Als sie von der *Autopista* abbogen, erklärte Line: »Sonst fahren die Zubringerbusse über die Umgehungsstraße um

Palma herum, aber heute werden einige Gäste in Hotels der Altstadt abgeladen.«

Und schon holperte der Bus durch so enge Gassen, dass es Irma schleierhaft war, wieso er nirgends aneckte.

Nach einer reichlichen Stunde und vielen Haltepunkten erreichten sie gegen halb eins endlich das Quartier Cala Major. Der Bus hielt vor einem Betonsilo, das sich zwischen andere ähnliche Bettenburgen zwängte. Irma war enttäuscht.

Ihre Stimmung fiel auf den Nullpunkt, als sie in ihrem Zimmer die Vorhänge von den Fenstern zog und statt aufs Meer gegen die Fassade eines fünfstöckigen Hotels blickte.

Line sagte: »Ich gebe zu, dass Cala Major nicht die romantischste Ecke von Mallorca ist, aber die Zimmer sind preiswert. – In Cala Major regiert der Massentourismus. Junge Leute, die wenig Geld für ihre Unterkunft ausgeben wollen, finden hier ihren Spaß.«

»Wo gibt's hier Spaß?«

»In El Terreno. Liegt ganz in der Nähe. Dort kann man durchfeiern. Reges Nachtleben nennt man das!«

»Ich werde keine Zeit für reges Nachtleben haben«, sagte Irma.

Line verteidigte den Ferienort: »Bevor diese Gegend vom Tourismus erobert wurde, hatte an dieser Bucht sogar der spanische König seinen Sommersitz. Und hoch oben über der Küste liegt das ehemalige Atelier von Miró! Er hat seine Villa verlassen, als ihm die Sicht aufs Meer verbaut werden sollte.«

»Du meine Güte, Line!«, sagte Irma. »Du quasselst los, als wärst du meine private Reiseleiterin.«

»Bin ich ja! Ich will dir ein bisschen was bieten. Dir die Insel näherbringen, sozusagen. Deswegen schlage ich vor, du packst erst heute Abend aus, und wir fahren jetzt sofort aus dieser touristisch-sozialen Talsohle an Mallorcas Schickeria-Gestade.«

Ehe sich Irma versah, saß sie wieder in einem Bus. Diesmal in einem Linienbus. Nach nur zwei Kilometern erreichten sie Illetas. Auch hier waren die Hänge dicht bebaut, aber nicht mit Bettenburgen, sondern mit komfortablen Appartements und Villen, die sich zwischen Pinien und Palmen schmiegten. Der angrenzende Nobelort hieß Bendinat.

Line zeigte im Vorüberfahren auf ein Hinweisschild, auf dem *Lindner-Hotel* stand. »In diesem Wellness-Tempel arbeitet Leo«, sagte sie. »Auf der Rückfahrt steigst du hier aus. – Jetzt zeige ich dir den Yachthafen Porto Portals. Dort, in den Gefilden der Reichen und Schönen, wird der Luxus zur Schau gestellt. Wir werden die Kaimauer entlangschlendern und unseren sozialen Neid pflegen. Danach gehen wir was essen. Willst du ins *Tristan*?«

»Falls diese Kneipe nach dem Tristan von der Isolde benannt ist und dort womöglich musikalische Berieselung geboten wird – mit Wagner-Opern habe ich zurzeit gewisse Probleme.«

Line lachte. »Das *Tristan* ist ein Nobelrestaurant. Es gehört dem deutschen Sternekoch Gerhard Schwaiger.«

»Nie davon gehört«, sagte Irma. »Glaubst du wirklich, ich habe Lust auf Nobelrestaurants und Sterneköche?«

»Ich wollte dich ja nur informieren«, sagte die angehende Reiseleiterin Line. »Ich werde dich in ein hübsches kleines Lokal mit erschwinglichen Preisen führen.«

»Eigentlich bin ich dienstlich hier und nicht zum Einkehren in hübsche kleine Lokale«, sagte Irma.

»Daran, dass die Frau Kripokommissarin ihr Pflichtbewusstsein nicht zügeln kann, habe ich auch schon gedacht.« Line klopfte auf ihre Tasche. »Wir werden nebenher mein Material durchnehmen. Ich hab dir eine übersichtliche Inselkarte und einen Land- und Leuteführer mitgebracht.«

Kurze Zeit später saßen Irma und Line in einem kleinen Terrassenrestaurant mit Blick auf den Hafen.

»Oh nein«, sagte Irma, während sie den ersten Schluck eiskaltes »agua con gas« nahm und sich genüsslich über die Tapas hermachte, die Line mit Fachkenntnis ausgesucht hatte. »Oh nein – das ist ja irre, wie sich da unten die Millionenyachten drängeln. Der Hafen sieht aus wie eine Autozentrale, wo die Limousinen in Reih und Glied zum Verkauf stehen. Auf was warten die eigentlich?«

»Wer?«

»Die Yachten.«

Line kicherte. »Diese Luxusdinger liegen hier halt rum. Ihre Besitzer verlangen nicht viel mehr von ihnen, als stolz auf sie sein zu dürfen. Die meisten der Edelkähne werden nur einmal im Jahr benutzt. Vielleicht wenn ihr Eigner eine neue Freundin beeindrucken will.«

Irma knurrte: »Geldsäcke!«

Trotzdem fand sie es herrlich hier oben. Sie genoss die Aussicht übers Meer und auch den spanischen Eintopf aus Reis, Lammfleisch und Gemüse. Lines Geplapper und der Blick über die Bucht ließen Irma die Zeit vergessen. Sie entspannte sich und blickte nicht mehr so oft auf die Uhr. Aber als ihr der Kopf auf die Brust fiel und sie fast eingeschlafen wäre, riss sie sich am Riemen und schüttelte ihre wohlige Trägheit ab.

Sie sah nach der Uhr, erschrak und fragte Line: »Hattest du nicht gesagt, Leo käme gegen vier Uhr von dem Ausflug mit diesen Aerobic-Leuten zurück?«

»Ich denke, eher früher, damit seine Damen sich noch frisch machen können, bevor sie ihren Fünf-Uhr-Tee nehmen.

»Seine Damen! Hoffentlich stör ich ihn nicht«, sagte Irma bissig.

»Red keinen Nonsens, Irma. Er freut sich auf dich wie ein Steckenpferd.«

»Honigkuchenpferd«, korrigierte Irma mürrisch.

»Nimm doch nicht alles so genau.«

Sie fuhren mit dem nächsten Bus zurück.

Um halb vier stieg Irma vor dem Hotel *Lindner* aus und Line winkte und rief: »Bis bald dann und grüß mir meinen großen Bruder!«

Irma betrat das riesige Hotelareal, marschierte zum Eingang der Empfangshalle und durchquerte einen ziemlich düsteren Raum, in dem alles, von den Möbeln bis zu den Bildern an den Wänden, auf Kolonialzeit getrimmt war. Auch der Hotelgarten war in afrikanischem Flair gestaltet. Die darin verteilten Sauna- und Fitnessgebäude waren Rundhütten nachempfunden, aber hochmodern ausgestattet. Es gab einen Beauty- und Spa-Bereich mit allen einschlägigen Angeboten. Dazu Fitness-Oasen mit Ausdauer- und Kraftgeräten, mehrere Pools im Garten und in Hallen, und Gaststätten, die afrikanische Spezialitäten anboten. Direkt an dieses kolonialistische Ambiente, das, wie Irma fand, den mediterranen Charme der Insel ruinierte, schlossen sich riesige Golf- und Tennisanlagen an. Zurzeit lagen sie verwaist, weil es zu heiß für sportliche Betätigungen war. Einige Gäste lagen an den Pools, andere warteten unter den Baldachinen vor den Restaurants auf die englische Teestunde.

Hinter einer Glasfassade lag der Speisesaal. Aha, dachte Irma, hier laben sich die erlauchten Gäste heute Abend am afrikanischen Büfett. Nicht an Hirsebrei, sondern an kolonialistisch Außergewöhnlichem. Vielleicht gibt es Elefantengulasch oder Gazellenfilet. Duftete es da nicht nach jungem Warzenschwein am Spieß?

Irma ließ das künstliche Afrika hinter sich und ging zurück zum Eingangsbereich. Dort setzte sie sich auf dem Vorplatz neben einen Brunnen, der von bronzenen Reihern bewacht wurde. Sie wartete auf Leo.

Sie hatte ihn seit drei Monaten nicht mehr gesehen. Telefonieren oder SMS schreiben reichte einfach nicht, wenn man allmählich vor Sehnsucht trübsinnig wurde.

Ein Hotelboy, der vorübereilte, sagte freundlich: »Bon dia.«

Irma vergaß zurückzugrüßen, weil ein hoteleigener Kleinbus auf den Parkplatz fuhr. Sie erkannte Leo am Steuer und geriet vor Glück fast in Panik. Sie hatte nicht mehr gewusst, wie gut er aussah. Seine geschmeidige Bewegung, mit der er aus dem Bus sprang! Seine Haut wie matte Bronze. Wie er lachte und seine kräftigen Zähne blitzten. Irma sprang auf und wollte winken. Aber die bereits gehobene Hand sackte herunter, als nun etwa ein Dutzend sehr junge, sehr hübsche und sehr fröhliche Damen aus dem Bus drängten und Leo umringten. Sie umkreisten ihn mit einem Tanz, einer choreografierten Gymnastik. Dazu sangen sie laut und übermütig eine Melodie im Cha-cha-cha-Rhythmus. Als das endlich vorüber war, wurden Leo unter viel Gelächter und Bussis exotische Blumen und bunte Päckchen überreicht. Jeder Kuss und jede Umarmung, die er entgegennahm, versetzte Irma einen Stich. Wenn Leo diese netten Gesten lachend erwiderte, wurden die Stiche noch schmerzhafter. Irma presste die Augen zu. Als sie sie wieder öffnete, war die Show vor dem Hotel beendet und Leo samt den Aerobic-Damen verschwunden.

Irma war im Begriff, fluchtartig ihren Spähposten zu verlassen, da klingelte ihr Handy.

»Hallo, Irma, wo steckst du? Ich bin an der Hotelhalle und warte auf dich.«

Irma sagte: »Dann warte weiter!«, drückte die Aus-Taste und rannte zur Straße. Rannte ohne Ziel bergab, während ihr Handy klingelte und klingelte. Endlich winkte sie ein Taxi heran und ließ sich auf den Rücksitz sinken. Das Handy klingelte immer noch. Obwohl sie es gar nicht wollte, nahm sie ab.

»Irma, wo bist du? Ich hol dich ab. Sag einfach, wo? Ich …«

Irma hörte den Satz nicht zu Ende, sie hätte auch nicht antworten können, weil ihr Hals zu eng war. Und ins Telefon heulen, diesen Triumph würde sie ihm nicht auch noch gönnen.

Das Taxi fuhr los. Das Handy ging auf Dauerton. Der Fahrer drehte sich um, sagte nichts, aber Irma sah ihm an, wie genervt er war.

Also nahm sie ab und schrie: »Lass mich in Ruhe, verdammt noch mal!«

Bevor sie die Taste fand, um das Handy ganz auszustellen, begriff sie, dass es diesmal Schmolls Stimme gewesen war. Deswegen nahm sie beim nächsten Klingelton ab.

»Was ist denn los bei den Spaniern?«, grollte Schmolls Bass. »Warum schreist du mich so an? Ich wollte doch nur hören, ob du gut angekommen bist.«

Irma schnappte nach Luft. »Ich ruf dich morgen zurück«, schnaufte sie atemlos. »Bis bald.«

»Klack und weg«, sagte Schmoll und sah ratlos auf den Hörer. Er überlegte, ob er sich Sorgen machen musste.

Derweil klingelte Irmas Handy erneut, und weil sie inzwischen ein schlechtes Gewissen beschlich, weil sie Schmoll so Knall auf Fall abgewimmelt hatte, hob sie ab.

»Hallo, Irmchen! Hier ist deine Mama. Deine Mama ruft aus Baden-Baden an. Ich komme gerade mit Kai-Friedrich aus dem Casino. Du wirst es nicht glauben: Ich habe 186 Euro gewonnen! 186 Euro in einer halben Stunden bei nur zehn Euro Einsatz!«

Irma warf das Handy aus dem Fenster und meinte das Knirschen zu hören, als das folgende Auto darüberfuhr. Es war ein Reflex gewesen, auf jeden Fall aber ein Kurzschluss. Verdammt, dachte sie, habe ich mich überhaupt noch unter Kontrolle? Handy aus dem Autofester werfen? Wer tut denn so etwas? Ich doch nicht!

Sie sah den erschreckten Blick des Taxisfahrers im Rückspiegel, zuckte mit den Schultern, lächelte ihn an und sagte: »Ist alles okay, señor!«

Im Hotel hätte sie sich am liebsten wie ein hysterisches Weibsbild aufs Bett geworfen und geheult. Sie nahm sich zusammen und versuchte, ihren Frust wegzuduschen. Es gelang ihr nicht.

Sie zog Joggingschuhe und Shorts an und rannte zum Meer. Aber dort gab es nicht mal eine Promenade zum Joggen, und der Sandstrand war viel zu kurz, um auch nur in Schwung zu kommen. Irma lief zurück zur Straße, die sich durch Cala Majors Bettenburgen schlängelte. Die Straße war nach Joan Miró benannt, dessen verlassenes Atelier irgendwo hoch oben in den angrenzenden Bergen lag. Vielleicht auf dem Berg, der neben der Straße senkrecht in den Himmel emporstieg und von einer steinernen Stützmauer gehalten wurde. In diese Mauer waren fast unsichtbar Treppen eingebaut. Irma lief im Zickzack himmelwärts und rannte im Zickzack wieder hinunter. Nach dem dritten Sturm auf den Mauerkamm nahm sie sich endlich Zeit, übers Meer zu sehen. Links reichte der Blick bis Palma und rechts weit über Illetas und Portals Nous hinaus. Irma schnaufte und schwitzte von dem mörderischen Treppenlauf, aber die Aussicht verzauberte sie. Sie atmete tief durch und fühlte sich besser. Der Wind war warm und sanft und roch nach Meer und Fischen. Durch den Himmel, so unverschämt blau, wie sich das im Süden gehörte, schossen Möwen. Sie kreischten wie Autoreifen in Kurven, stießen herab auf den jetzt verlassenen Strand und stritten sich um Abfälle der Touristen. Irma hatte die Ellenbogen auf die Mauer gestützt und schaute und schaute, dachte, wie schön doch alles sein könnte, wenn ...

Unversehens lehnte sich ein sonnenverbrannter Jüngling, in weiße Bermudashorts und ein blumenübersätes Hawaiihemd gekleidet, neben sie. Irma ordnete ihn in die Schublade »typischer Mallorca-Single-Urlauber« ein. Obwohl er penetrant nach Sonnenöl und Schweiß stank, erwiderte sie sein einschleimend-joviales »Hallo«. Sie war froh, mit jemanden reden zu können, um nicht dauernd an Leo denken zu müssen.

Nach kurzem Geplänkel: »Wo kommst du her?« – »Seit wann bist du hier?« – »Hast du heute Abend Zeit?« – »Disko oder Ballermann?« –»Gibst du mir deine Handynummer?« – »Du hast dein Handy weggeworfen? Spinnst wohl? Dann eben nicht.« – Der Jüngling ging von dannen.

»Tschüss denn«, sagte Irma und joggte die Mauer hinunter zum Hotel

Heutzutage, dachte sie, fragt man nicht mehr nach dem Namen, sondern nach der Handynummer. Wir sind Nummern.

Im Hotelfoyer saß Aline und blickte Irma erwartungsvoll entgegen.

»Was willst du schon wieder?«, fragte Irma ziemlich unfreundlich.

»Leo schickt mich. Ich soll dich fragen, warum du sauer bist.«

Irma schluckte. »Kannst du mich nicht einfach in Ruhe lassen?«

Als sie Lines betroffenes Gesicht sah, bereute sie, pampig gewesen zu sein. Schließlich hatte Line keine Schuld an dem Benehmen ihres Bruders. Und sie konnte auch nichts dafür, dass sie, Irma, von diesem Bruder bitter enttäuscht war und deswegen schlechte Laune hatte.

Line schob ihr Glas zu Irma: »Hier, nimm mal 'nen Schluck Wasser. Wie du dreinschaust, hat die Lauferei dein seelisches Ruinenfeld nicht aufbauen können. Also, lass hören, was dich auf die Palme gebracht hat.«

Irma erzählte von der Küsserei, die Leo vor dem Hotel mit der weiblichen Aerobic-Mannschaft veranstaltet hatte.

Und dann sagte sie wütend, aber mit wackliger Stimme: »Wenn so viel Intimität mit seinen Schülerinnen zu den Aufgaben eines Fitnesstrainers gehört, dann muss er auf mich verzichten.«

Line tippte sich an die Stirn und wühlte dann mit allen zehn Fingern unter ihrer buntgescheckten Stoppelfrisur. »Also, Intimität ist ja wohl was anderes!«, sagte sie gereizt. »Das sollte Frau Kommissarin zu unterscheiden wissen. Bei dem, was du beobachtet hast, Irma, handelt es sich doch höchstens um Freundschaft und Alberei. Hier auf der Insel wollen die jungen Leute Spaß haben und unbeschwert ihren Urlaub genießen. Und es gehört meines Erachtens tatsächlich zu den Aufgaben eines Animateurs oder Trainers, auf dieses Verlangen nach Vergnügen und Unbeschwertheit einzugehen. Natürlich gibt es auch Trainer, die das übertreiben, um in den offenen Armen von Singles zu landen. Aber Leo, dafür halte ich meine Hand ins Feuer, gehört nicht zu denen. Er ist kein Spaßverderber, aber er weiß, wie weit er gehen kann.«

»Dass du deinen Bruder in Schutz nimmst, ehrt dich, Line. Aber mir ging das zu weit. Basta!«

»Lass mich gefälligst ausreden!«, sagte Line und goss Mineralwasser nach. »Ich denke mir, das war eine Ausnahmesituation: Erstens hat Leo heute Geburtstag, zweitens war es der letzte Tag mit der Aerobic-Gruppe, weil die Mädels morgen heimfliegen. Und drittens, sei nicht so idiotisch eifersüchtig, das steht dir nicht!«

Line versuchte, ein strenges Gesicht zu ziehen, was durch ihre Stupsnase und kugelrunden Eulenaugen mal wieder gänzlich misslang.

Und während Irma nun sagte, dass sie gar nicht gewusst habe, wann Leos Geburtstag sei, und sich total bekloppt vorkam, sagte Line: »Dann geh erst mal rauf und dusch dich. Du stinkst. Ich versuche, Leo dein Problem zu erklären, und schick ihn dann zu dir.«

Irma folgte Lines Rat wie ein gescholtenes Kind, das nun brav sein wollte.

Nach der Dusche saß sie mit nassen Haaren und in ein Badetuch gewickelt auf dem winzigen Balkon und starrte gegen die geschlossenen Fensterrollos des Nachbarhotels. Leo hat heute Geburtstag, dachte sie. Wenn ich nicht mal weiß, wann er Geburtstag hat, was gibt mir dann ein Anrecht, ihn für mich allein haben zu wollen? Wir kennen uns einfach noch zu kurz, um genug voneinander zu wissen. Wir hatten bisher viel zu wenig Zeit füreinander. – Habe ich meinen Vorsatz, mich nie mehr an einen Mann zu binden, gänzlich vergessen? Wieso denke ich, Leo würde mir gehören? Ich bin altmodisch, und wenn es um Männer geht, schlicht von vorgestern! Warum bin ich nicht fähig, Liebe für eine gewisse Zeit zu genießen, ohne immer gleich ans gemeinsame Altwerden zu denken? Ich sollte mir in dieser Hinsicht Mam als Vorbild nehmen. Sie nimmt die Liebe mit, wo sie sie findet. Ist glücklich, solange sie währt. Und sobald sie ein

Ende kommen sieht, schielt sie mit ihren hübschen Augen nach dem nächsten Kerl.

Ein Klopfen, ihr Erkennungszeichen, das sie und Leo Urwaldtrommel nannten, ließ sie aus ihren Gedanken schrecken. Sie brauchte ein paar Sekunden, bis sie sich entschloss zu öffnen. Als sich das Klopfen nicht wiederholte, überfiel sie Angst, er wäre wieder gegangen. Sie sprang hoch, rannte zur Tür und riss sie auf.

»Leo!«

»Hallo, Irma«, sagte er leise. »Du bist wunderschön.« Da erst merkte sie, dass sich das Badetuch verselbständigt hatte und sie splitternackt vor ihm stand.

»Ich hätte jetzt zu nichts so viel Lust, als dich aufs Bett zu schmeißen«, sagte Leo.

»Dann tu's doch. Bitte!«

Eine Stunde später fuhren Irma und Leo mit dem Lift herunter ins Hotelfoyer. Der Portier wedelte mit einem Zettel, den Line an der Rezeption hinterlegt hatte:

»Hola, ihr beiden Turteltauben! Com anem? Balzt ruhig weiter. Ich bin auf mein Zimmer gegangen, damit ihr ohne Aufsicht ein paar Stunden verliebte Nasenlöcher machen könnt. Habe noch zu arbeiten und möchte nicht gestört werden! Line.«

Leo grinste. »Die Kleine hat uns freigegeben«, sagte er. »Ich hatte sie eingeladen mitzukommen. Jetzt müssen wir uns eben allein ins Nachtleben von Mallorca stürzen.« Er legte seinen Arm um Irmas Schulter, steuerte zum Parkplatz, öffnete die Beifahrertür eines nagelneuen weißen Fiat 500 und machte eine einladende Geste. »Bitte steigen Sie ein, gnädige Frau.«

»Wow«, machte Irma. »Seit wann hast du ein Auto?«

»Ist nur ein Leihwagen. Zur Krönung des heutigen Tages gemietet. Zu Ehren deiner Ankunft auf der Insel.«

»Wo fahren wir hin? Es ist ja schon gleich acht.«

»Das Ziel ist eine Überraschung. Ganz romantisch.«

»Ich hab Hunger«, sagte Irma sehr unromantisch.

»Ich auch«, sagte Leo. »Können wir es noch eine halbe Stunde aushalten?«

Irma lachte und nickte. Sie setzte entschuldigend hinzu: »Manche Sachen, die mir guttun, machen mich eben hungrig: joggen und auch …«

Leo fuhr auf die Autobahn Ma-1 Richtung Westen. Irma lehnte sich in dem Autochen zurück und genoss es, zwischen Pinien und Palmen entlang eines Mittelstreifens mit blühenden Oleanderbüschen spazieren gefahren zu werden. Nach einer knappen halben Stunde waren sie in Peguera. Nachdem sich Leo geschickt durch diesen verwinkelten Touristenort, den er eine Hochburg deutscher Urlaubsfreuden nannte, gefädelt hatte, erreichten sie die exklusive Ferienanlage *Cala Fornells*. Leo stellte den Fiat auf den Parkplatz in einem Pinienwald, hob eine Einkaufstüte aus dem Kofferraum und dirigierte Irma über einen Trampelpfad durch den Wald. Als der sich öffnete, blieb Irma stehen und hielt die Luft an. Sie suchte nach einem Wort, das dieser Aussicht gerecht werden könnte. Sie fand es nicht, lehnte sich an Leo und entließ einen Glücksseufzer.

»Wir sind da«, sagte er. »Meine Privatbucht.«

Vor ihnen glitzerte zwischen Felsenklippen glasklares Wasser. Sie liefen über weiße Kiesel bis zu einer flachen Felsplatte, die wie ein Steinpodest am Strand lag.

Leo stellte die Tüten darauf und sagte: »Hier picknicken wir!«

Er grinste. »Diese Bucht ist nachts so einsam, dass wir nach dem Essen noch andere schöne Sachen machen können.«

»Das klingt, als würdest du dich auskennen. Gehört es zum Trainingsprogramm, mit deinen Schülerinnen in einsame Buchten zu fahren?«

»Fängst du schon wieder an? Aber wenn du's unbedingt wissen willst: Ich war oft auf Entdeckungstouren kreuz und quer über die Insel. Manchmal auch mit Mädchen. Doch da kannte ich dich noch nicht.« Leo sah Irma in die graugrünen Augen, in denen goldene Pünktchen tanzten: »Ich gehe davon aus, du bist, bevor wir uns kennengelernt haben, auch nicht ungeküsst durchs Leben gegangen. Wäre ja auch verdammt komisch. – In dieser Bucht bin ich zum ersten Mal. Ein Geheimtipp meiner Schwester Line, der angehenden Reiseleiterin. – Zufrieden?«

»Klar doch, zufrieden«, sagte Irma verlegen. »Wenn ich hungrig bin, werde ich immer unleidlich. Tschuldigung.«

Gemeinsam packten sie das Picknick aus. Irma deckte Gläser, Pappteller, Plastikbesteck und Servietten auf den flachen Stein, und sie hockten sich im Schneidersitz davor. Leo stellte die Tapas in die Mitte und schenkte Wein ein. Er hob sein Glas.

»Herzlich willkommen auf der Insel.«

»Herzlichen Glückwunsch zum Geburtstag!« Irma trank einen Schluck, stellte ihr Glas zurück auf den Stein und fiel ihm um den Hals. Er hielt sie fest und sie nuschelte durch den Kuss: »Ich hätte so gern ein Geschenk für dich.«

»Dass du da bist, ist Geschenk genug!«

Leos Magen knurrte, als wollte er hier auch mitreden, und deswegen machten sie sich nun mit Heißhunger über die Tapas her.

Als kein Krümel übrig und auch kein Tropfen mehr in der Rotweinflasche war, sagte Irma: »Jetzt bin ich beschwipst. Wie an Silvester, da haben wir auch Tempranillo getrunken.«

»Zwei Flaschen!«, sagte Leo. »Aber heute sollte ich noch Auto fahren können. Ich will dich ja heil in dein Hotel bringen, und danach muss ich in meinen Hasenstall zurück.«

»Hasenstall?«

»Wir wohnen zu dritt in einem Zimmer in einer Privatpension. Marek, Tom und ich. Übernachtungen in den Hotels, in denen wir als Sporttrainer angestellt sind, würden unseren ganzen Verdienst verschlingen.«

»Ach so ist das!?«, sagte Irma. »Ich hab mich schon gewundert, dass du mir kein Asyl gewährst. Aber du kannst ja, solange ich hier bin, bei mir im Hotel wohnen.«

»Da müssen wir vorsichtig sein, dass niemand die Doppelbelegung deines Bettchens bemerkt, sonst gibt's Krach, wenn wir nicht auch das Doppelte bezahlen.«

»Ich klau den Schlüssel vom Personaleingang«, sagte Irma. »Wir schleichen uns von hinten ins Haus.«

»Aber Frau Kripokommissarin! – Doch da wir gerade beim Beruflichen sind, könntest du mir auch erzählen, was für Mord-Recherchen dich auf die Insel führen.«

»Ist 'ne lange Geschichte, willst du sie wirklich hören?«

»Ja.«

»Kannst du sie für dich behalten?«

»Ja doch!«

Irma erzählte von der Bank in Feuerbach, die an dem Nachmittag, als das Achtelfinale der Fußballweltmeisterschaft stattgefunden hatte, ausgeraubt worden war.

»Das war raffiniert«, sagte Leo und grinste. »Doch wieso ermittelt die Mordkommission wegen eines Bankraubs?«

»Weil einer der Bankräuber einen Mann, der ihm in die Quere gekommen ist, so brutal umgestoßen hat, dass der Alte an den Verletzungen gestorben ist. Wenn das kein Mord war, war es Totschlag.«

Und danach erfuhr Leo die komplizierte Geschichte mit den seltsamen Schwestern, von denen sich eine als junger Mann und die andere als Filialleiterin der ausgeraubten Bank entpuppt hatte. Irma erklärte ihm, warum die beiden in Verdacht standen, den Bankraub gemeinsam begangen zu haben.

»Hm«, machte er. »Und nun sind sie verschwunden, wie das bei Bankräubern so üblich ist.«

»Nicht direkt verschwunden«, sagte Irma. »Die Filialleiterin, Frau Kurtz, ist in den Urlaub abgedüst und sitzt hier irgendwo auf der Insel.«

»Zusammen mit dem jungen Mann, der ihr geholfen hat, die Bank auszuräumen?«

»Leider nicht. Erik Raabe ist inzwischen aufgetaucht. Allerdings mausetot. Er hing eine Woche lang im Gebüsch in der Tiefe des Kotzenlochs.«

»Kotzenloch?« Leo verdrehte ungläubig die Augen.

»So heißt eine Mergelgrube am Lemberger Horn in Feuerbach.«

»Aha. Und wer hat den jungen Mann da hineinbefördert?«

»Aller Wahrscheinlichkeit nach Frau Kurtz.«

»Und diese Dame sollst du hier suchen!? Aber so klein ist die Insel nun auch wieder nicht. Wie willst du deine Tatverdächtige denn finden?«

Irma seufzte. »Das fragen Schmoll und die Staatsanwaltschaft auch. Aber ich will es versuchen.« Und dann bockig und ein wenig stolz: »Frau Zuckerle hab ich ja auch in Ägypten gefunden.«

»Das war reiner Zufall«, sagte Leo.

»Ohne Zufälle lässt sich kein Fall aufklären. Das, wobei unsere Berechnungen versagen, nennen wir Zufall.«

»Klingt richtig philosophisch«, sagte Leo.

»Stammt ja auch von Einstein. Er wäre ein guter Ermittler gewesen. Aber ich weiß nichts, als dass Frau Kurtz einen Tag nach dem Bankraub in ein Flugzeug nach Palma gestiegen ist. Wo soll da der Zufall stecken?«

»Erzähl mir von Frau Kurtz«, forderte Leo Irma auf. »Was ist das für eine Frau?«

»Sie ist eine gewissenhafte leitende Bankangestellte, die sich noch nie etwas hat zuschulden kommen lassen.«

»Wie alt?«

»Vierzig.«

»Sieht sie gut aus?«

Irma schmunzelte. »Die ist nichts für dich! Frau Kurtz ist lang. Mindestens einen Kopf größer als du – aber du bist ja sowieso ziemlich kurz.«

»Werd nicht frech, du Zwerg!«

»Selber!«

»Bitte nicht abschweifen!«, sagte Leo. »Ich teste gerade mein Talent, Zeugen zu befragen.«

»Na, dann frag weiter.«

»Hat Frau Kurtz Hobbys?«

»O ja. Erstens ist sie geil auf Richard Wagner und zweitens ist sie geil auf Fitnesstraining.«

»Und wie heißt die Dame mit Vornamen?«

»Brünnhilde«.

Leo stutzte und sagte dann: »Brünnhilde! Wagner! Na, aber hoppla, Herr Einstein!«

»Was meinst du damit?«, fragte Irma, die Leos Zeugenbefragung nicht sehr konzentriert gefolgt war, weil ihr die Aufgabe, die sie auf der Insel erledigen sollte, in der zauberhaften Umgebung plötzlich völlig unwichtig erschien.

»Was ich meine? Na, erst mal nichts Besonderes. Wenn man Brünnhilde heißt, verpflichtet das möglicherweise, Wagner zu hören«, sinnierte Leo. »Und was ihr zweites Hobby angeht, könnte es ja sein, dass sie hier im Urlaub auch trainiert. Ich werde mal meine Kollegen interviewen, ob jemand von ihnen eine große, schöne Dame als Klientin hat.«

»Ich habe gesagt, sie ist groß«, berichtigte Irma. »Schön ist sie nicht! Ihr kleiner Freund, der Erik Raabe, der war hübsch. Aber Frau Kurtz ist ein unansehnliches Neutrum. Aschblonder Haardutt. Biedere Klamotten.«

Damit blieb das Thema Brünnhilde Kurtz zwischen den leergegessenen Tellern auf dem Stein liegen und wurde mit dem Abfall in die Tüten gestopft.

Die Dämmerung war der Nacht gewichen. Die schmale Mondsichel konnte den Sternen ihre funkelnde Show nicht stehlen. Grillenzirpen. Wellengemurmel. Wispern in Pinienwipfeln. Zeit zum Schmusen.

Irgendwann sagte Leo: »Gehen wir baden?«

»Ich hab keinen Badeanzug dabei.«

Nun lachte Leo, dass es von den Felsen hallte. »Ich wusste ja gar nicht, dass die große Kommissarin eine kleine Spießerin ist.«

Irma fauchte irgendwas Unverständliches, und da beide sowieso nicht mehr viel anhatten, rannten sie im nächsten

Moment barfuß bis zum Hals ins Wasser. Leo fiel noch rechtzeitig ein, dass Line gesagt hatte, das Schwimmen sei hier nicht ungefährlich, da es Felsen gäbe, die nur wenige Zentimeter unter der Wasseroberfläche lägen. Also beschränkten sich die beiden auf eine Wasserschlacht in Ufernähe und liefen danach prustend und tropfend zu dem Steinpodest, das die Wärme des Tages gespeichert hielt.

Über der Bucht hing unirdische Ruhe. Irma und Leo waren eingehüllt in Zärtlichkeit.

Zwölf

Donnerstag, 8. Juli

In der Mitte der schweren Gardinen, da, wo sie nicht ganz schlossen, glänzte ein Lichtstreifen. Sonst war es stockdunkel im Zimmer. Irma tastete zur anderen Bettseite nach Leo. Er hatte angekündigt, er müsse zum Frühdienst und war offensichtlich so leise weggeschlichen, dass sie seinen Aufbruch verschlafen hatte.

Sie blinzelte nach der Uhr. Es war fast acht. Mit Schwung sprang sie aus dem Bett und riss die Vorhänge auseinander. Sie seufzte beim Anblick der gegenüberliegenden Hotelfassade. Nun sehnte sie sich außer nach Leo auch noch nach Meeresblick oder einem Gebirgspanorama. Sie nahm sich zusammen und machte sich klar, hier nicht zum Vergnügen zu sein, sondern im Dienst. Nach dem Duschen packte sie endlich ihren Rucksack fertig aus.

Anschließend saß sie allein in einem miefigen, dunklen Speiseraum. Während sie ihr Müsli löffelte, stellte sie fest, dass sie die Erste beim Frühstück war und bereute, schon aufgestanden zu sein. Als Nächstes bereute sie, sich gestern so leichtsinnig von ihrem Handy getrennt zu haben. Doch noch bevor sie ihren Kaffee ausgetrunken hatte, wurde sie ins Foyer ans Telefon gerufen.

Leo sagte: »Buenos dias, bella señora. Ich habe es nicht übers Herz gebracht, dich wachzuküssen. Du hast geschlafen wie Dornröschen und ausgesehen wie ein langhaariger Pumuckl.«

Leo wollte wissen, was sie bezüglich ihrer Räuberjagd heute zu tun gedenke. Sie gestand, keine Ahnung zu haben und schimpfte auf Schmoll.

»Wenn er mir spanische Amtshilfe besorgt hätte, dann könnte die Presse eingeschaltet werden. Wir würden ein Foto von Frau Kurtz veröffentlichen und sie als vermisst suchen lassen. Ich kann doch nicht hier rumrennen, allen Mallorquinern das Jubiläumsbild vor die Nase halten und fragen, ob sie der Frau irgendwo begegnet sind! – Wie viele Einwohner hat Mallorca eigentlich?«

»Knapp 800 000«, sagte Leo. »Die Hälfte davon lebt in Palma. Dazu kommen die Touristen.«

»Na, bravo! Fang ich also mit der Hauptstadt an und arbeite mich dann über Land.«

»Ich hab 'ne Idee«, sagte Leo.

»Ich nicht«, sagte Irma trübsinnig. »Aber lass hören.«

»Hast du gesagt, Frau Kurtz ist geil auf Wagner?«

»Auf seine Musik!«

Leo pfiff den Anfang des Hochzeitsmarschs aus Lohengrin. »Komischer Zufall«, sagte er. »Vorige Woche hat mir Tom, mein Kollege aus unserer Wohngemeinschaft, was von seiner neuesten Flamme vorgeschwärmt. Tom ist ein netter Kerl, passt aber in das Klischee, in das Kriminalkommissarinnen Fitnesstrainer und Animateure einordnen.«

»Da hat dir aber Line meine Bemerkungen sehr präzise übermittelt«, sagte Irma.

Leo ließ sich nicht beirren. »Okay, Frau Kripokommissarin. Aber jetzt drück den Hörer an dein niedliches Ohr und lausche meinen Worten: Tom ist ein notorischer Herzensbrecher und bevorzugt Damen, die begütert sind.«

»Komm zur Sache«, sagte Irma. »Mit dir möchte ich wirklich kein Verhör führen.«

»Also, der Tom nennt seine neue Flamme ›Walküre‹, weil sie dauernd Musik von Wagner hört. Mit einem MP3-Player. Tom muss mithören. Er sagte, wenn es ihm nicht nach fünf Minuten gelingt, den Stöpsel aus seinem Ohr zu mogeln, wird er von dieser Musik völlig meschugge. Tom beteuert, er hält den Wagner-Spleen dieser Dame nur aus, weil sie bildschön ist und Geld wie Heu hat.«

Irma hüstelte. »Geld mag sie ja nun haben, aber als bildschöne Dame scheidet sie aus. Das hab ich dir gestern bereits gesagt. Außerdem wäre das auch zu einfach.« Leo hörte, wie Irma Luft schnappte und sie genervt auspustete. »Vergiss es, mein Lieber. Es gibt keine Wunder, auch nicht auf Mallorca.«

»Du hast gestern gesagt, einem Ermittler müssen Zufälle zu Hilfe kommen, wenn er etwas herausfinden will.«

»Ja, das stimmt schon. Doch so viel Glück kann man nicht haben. Die Dame, die du mir als Frau Kurtz andrehen willst, passt einfach nicht in mein Beuteschema.«

»Immerhin möglich, dass sie aber in Toms Beuteschema passt. Manchmal hat er einen abstrakten Geschmack, was Frauen angeht.«

Irma wurde unsicher und lenkte ein. »Also gut, Leo. Wenn's dir nichts ausmacht, dann frag Tom mal nach dem vollen Namen der Schönen.«

»Das hätte ich schon getan, aber leider kann ich Tom zurzeit nicht erreichen. Seit er diese Frau aufgerissen hat, übernachtet er nämlich nicht mehr im Hasenstall. Ich vermute, er ist zu ihr ins Hotel gezogen.«

»Weißt du wenigstens, in welches Hotel?«

»Tom hat mir vorige Woche mit stolzgeschwellter Brust berichtet, seine Schöne residiere im *Castillo*. Da sollte man mal nachschauen.«

»Ich denk drüber nach«, sagte Irma.

»Ruf mich an, wenn du nachgedacht hast. – Ab halb zwölf hab ich Pause.«

Irma zermarterte sich den Kopf. Die Sache mit Toms Flamme wäre einfach zu viel Zufall. Das hatte sie Leo aber nicht Knall auf Fall sagen wollen, um ihn nicht zu kränken. Schließlich pilgerte sie zu Cala Majors touristischer Einkaufsmeile und kaufte sich ein neues Handy.

Pünktlich um halb zwölf rief sie Leo an. »Hallo, Leo. Ich hab nachgedacht. Ich werde mir Toms Flamme mal angucken. Ich fahre jetzt zum Hotel *Castillo*. Das ist ja nicht weit.«

»Ich hab auch nachgedacht«, sagte Leo. »Ich hätte dir diesen Floh nicht ins Ohr setzen dürfen. Aber wenn du unbe-

dingt zum *Castillo* willst, dann warte bis heute Abend, da
kann ich mitkommen.«

Irma seufzte und gab resigniert zu, sie würde ihre Suche
im Hotel *Castillo* nur als vagen Versuch betrachten. »Es ist
für mich ein netter Ausflug, damit ich überhaupt was tue.
Ehrlich, ich verspreche mir nichts davon. Zumindest kann
ich die Möglichkeit, Frau Kurtz dort zu finden, dann ausschließen.«

Leo widersprach: »Nehmen wir trotzdem an, Toms
Freundin wäre die, die du suchst. Dann wird sie dich erkennen. Wenn nur die Hälfte von dem stimmt, was du mir von
ihr erzählt hast, ist die Frau zu allem fähig.«

»Du weißt ja, wo ich bin«, sagte Irma. »Falls ich bis heute
Abend nicht wiederkomme, musst du die Polizei alarmieren.«

»Frag Line, ob sie Zeit hat mitzukommen«, sagte Leo.
»Dann klappt auch die Verständigung mit den Spaniern
besser.«

»Gute Idee«, sagte Irma.

Aline war begeistert, Irma begleiten zu dürfen. Sie war neugierig wie ein Kätzchen und liebte Abenteuer. Außerdem
reizte es sie, ein wenig in der Polizeiarbeit rumzuschnup-
pern. Line wollte Moritz davon erzählen, wenn er das nächste Mal Urlaub von der Polizeihochschule haben würde.

Voriges Jahr hatte Moritz in Schmolls Team ein Prakti-
kum gemacht. Damals hatte Leo unter Verdacht gestanden,
einen Mord begangen zu haben. Das war eine schlimme
Zeit für Leo, aber auch für Line gewesen. Als Line jetzt daran dachte, grinste sie vor sich hin und kam zu dem Schluss:
Ohne dieses Dilemma hätten Moritz und sie sich nicht kennengelernt und verlieben können – und Irma und Leo auch
nicht.

Line saß am Steuer von Leos Leihwagen, und Irma hielt die
Inselkarte auf dem Schoß. Aber es war ganz unnötig, für
Line das Navi zu spielen, weil sie immer, bevor Irma die

Fahrtroute gefunden hatte, schon auf dem richtigen Weg war.

Nebenher gab Line ihre Reiseleiter-Weisheiten zum Besten: »Das Hotel *Castillo*, zu dem wir unterwegs sind, hat fünf Sterne. Die Preise für ein Doppelzimmer mit Frühstück beginnen bei 400 Euro. Wenn Frau Kurtz dort abgestiegen sein sollte, ist das ein Zeichen, dass sie den Bankraub begangen hat.«

»Wenn!«, sagte Irma. Sie krampfte die Hand um den Haltegriff, weil Line die Serpentinen gar zu forsch nahm. »He, Line, kannst du auch langsamer fahren?«

»Ich lebe gerade meinen endlich erfüllten Wunschtraum aus, einen Fiat 500 zu fahren. Du meine Güte, geht der toll in die Kurven! Das macht Laune!«

»Wie weit ist's noch?«, fragte Irma. »Du hast gesagt, das Hotel liegt nur fünf Kilometer von Palmas Zentrum entfernt.«

»Gleich sind wir da!«

Nach einer letzten Kurve erreichten sie das Villenviertel *Son Vida*. Das Nobelhotel *Castillo* prangte inmitten eines subtropischen Parks und war von Golfplätzen umgeben.

Während Irma die königlich anmutende Fassade bestaunte, plapperte Line drauflos: »Schloss aus dem 13. Jahrhundert. Nach einer Komplettsanierung jetzt Hotelpalast der Superlative. Hier, meine liebe Irma, kannst du echten Luxus finden. Die Boutiquen führen Edelmarken. Der Friseur ist Weltklasse. Im Beauty- und Wellness-Bereich kannst du deinen Alabasterkörper auf Topform bringen lassen.« Line wedelte sich mit einem Hotelprospekt Luft zu, bevor sie weitersülzte: »Und wenn du nach einem kulinarischen Dinner Angst um deine schlanke Linie bekommen solltest, kannst du dich abends unter Flutlicht mit einem charmanten, gutaussehenden Tennislehrer vergnügen. Dein Tag klingt dann in einer der Bars aus, bis du dich allein oder zu zweit in dein Grand-Deluxe-Zimmer zurückziehen wirst.«

»Jetzt langt es«, sagte Irma lachend. »Wir müssen Frau Kurtz suchen! Ich kann mir gar nicht vorstellen, dass sie hier ins Ambiente passt.«

* * *

Die meisten der Sonnenanbeter unter den Gästen des Hotels *Castillo* bevorzugen die Terrasse am Pool mit dem traumhaften Blick über die Bucht von Palma. Nur wenige entspannen sich auf den Liegen, die im Schatten exotischer Gewächse im Park verteilt sind. Die Palmwedel glitzern in der Sonne und bewegen sich elegant in einem sanften Windhauch. Dieser Wind aus Samt und Seide liebkost den Körper der schönen Frau, die auf einer etwas abseits stehenden Liege ausgestreckt ist. Je nachdem, wo ihre Gedanken weilen, zucken ihre Mundwinkel hoch oder herunter. Mal ein zufriedenes, mal ein hämisches Lächeln. Sie trägt einen winzigen schwarzen Bikini. Ihre zart gebräunte Haut harmoniert mit dem schulterlangen aschblonden Haar, in dem goldene Strähnen glänzen.

Jetzt winkelt die Schöne ihre langen Beine an und angelt mit frisch manikürten Händen nach der Designer-Sonnenbrille, die auf dem Tischchen neben einem orangefarbenen Drink liegt. Zärtlich platziert sie die Brille auf ihrer schmalen Nase und bedeckt damit die dezent getuschten Wimpern und die stahlblauen Augen. Sie schiebt die Bügel so, dass die Bögen der sorgfältig gezupften Brauen frei bleiben. Das wirke aristokratisch, hatte Tom ihr gestern gesagt. Sie lächelt glücklich, als sie an die Nächte mit Tom denkt.

Seit sie hier angekommen ist, hat sie sich eine ganze Kollektion schicker Klamotten gekauft und sich von berufenen Händen stylen lassen. Wider Erwarten hat sie sich mit der neuen Person, in die sie sich verwandelt hat, sofort identifizieren, sich in ihr wohlfühlen können, wie nie zuvor in ihrer Haut.

Und sie hat die überraschendste Erfahrung ihres Lebens gemacht: dass Männer große Frauen mögen. Seither genießt sie bewundernde Blicke, die ihr folgen: am Strand, auf der Promenade, im Fitnessraum oder im Speisesaal. Sie rekelt sich und denkt: Habe ich vierzig Jahre alt werden müssen, bis mir ein derartiges Wunder passiert?

Sie stellt die Kopflehne flach, nimmt ihren MP3-Player und hört die Musik, nach der sie süchtig ist. Mit geschlossenen Augen lauscht sie dem Vorspiel zum dritten Aufzug zu *Siegfried*. Das Motiv des *Walkürenritts* erregt sie. Sie meint, selbst mitzureiten. Kann kaum noch stillliegen.

Sie wartet auf Tom.

Später gleitet sie mit den Tönen durch das *Siegfriedmotiv* in den *Feuerzauber*. Danach, so weiß sie, kommt das *Liebeserwachen*. Siegfried würde sie küssen und erlösen.

Und da spürt sie den Kuss. Tom ist gekommen. Für sie ist er Siegfried. Groß, stark und blond. Ihr Recke. Ihr Held, der sie liebt. Sie zieht ihn lächelnd neben sich, hält ihn fest und steckt ihm einen der kleinen Lautsprecher ins Ohr. Gemeinsam hören sie den *Liebesgesang* von Brünnhilde und Siegfried. Sie klammern sich aneinander, bis die Musik in purer Leidenschaft verklingt.

Tom setzt sich auf. Ihm ist das zu viel Oper. Aber das sagt er nicht. Er denkt: Die ist leicht bekloppt. Aber sie ist schön. Und sie hat Geld. Er lächelt sie an, bewegt seine Hände auf ihren festen Schenkeln.

Tom ist Tennislehrer. Er sieht sich in dieser Branche als freischaffender Künstler, mehr noch als Lebenskünstler. Tom ist beliebt und gefragt. In den Nächten betreut er Singles. Weibliche oder auch männliche, aber das weiß die Schöne auf der Liege nicht. Seit acht Tagen befasst sich Tom ohne Ausnahme nur mit ihr. Sie gefällt ihm, aber noch mehr gefällt ihm, dass sie spendabel ist. Einmal, als sie darauf bestanden hat, ihm eine sündhaft teure Lederjacke zu kaufen, hat er sie gefragt, woher sie das viele Geld habe.

»Im Lotto gewonnen«, hat sie gesagt und gelacht.

Tom hat im Laufe seiner Karriere als Herzensbrecher Erfahrungen gesammelt: Frauen, die mit Vermögen um sich werfen, sind gut versorgte Geschiedene oder Witwen reicher Männer. Keine der großzügigen Damen gibt hier selbstverdientes Geld aus. Eine Frau, die im Lotto gewonnen hat, ist ihm noch nie untergekommen. Tom, der zwar siegfriedgleich anzusehen, aber einfach gestrickt ist, hat der Schönen die Story mit dem Lottogewinn geglaubt. So genau will er es gar nicht wissen, wo das Geld herkommt, das sie für ihn ausgibt.

Wenn man von ihrem Musiktick absieht, denkt Tom, ist sie unkomplizierter als so manches andere begüterte Dämchen, das sich hier aus Langeweile an mich ranmacht. Diese Musik, von der ich früher noch nie eine Note gehört habe, ist mir zwar lästig, aber ich kann mich immerhin davor retten, wenn ich den Ohrstöpsel, den sie mir aufdrängt, unbemerkt ablege. Außerdem lässt sie sich gern mit anderen Dingen ablenken, von denen ich mehr verstehe als von klassischer Musik. Irgendwann, wenn ich sie satt habe oder ihr das Geld ausgeht, denkt Tom, werde ich sie sowieso los, weil dann auch ihr Urlaub zu Ende sein wird.

Irgendwann werde ich Tom in die Wüste schicken, denkt die Schöne – aber erst muss ich Vladimir zuverlässig eingewickelt haben. Ich kann auf die Dauer kein Geld für andere ausgeben. Doch Vladimir ist bereit, sein Geld für mich rauszuwerfen. Und er scheint reich zu sein, wesentlich reicher als ich.

Als sich Tom und die Schöne voneinander lösen, bedauert er, dass sie nicht auf ihr Zimmer gehen können, um das Wichtigste und Aufregendste, was sie miteinander teilen, zu erledigen. Er muss wieder auf den Tennisplatz, weil seine nächste Schülerin wartet.

Das kommt der Schönen heute gelegen, diesmal hält sie Tom nicht auf. Sie hat ein Date mit Vladimir.

Tom küsst sie und flüstert Unanständigkeiten in ihr Ohr: Schlüpfriges. Zweideutiges. Schamloses. Sie lacht und stößt zustimmende Seufzer aus, bis er fertig ist und geht.

Als er außer Sichtweite ist, erhebt sie sich, nimmt einen Spiegel aus ihrer Badetasche und frischt Frisur und

Make-up auf. Mit geübtem Griff schlingt sie sich ein Chiffontuch um die Hüften und schreitet zur Poolbar. Sie setzt sich an eines der hohen Tischchen und gibt José ihre Bestellung auf: Champagner und frisch gepressten Orangensaft. José geht ihr nur knapp bis zur Schulter. Dieser Höhenunterschied konnte nicht verhindern, dass sie sein spanisches Herz in Flammen gesetzt hat. Nur ungern löst er seinen Blick von ihrem Dekolleté und trippelt eilfertig zum Büfett, um ihren Drink zu holen.

Ich hätte José nicht in mein Bett lassen sollen, denkt sie. Wie krieg ich ihn bloß wieder los?

Nachdem er die Getränke vor sie hingestellt und ihr eingeschenkt hat, berührt seine kleine, schmale Hand wie unabsichtlich ihre Schulter.

»Danke, José«, sagt sie. »Muchas gracias.«

Er flüstert: »De nada«, und übersetzt lächelnd: »Gern geschehen.«

Seine schwarzen Glutaugen brennen und saugen sich mit unterwürfigem Hundeblick an ihrem Bauchnabel fest. Er reißt sich davon los, weil andere Gäste nach ihm rufen.

* * *

Seit einer Stunde schlenderten Irma und Line über die Sonnenterrassen und durch den Hotelpark. Sollte die Gesuchte in diesem Hotel wohnen, konnte sie genauso gut auf einen Morgenspaziergang durch das Villenviertel Son Vida gegangen sein, um sich für die nächste Luxusmahlzeit Appetit zu machen. Sie konnte auch hinunter nach Palma zum Shoppen gefahren sein. Oder mit dem Shuttlebus zum Strand.

Dass Irma und Line zwischen den Liegen umherwanderten, störte niemanden. Es war nicht ungewöhnlich, hier nach Freunden zu suchen. Die meisten Sonnenanbeter dösten mit geschlossenen Augen und arbeiteten an ihrer Urlaubsbräune. Manche unterhielten sich: auf Englisch, Russisch oder auf Deutsch. Irma und Line schnappten Meinungsbildungen auf;

über die Speisepläne, übers Wetter, über andere Gäste und über abendliche Unternehmungen in Bars und Diskotheken.

»Andere Sorgen scheinen die Leute nicht zu haben«, sagte Irma.

»Die haben ihr Gehirn schon beim Einchecken auf dem Flugplatz abgegeben«, sagte Line.

Im Nachhinein war Irma klar, dass sie mindestens drei Mal an der Gesuchten vorbeigegangen war, ohne sie erkannt zu haben. Als sie das Tattoo bemerkte, musste sie einen kleinen Begeisterungsschrei unterdrücken. Auf dem kräftigen, wohlgeformten Oberarm saß ein grüngoldener Drache, der Feuer auf den Ellbogen spie. Irma flüsterte Line zu, wer da im Schatten der Palme lag. Sie setzten sich auf eine in der Nähe stehende Bank und kamen schon nach kurzer Zeit in den Genuss, die Szene mit Tom zu beobachten. Sie behielten Brünnhilde Kurtz im Fadenkreuz, als sie an die Bar ging und sich auf einen der thronartigen Hocker schwang.

Nachdem José eine Weile um sie herumgedient war und sie den ersten Schluck Champagner genommen hatte, zischelte Irma: »Attacke!«

Während Line mit dem Fotoapparat zurückblieb, näherte sich Irma ihrem gesuchten Objekt und rief begeistert: »Welch ein reizender Zufall, uns hier wiederzutreffen!« Sie haschte nach Frau Kurtz' Hand und schüttelte sie, als hätte sie eine lang entbehrte Freundin wiedergefunden. Mit einem fröhlichem »Sie gestatten doch« setzte sich Irma auf den Barhocker gegenüber.

Frau Kurtz' verschönertes Gesicht verzog sich und verlor seinen Glanz. Ihre Stimme klang knurrig wie die eines Hundes, der einen Feind wittert.

»Ich kenne Sie nicht. Und ich möchte Sie bitten, diesen Tisch zu verlassen, weil ich auf jemanden warte!«

»Aber der Jemand braucht doch gewiss nicht drei Plätze«, sagte Irma lächelnd. »Außerdem kann ich ja gehen, falls er kommt und ich störe.«

Irma registrierte, dass Frau Kurtz' Stimme nicht nur knurrig geklungen hatte, sondern auch erschreckt. Das bedeutete, Frau Kurtz hatte sie erkannt! Um dem noch etwas nachzuhelfen, plauderte Irma unbekümmert drauflos und erinnerte an das Weinblütenfest auf dem Lemberg.

»Gell, nun erkennen Sie mich wieder! Das ist doch erst zwei Wochen her. Sie hatten Ihre kleine Schwester dabei. Ein hübsches, nettes Mädchen. Ist sie auch hier? – Nein? – Ich dachte nur, weil Sie erzählt haben, Sie und ihre Schwester unternähmen alles gemeinsam.«

»Meine Schwester hat Flugangst«, sagte Brünnhilde Kurtz mürrisch. »Ich habe nur einen Kurzurlaub und muss morgen wieder zurück nach Stuttgart. Die Arbeit ruft.«

»Verstehe«, sagte Irma und lächelte mitfühlend.

In diesem Moment steuerte ein Herr auf ihren Tisch zu. Er war klein und korpulent und steckte in einem eleganten weißen Leinenanzug. Sein breites, sympathisches Mondgesicht täuschte darüber hinweg, dass er nicht mehr der Jüngste war. Als er vor ihnen stand, lüftete er mit einer vorbildlichen Verbeugung seinen Strohhut und rollte seine Begrüßung mit unverkennbar osteuropäischem Akzent über die Zunge.

»Ich wünsche wunderschönen guten Morgen, Señoras.«

Er küsste Brünnhilde und dann Irma die Hand und kletterte etwas mühsam auf einen Barhocker.

Donnerwetter, dachte Irma: russischer Großfürst – oder verarmter Adel? Sie erwartete, dass er sich vorstellen würde, aber er war anscheinend so beeindruckt oder verwirrt, statt einer zwei attraktive Damen vorzufinden, dass er keine Worte fand und hingerissen von einer zur anderen schaute.

»Lass uns in die Bar gehen, Vladimir«, sagte Brünnhilde. »Es ist mir zu heiß hier draußen.«

»Aber gern, mein Täubchen!«

Er verabschiedete sich artig von Irma und reichte Brünnhilde den Arm. Sie bewegten sich gemessenen Schrittes zum

Restaurantgebäude. Irma sah ihnen nach und dachte: Pat und Patachon.

Pat stolzierte, als hätte sie außer der erfolgreichen Verschönerungskur auch einen Schnellkurs für Mannequins absolviert, und Patachon versuchte tapfer, seinen Rücken gerade zu halten.

Bevor sie im Innern der Bar verschwanden, blickte sich Brünnhilde um und sah Irma, von der sie nicht einmal den Namen wusste, mit einem jungen Mädchen zusammenstehen.

Brünnhilde, die Vladimir heute endgültig einfangen wollte, war in der Hotelbar nicht bei der Sache. Die Begegnung mit Irma hatte sie aus dem Konzept gebracht. Sie hatte sie erkannt und sich auch sofort daran erinnert, dass diese Frau Kripokommissarin war. Die Frage nach der kleinen Schwester hatte Brünnhilde gar nicht gefallen. Noch bevor ihre Drinks kamen, erklärte sie Vladimir mit Leidensmiene, sie habe Migräne und müsse auf ihr Zimmer gehen. Er hatte Verständnis.

Vladimir hat immer Verständnis, dachte sie. Es wäre ein Jammer, ihn aufzugeben. Und Tom? Der nimmt mich nur aus wie eine Weihnachtsgans. Von seiner Sorte finde ich andere. Ich darf jetzt nur nicht ungeduldig werden. Geld kann noch mehr als die Welt regieren.

Auf ihrem Zimmer überlegte sie, was zu tun war. Sie merkte, wie sich die Wut in ihr ausbreitete, und vermisste schmerzlich ihren Boxsack.

Diese rothaarige Hexe von einer Kriminalkommissarin hat mich durchschaut und wird mich verfolgen, dachte sie. Unser Zusammentreffen war kein Zufall. Ich muss einen Weg finden, wie ich sie loswerde.

Bei diesem Gedanken angelangt, bekam Brünnhilde nun wirklich Kopfschmerzen und stöhnte auf. Wann immer sie an ihre psychischen Grenzen stieß, rief sie sich einen Satz in Erinnerung, der sie innerlich festigte: »Wer sein Handeln bestimmen will, muss zuerst seine Gefühle unter Kontrolle haben.« Diese Erkenntnis stammte von Nico Frijda, einem niederländischen Psychologen. Sie hatte den Satz irgendwo gelesen und aufgeschrieben. Nicht nur in ihr Notizbuch, sondern sozusagen hinter ihre Ohren.

»Ich darf keine Gefühle aufkommen lassen«, flüsterte sie. »Nur dann bringe ich alles unter Kontrolle.«

Sie brauchte nicht lange, um eine Lösung zu finden. Eine unbarmherzig gefühllose, aber Erfolg versprechende. Als sie ihren Entschluss gefasst hatte, war ihr Kopfweh verschwunden. Sie spielte ihr Vorhaben wieder und wieder in Gedanken durch, bis jeder Schritt eine logische Folge des vorhergehenden war.

Als Erstes ließ sie ihren Verehrer, den Barmann José, zu sich kommen. Sie beauftragte ihn herauszufinden, wie die Frau hieß, die sich an ihren Tisch gesetzt hatte und wer das Mädchen war, mit dem sie weggegangen war.

José, das wusste Brünnhilde, würde alle ihre Aufträge rasch, gewissenhaft und mit Freude ausführen. Zum einen war er verrückt nach ihr und zum anderen liebte er Geld. Und dieser erste Auftrag war ganz harmlos.

Schon am späten Nachmittag konnte José seinen Rapport abgeben: »Die mit rote Pferdeschwanz heißen Irma Eichhorn und sie arbeiten als …«

Er machte eine geheimnisvolle Pause, in die Brünnhilde schnell und scharf das Wort »Kriminalkommissarin!« setzte. »Ihr Beruf ist mir nicht neu«, sagte sie barsch. »Sag mir lieber, wer die Kleine mit der Stupsnase ist?«

»Aline Kowalzki. Sie gehören zu Reisebüro. Ihr Bruder heißen Leo Kowalzki, er ist Fitnesstrainer und Animateur in Hotel *Lindner*. Vornehmes Sporthotel in Bendinat.« José leckte sich die Lippen, schmunzelte vielsagend und legte eine Hand auf sein Herz. »Leo Kowalzki ist amigo von Irma Eichhorn. Er wohnen in gleiche WG wie Tom, der Ihnen, mi amor doña Brünnhilde, Tennisstunden gibt und um Sie herumschwanzt.«

»Herumschwänzelt heißt das«, sagte Brünnhilde.

»Tom oft in Hotelbetten mit schöne, reiche Touristinnen übernachten.«

»Das hast du mir schon mehrmals erzählt, mein Lieber«, antworte Brünnhilde gereizt. »Und ich hab dir schon mehrmals gesagt, dass es dich nichts angeht, mit wem ich meinen Urlaub verbringe.«

José nickte und schenkte ihr einen glutäugigen Schmachtblick, dem ein Sehnsuchtsseufzer folgte.

»Ich nehme an«, sagte sie, »du hast die Informationen von Tom bekommen. Liege ich damit richtig?«

»Liegen? Ja, gut liegen mit Tom bestimmt, aber ob richtig?«

Brünnhilde tat, als ob sie nicht verstehen würde, was José meinte. Sie schob ihm einen Hundert-Euro-Schein zu.

»Ein bisschen Trinkgeld für dich, mein lieber José. Geh nun noch einmal zu Tom und frag ihn über Leo Kowalzki und dessen Freundin aus. Ich muss wissen, ob diese Frau dienstlich oder privat hier ist und wie lange sie zu bleiben gedenkt. Wenn mein lieber José das herausfindet, dann gibt es noch mehr solche Scheinchen.«

»Aber ist nix nötig«, sagte José und schob den Hunderter in die Hosentasche.

»Ich brauche die Informationen noch heute Abend«, sagte Brünnhilde.

»Ich werde erledigen«, sagte er vergnügt. »Krieg ich vorher Kuss von Brünni?«

»Später.«

Der Auftrag kam für José nicht ungelegen, weil er nachmittags dienstfrei hatte. Aber er konnte den schönen Tennislehrer Tom nicht leiden, weil dieser bei Brünnhilde mehr Chancen hatte als er. Deswegen fuhr José für seine Nachforschungen zum Fitnessstudio des Hotel *Lindner*, in dem Leo arbeitete.

José hatte sich in Schale geworfen. Da er schauspielerisches Talent besaß, gab er sich weltmännisch und stellte sich bei Leo als Geschäftsmann aus Barcelona vor, der seinen Urlaub auf Mallorca verbrachte und etwas für seine Gesundheit und Kondition tun wollte.

»Sie mir empfohlen worden, Herr Kowalzki«, sagte José. »Jeder weiß, Sie bester Fitnesstrainer auf Insel sein.«

Leo war zwar nicht eingebildet, aber sehr empfänglich für Lobpreisungen bezüglich seiner Arbeit.

»Ich stelle Ihnen ein Programm zusammen, das Sie dann bitte an der Hotelrezeption buchen«, sagte er zuvorkommend. »Ab Montag habe ich wieder Termine frei. Täglich? Oder möchten Sie lieber nur zweimal in der Woche? Eine oder zwei Stunden? Einige Kurse machen mehr Spaß in der Gruppe. – Das ist Ihnen recht. Also gut.«

Leo schrieb die Trainingswünsche, dazu einen Namen, eine Handynummer und eine Hoteladresse, die Josés Fantasie entsprungen waren, in sein Notizbuch und versprach, den Trainingsplan so bald als möglich durchzugeben.

José lud Leo zum Mittagessen ein. Da beide die Insel gut kannten, ging der Gesprächsstoff nicht aus. Schließlich brachte José auch in Erfahrung, dass Leos Freundin und seine Schwester in Cala Major im Hotel *Santa Monica* wohnten.

»Sie sind beide dienstlich auf der Insel«, sagte Leo. »Aber wenn sie ihre beruflichen Aufträge erledigt haben, werde ich zwei Tage Urlaub nehmen, und wir machen gemeinsam ein paar Ausflüge über die Insel. Vielleicht nach Port de Polença und Cap de Formentor. Oder wir fahren mit dem Roten Blitz ganz nostalgisch nach Sóller.«

Nachdem sich der Fitnesstrainer aus Deutschland und der angebliche Geschäftsmann aus Barcelona herzlich verabschiedet hatten, eilte José zu Brünnhilde.

Seine Auskünfte genügten ihr. José bekam nicht nur seinen Kuss, sondern auch eine gemeinsame Nacht in Aussicht gestellt, wenn er einen weiteren geheimen Auftrag für sie erledigen würde. Dieser Auftrag war weniger harmlos.

* * *

Gleich nachdem sie Frau Kurtz gefunden hatte, führte Irma ein Telefongespräch mit Schmoll. Sie bat ihn dringend, Interpol einzuschalten und ein Amtshilfeersuchen an die spanische Polizei zu schicken.

»Da sich Frau Kurtz höchst verdächtig verhalten hat, sollte sie in Gewahrsam genommen und verhört werden«, erklärte Irma mit Nachdruck.

»Nun werd mal nicht gleich laut, Eichhörnle«, sagte Schmoll. »Reg dich ab und hör zu: Ich hab nun die Sache lange genug von allen Seiten betrachtet, und da keine weiteren Verdächtigen auszumachen sind, hab ich Interpol bereits eingeschaltet. Die Papiere mit dem Amtshilfeersuchen müssten morgen auf dem Schreibtisch der Kollegen in Palma liegen!«

Irma meinte, Schmoll könne den Stein, der ihr vom Herzen fiel, poltern hören. »Hast mich ja wieder einmal ganz schön zappeln lassen, verehrter Boss. Aber ich gebe zu, meist hast du Gründe dafür, deine Mitarbeiter derartig zu foltern. Mach's gut, Schmoll. Ich melde mich, wenn die Dame festsitzt. Ach so, noch was: Könnt ihr den kleinen Fabian Knorr nicht endlich rauslassen?«

»Das ist Kollege Stöckles Sache. Er will Knorr erst entlassen, wenn das Rätsel gelöst ist, wie die tausend Euro in den Rucksack gekommen sind.«

»Wie viele Beweise will der Stöckle denn noch, damit er einsieht, dass dem Jungen das Geld zugesteckt worden ist?«

»Vielleicht verrät es dir schon morgen Frau Kurtz.«

»Line hat Fotos von ihr geschossen.«

»Na, so schön ist diese Dame doch auch nicht, dass wir noch mehr Konterfeis von ihr benötigen.«

»Du wirst dich wundern!«

Dreizehn

Freitag, 9. Juli

An diesen Morgen fuhr Irma nach Palma aufs Polizeipräsidium und erledigte die Formalitäten für die Amtshilfe. Der zuständige Chefinspektor, Carlos Fernández, sah weniger wie ein Stierkämpfer aus, was Irma erwartet hatte, sondern mehr, wie man sich landläufig einen Buchhalter vorstellt. Er war ein freundlicher Mensch mit sprödem Charme und mäßigen Deutschkenntnissen. Wenn Irma langsam sprach und einfache Sätze bildete, verstand er sie zwar, aber um ihm die verzwickte Sachlage des Falles schnell klar zu machen, hätte sie die Hilfe eines Dolmetschers gebraucht. So dauerte die Erklärung ziemlich lange.

Als Fernández schließlich alles verstanden hatte, war er sofort bereit, mit Irma nach Son Vida zu fahren, um Brünnhilde Kurtz festzunehmen.

Als sie am späten Vormittag endlich im Hotel *Castillo* eintrafen, war Frau Kurtz verschwunden. Das stellte sich aber erst so nach und nach heraus. Der Herr an der Rezeption, der wie ein Denkmal zwischen zwei Säulen unter einem Rundbogen stand, wollte nicht verstehen, was in dem Nobelhotel, in dem er nur für feine Leute zuständig war, ein Polizist zu suchen hatte. Noch weniger konnte er eine deutsche Kripokommissarin mit wehender Haarmähne und in ein zipfeliges Sommerkleidchen gewandet akzeptieren. Nach einem Telefongespräch mit seinem Vorgesetzten tauchte dieser unverzüglich zur Verstärkung auf.

Nachdem er die Polizeiausweise einem eingehenden Studium unterzogen hatte, entschloss er sich trotz früher Stunde, wie er sagte – es war mittlerweile halb zwölf Uhr mittags –, Frau Kurtz mit einem Anruf zu belästigen. Leider wurde nicht abgenommen. Daraufhin begaben sich Chefinspektor Fernández und Irma gemeinsam mit dem Herrn aus der Chefetage zu Zimmer 413. Doch trotz nachdrücklichen Türklopfens tat sich nichts.

Inzwischen waren auf dem Flur der vierten Etage mehrere Hotelangestellte und einige der exklusiven Gäste aufgetaucht. Alle redeten aufgeregt durcheinander. Irma konnte sie zwar nicht verstehen, da das Personal spanisch und die Hotelgäste russisch sprachen, aber sie sah ihnen an, dass sie Vermutungen über einen Raubmord anstellten und eine Leiche hinter der verschlossenen Tür witterten. Zur allseitigen Enttäuschung entschieden der Chefinspektor und Irma, zuvor den Park und das Umfeld des Hotels abzuklappern.

Erst als Frau Kurtz nach fast zweistündiger Suche nicht gefunden worden war, wurde das Zimmer 413 mit dem Generalschlüssel geöffnet.

Beim Eintreten verschlug es Irma die Sprache. Wahrscheinlich ging es Chefinspektor Fernández genauso, aber er hatte die Gabe, absolut amtlich geradeaus zu blicken. Was es hier zu sehen gab, war durchaus keine zerstückelte Leiche, sondern das Aha-Erlebnis eines Grand-Deluxe-Rooms.

Donnerwetter, dachte Irma, Frau Brünnhilde Kurtz macht keine halben Sachen! Sie hat sich etwas wahrhaft Fürstliches gegönnt.

Die Gardinen vor dem breiten Fenster und der Balkontür waren zurückgezogen und boten einen atemberaubenden Blick auf die Bucht von Palma. Das riesige Zimmer war mit allem Komfort ausgestattet: modernes, edles Mobiliar, Klimaanlage, eine Minibar, die eigentlich eine Maxibar war, ein in die Wand eingelassener TV-Großbildschirm, DVD-Player, Internetanschluss und Telefon. Und ein Safe, der offen stand und leer war.

Irma riskierte einen Blick ins Bad und sah eine perfekt ausgestattete Wellness-Luxusoase. Danach betraten Irma und Fernández gemeinsam wie ein erwartungsvolles Liebespaar einen Traumraum, in dem die Gardinen zugezogen waren. Die gedämpfte indirekte Beleuchtung mutete wie Kerzenlicht an. Irma empfand die Raumausstattung in

Ockergelb und Burgunderrot erotisierend und konnte nicht umhin, sich vorzustellen, mit Leo in dem riesigen Doppelbett zu liegen.

Um ihre Illusionen zu verscheuchen, erinnerte sie Fernández, der scheinbar ähnlichen Gedanken nachhing, da seine Augen plötzlich mit einem Schlafzimmerblick verhangen waren, die Spurensicherung herzubestellen. Er seufzte und zog sich ins Wohnzimmer zurück. Irma sah, wie er sich auf einem rotgoldenen Sessel niederließ und sein Telefon hervorzog.

Irma seufzte auch, streifte sich ein Paar der völlig unerotischen Plastikhandschuhe über und öffnete die Türen des Kleiderschrankes. In diesem gigantischen Einbaumöbel befanden sich offensichtlich nur Kleidungsstücke, mit denen Frau Kurtz vor zwei Wochen angereist war. Irma sichtete altjüngferliche Blusen und Röcke, Schnürschuhe und Sandalen mit flachen Absätzen und fand in einer Schublade ein Häufchen biedere Unterwäsche.

Ist es möglich, dachte Irma, dass die schöne Frau, die ich gestern im Park gesehen habe, in Betracht zieht, diese Klamotten noch irgendwann aufzutragen? Wieso hat Frau Kurtz das Zeug nicht in den Müll geworfen?

Zum wiederholten Mal fragte sich Irma, wie viele verschiedene Persönlichkeiten in dieser Frau schlummerten. Es war ihr klar, dass das Verschwinden von Brünnhilde Kurtz das Resultat ihrer gestrigen Begegnung im Hotelpark war, und sie grübelte, ob es ein Fehler gewesen war, sie angesprochen zu haben.

Aber wie hätte ich anders herausfinden können, dass Frau Kurtz etwas zu verbergen hat?, dachte Irma. Und sie hat etwas zu verbergen! Ihr ist auch sofort eingefallen, dass ich Kripobeamtin bin und da hat sie Muffensausen bekommen. Außerdem bin ich jemand, durch den sie sich an ihr früheres Leben erinnern musste, daran, dass sie bis vor kurzem noch als graue Maus diszipliniert und tüchtig eine Bankfiliale geleitet hat. Vielleicht hat sie sich einen lebenslang gehegten

Traum erfüllt, kein Entchen mehr zu sein, sondern endlich ein Schwan. Hat sie, um dieses Ziel zu erreichen, einen Raub und einen Mord begangen? Wollte sie sich, da sie nur bis Mallorca und nicht viel weiter weg geflohen ist, ein Hintertürchen in ihr altes Leben offenhalten?

Irma wurde in ihren Überlegungen gestört, weil zwei Männer der Spurensicherung eintrafen und sich an die Arbeit machten. Einer suchte nach Fingerabdrücken, der andere machte eine Bestandsaufnahme der Dinge, die persönliches Eigentum der Bewohnerin dieses Zimmers waren.

Irma verschränkte die Arme vor der Brust und brütete weiter. Was an Frau Kurtz' Verhalten war wichtig? Was nebensächlich? Sie sah den Spurensicherern zu, ohne sie wirklich zu sehen. Sie war ganz damit beschäftigt, die Psyche der Frau, nach der sie suchte, zu begreifen.

Da Irma sowieso nichts von den Gesprächen der Spanier verstand, hatte sie die Männer völlig ausgeblendet. So bemerkte sie die Ursache von deren plötzlicher Aufregung erst, als Fernández ihr einen Brief unter die Nase hielt. Das Kuvert hatte in einem Buch gesteckt. In dem einzigen Buch, das hier herumlag. Der Autor hieß Joseph Conrad, der Titel lautete *Herz der Finsternis*. Irma vermutete einen Herz-Schmerz-Roman dahinter. Viel interessanter fand sie den Brief. Er war an Bosede Berhane in Backnang gerichtet und an den Absender Erik Raabe nach Feuerbach zurückgekommen.

Das Schreiben, das Irma aus dem Kuvert zog, war zerknittert, als wäre es oft gelesen oder mindestens ein Mal aus Wut zerknüllt worden. Irma setzte sich an den Schreibtisch, strich das Blatt glatt und las.

Stuttgart, 20. Juni
Meine süße Bonnie,
ich konnte gestern nicht zu unserer Verabredung kommen, weil meine Tante mir gedroht hat, mich aus ihrem Haus zu werfen, wenn ich noch einmal eine Nacht wegbleiben

würde. Sie hat mir mein Handy abgenommen und den PC zertrümmert und auf den Sperrmüll geworfen – deswegen bekommst du heute auf altmodischste Weise einen Brief. Du weißt, ich habe dieser Frau viel zu verdanken, aber nun ist Schluss – ich will wieder mein eigenes Leben haben und zwar mit dir, meine Bonnie.

Die Tante behauptet, ihre Ersparnisse sind aufgebraucht. Aber ihre finanzielle Großzügigkeit war eigentlich der einzige Anreiz, wegen dem ich bisher bei ihr geblieben bin. Apropos Finanzen: Herzlichen Glückwunsch zu Deinen Erfolgen. Deine SMS habe ich noch bekommen, aber vorsorglich gleich gelöscht. Da hast du also einige geile Säcke finanziell erleichtert. So unschuldig, wie du ausschaust, wird Dir niemand auf die Schliche kommen. Doch nun wieder zu mir: Nachdem ich genau wie der legendäre Gangster Clyde mit Autoklau angefangen habe, bin ich entschlossen, meine Karriere mit einem Banküberfall auszubauen. Aber nicht mit Dir, meine kleine Bonnie. Es wäre ein Jammer, wenn Du wie die echte Bonnie in eine Schießerei geraten würdest und Dir die Kugel aus einer Polizeipistole Deine hübschen Beine ruinieren würde.

Da die Tante kein Geld mehr hat, sind wir übereingekommen, in gemeinsamer Aktion eine Bank auszuräumen. Sie hat alles perfekt geplant. Nichts wird dem Zufall überlassen. Eigentlich ist es ganz einfach. Ich werde ihr helfen, aber ich denke nicht daran, ihr dann das Geld zu überlassen, auch wenn ich sie deswegen umbringen müsste.

Und wir, meine süße Bonnie, werden ab nächster Woche in Geld schwimmen. Du brauchst nie mehr zu kellnern und Dich von geilen Säcken in den Hintern kneifen zu lassen.

Ich küsse Deine Lippen und Deine Titten
Dein Clyde

Irma versuchte, Fernández den Inhalt des Briefes zu erklären. Da der Chefinspektor aber nicht nur so aussah, sondern auch so korrekt war, wie ein Buchhalter sein sollte, faltete er den Brief sorgfältig zusammen, steckte ihn in den Briefumschlag und ließ ihn in eine Plastikhülle fallen. Irma sah Fernandez an, was er dachte: Bevor ich hier etwas falsch verstehe, warte ich lieber, bis mir der Dolmetscher im Präsidium das Schreiben übersetzt.

Irma versorgte auch das Buch in einer Plastiktüte und übergab es Fernández mit der Bitte, es ihr später zu überlassen, weil sie es gern lesen würde. Sie vergaß dann das Buch sogleich, weil sie aufgewühlt war und an nichts anderes mehr denken konnte als an diesen Brief.

Du meine Güte, dachte sie: Bonnie und Clyde! Zwei, die genauso jung, frech und naiv sind wie das weltberühmte Gangsterpärchen aus Texas. Bonnie und Clyde, die vor fast hundert Jahren übermütig und unbedenklich Banken überfallen und Menschen ermordet haben, bis beide im Kugelhagel der Polizei sterben mussten. Erik Raabe war genauso alt gewesen wie Clyde. Im Gegensatz zu diesem hat Erik seinen ersten Bankraub nicht lange überlebt – und an Eriks Grab wird niemand stehen, schon gar nicht 20 000 Schaulustige wie bei seinem berühmten Vorbild.

Ein Brief von Clyde an Bonnie! Irma kam zu dem Schluss: Da Brünnhilde den Brief abgefangen und gelesen hatte, war nachvollziehbar, warum Erik sterben musste. Schmoll würde sagen: »Der Brief enthält das Mordmotiv.«

Bis die hilfreichen Spanier das große Hotelzimmer durchsucht hatten, vergingen Stunden, zumal sie sich in immer kürzeren Abständen Zigarettenpausen auf dem Balkon gönnten und den Blick auf die Bucht von Palma genossen.

Am Spätnachmittag ging die Arbeit im Polizeirevier in Palma weiter. Endlich kam auch der Bescheid, Frau Kurtz habe die Insel nicht verlassen, zumindest nicht mit dem Flugzeug. Aber das schloss ja nicht aus, dass sie ein Schiff genommen hatte und inzwischen in Barcelona, in Valencia, auf Ibiza oder Menorca angekommen war. Bis die Fähr- und Schiffhäfen überprüft sein würden, konnte es Tage dauern.

Deswegen kam Irma mit Inspektor Fernández überein, weiterhin auf der Insel zu fahnden.

Es wurde später Abend, bis die Suchmeldungen an Presse, Fernsehen und Rundfunk herausgegeben werden konnten. Irma hatte darauf bestanden, dass diese Texte in Spanisch, Deutsch und Englisch erschienen. Gott sei Dank waren die Bilder, die Line gestern Nachmittag im Hotelpark von der »neuen« Frau Kurtz gemacht hatte, einwandfrei scharf. Eines davon wurde als Fahndungsfoto verwendet.

Doch als Irma am Ende des hektischen Tages Schmoll Bericht erstattete, ließ er ein Donnerwetter los: »Den Brief von Erik Raabe an seine Freundin, den du gefaxt hast, kann ich schon auswendig. Aber was nützt uns das Mordmotiv, wenn du die mutmaßliche Täterin entwischen lässt!? Jetzt, wo du Unterstützung von der mallorquinischen Polizei hast, werde ich wohl hoffen dürfen, dass die Dame in kürzester Zeit wieder aufgespürt wird. Haben wir uns verstanden?«

Doch Irmas Enttäuschung über Schmolls niederschmetternde Kritik, mit der er aus 1000 Kilometer Entfernung ihre Arbeit mies machte, war längst nicht so schlimm wie das, was danach kam.

Irma kehrte erst kurz vor Mitternacht in ihr Hotel zurück. Nachdem sie Frau Kurtz' Luxuszimmer im *Castillo* gesehen hatte, erschien ihr ihre Unterkunft in der Bettenburg von Cala Major noch ärmlicher. Unter dem Fenster lag eine Kneipe, vor der Tag und Nacht Betrieb und Radau herrschte: Besoffenes Grölen und Lachen und dazu Metallstühle, die ständig auf dem Steinboden hin- und hergeschoben wurden und dabei Töne von sich gaben, als würden sie schreien.

Irma ahnte, dass sie wegen des Lärmpegels, gegen den auch geschlossene Fenster nicht viel halfen, nicht würde einschlafen können. Deswegen wollte sie nachsehen, ob Line noch wach war, und zur Entspannung einen kurzen Schwatz mit ihr halten. Aber Line war nicht da. Irma ging enttäuscht zurück in ihr Zimmer. Sie war so müde, dass sie sich angekleidet aufs Bett fallen ließ. Doch wenig später rissen sie die schreienden Stühle aus dem ersten Schlummer. Sie zog sich aus, machte Katzenwäsche und legte sich wieder hin. In den frühen Morgenstunden, als die Nachtschwärmer aus den Bars und Diskotheken mit viel Getöse und Gelächter im Hotel eintrudelten, meinte Irma, keine halbe Stunde geschlafen zu haben.

Vierzehn

Samstag, 10. Juli

Schmoll hatte ebenfalls schlecht geschlafen. Er las schon um sechs Uhr die Tageszeitung: *Wetter: Deutschland glüht dem Hitzerekord entgegen. Höchsttemperaturen bis zu 35 Grad.* Schmoll seufzte und wischte sich den Schweiß von der Glatze. *Sport: Deutschlands Team will Rang 3 bei WM. – Politik: Steffen Seibert wird Merkels neues Sprachrohr. – Ausland: Mindestens 100 Tote bei Anschlag in Pakistan. – Nach 80 Tagen Ölpest neuer Deckel auf der sprudelnden Ölquelle am Golf von Mexiko.* Schmoll blätterte halbherzig vor und zurück. Das alles interessierte ihn wenig, er musste über Frau Kurtz nachdenken. Dieser aktuelle Fall war zurzeit für ihn das Wichtigste auf der Welt. Seine Hoffnung, die Lösung in Stuttgart zu finden, hatte er endgültig aufgegeben. Er fragte sich zum x-ten Mal, ob man wirklich nichts anderes tun konnte, als auf Mallorca nach Frau Kurtz zu suchen.

Wäre ich mit nach Mallorca geflogen, dachte Schmoll, müsste ich zumindest dieses Wochenende nicht daheim hocken. Irgendwann fällt mir hier noch die Decke auf den Kopf. Sollte ich nicht doch mal bei Karin anrufen? Einfach so. – Na ja, heute nicht. Vielleicht, wenn dieser idiotische Fall mit der Kotzenloch-Leiche geklärt ist.

Es war fast sieben Uhr, als Schmoll die Zeitung zur Seite legte und daranging, sich Kaffee zu kochen.

Zu gleicher Zeit war Irma schon mit dem Frühstück fertig und gab ihren Schlüssel an der Hotelrezeption ab. Ihr wurde ein Brief über die Theke geschoben: »Heute Nacht Bote bringen.«

Die Anschrift *Irma Eichhorn, Hotel Santa Monica, Cala Major* war mit Computer getippt. Ein Absender fehlte. Irma setzte sich im Foyer auf eins der abgenutzten Sesselchen und riss das Kuvert auf:

Frau Irma Eichhorn,
Aline Kowalzki befindet sich in Geiselhaft. Sie wird nur
freigelassen, wenn Sie, Frau Kommissarin, Ihre polizeilichen
Aktivitäten einstellen und unverzüglich die Insel verlassen.
Aline ist körperlich unversehrt – noch! Aber ihrem Seelchen
geht es nicht sehr gut. Wenn Sie die Polizei einschalten, muss
ich handeln.
XXX

Trotz der drei Kreuze war Irma sofort klar, von wem dieser
Brief kam. Die polizeilichen Aktionen einzustellen war nicht
möglich, da die Fahndung nach Frau Kurtz bereits im Gange
war. In den Suchmeldungen würde aber noch nichts von einer
Geiselnahme stehen. Ob das Frau Kurtz reichte, um Line
nichts anzutun? Und die Insel zu verlassen, solange Line
nicht befreit war, kam natürlich überhaupt nicht in Frage.

Fest stand nur eins: Wo immer sich Frau Kurtz versteckt
hielt, da würde auch Line zu finden sein.

Erst als Irma zu Lines Zimmer gehetzt war und sich überzeugt hatte, dass sie wirklich nicht mehr da war, wurde ihr die
Tragweite der Situation richtig klar. Ihr schwirrte der Kopf.

»Line! Nein, nein, nein«, wisperte sie vor sich hin. »Das
kann nicht wahr sein.«

Schließlich rief sie Leo an. Er war bereits im Dienst und
wollte Irma auf später vertrösten. Aber sie schrie und
schluchzte ihm die schlimme Nachricht in den Hörer.

Leo geriet völlig außer sich. Seine Stimme klang, als ginge
ihm die Luft aus.

»Line weg? Geiselhaft?«, keuchte er. »Ich denke, du hast
jetzt mallorquinische Amtshilfe? Die Polizei soll gefälligst
sofort was tun!«

»Ja, Leo. Aber wie stellst du dir das vor? Was soll die Polizei tun?«

»Suchen! Line suchen und aus der Gewalt dieser Ver-
rückten befreien. Hast du nicht gesagt, die Frau ist zu allem
fähig? Du hast sogar behauptet, sie geht über Leichen!«

»So ist es, Leo. Ich bin doch selbst völlig neben der Kappe vor Sorgen. Aber wenn Line nichts passieren soll, würde ich in diesem Fall die spanische Polizei vorerst lieber aus dem Spiel lassen.«

»Aha!«

»Selbst wenn die Polizei alle Forderungen von Frau Kurtz erfüllen würde, glaube ich nicht, dass Line dadurch freikäme. Die Frau will Zeit gewinnen, um sich später unbemerkt aus dem Staub machen zu können.«

»Und was macht sie vorher mit Line?«

»Ich hoffe, nichts Schlimmes. Kannst du nicht zu mir kommen, Leo, und wir beraten in Ruhe, was wir tun könnten?«

Zum ersten Mal, seit Leo Fitnesskurse gab, ließ er seine Schüler mitten in der Stunde im Stich und fuhr nach Cala Major zu Irma.

Ihre weiteren Gespräche verliefen genauso hilflos wie das Telefongespräch. Leo war hochgradig nervös. So gereizt, wie Irma ihn noch nie erlebt hatte.

Ja, dachte sie, kenne ich ihn denn?

»Sieh mich nicht so an, Leo«, sagte sie. »Ich weiß, was du denkst.«

»Und was denke ich?«

»Du denkst: Hätte ich mich nicht mit einer Kripokommissarin eingelassen, wäre meiner Schwester nichts passiert.«

»Ja, stimmt das denn nicht, Irma? Line wäre ohne deine blödsinnigen Ermittlungen nicht entführt worden!«

»Ist es dir eine Genugtuung, mich zu beschuldigen? Kann davon was besser werden?«

Irma spürte, es fehlte nicht mehr viel und sie würden sich anschreien. Aber wie hätte Leo auch anders reagieren sollen?

Er sah sie nicht an und sagte schließlich: »In einem hast du recht: Die Polizei sollte wegen Lines Entführung nicht alarmiert werden. Ich werde Line selbst suchen.«

Irma atmete auf, sie war der gleichen Meinung. Nur dass Leo »*Ich* werde Line suchen« gesagt hatte und nicht »*Wir*«, schmerzte sie. Sie fragte ihn fast schüchtern, ob sie die Suche nach Line nicht gemeinsam angehen sollten.

»Wenn Frau Kommissarin, ohne die spanischen Kollegen zu informieren, auf Verbrecherjagd gehen darf!?«

»Darf sie nicht«, sagte Irma. »Aber sie tut es.«

»Hat Frau Kommissarin eine Idee, was wir tun könnten?«

Irma sagte, dass sie sich nochmals im Schlosshotel *Castillo* umhören wollte, und fragte Leo, ob er sie hinfahren könne. Wenn nicht, würde sie ein Taxi nehmen.

»Ich fahr dich hin, wenn du willst«, sagte er. »Aber was versprichst du dir davon? Du hast erzählt, ihr hättet gestern schon stundenlang das Zimmer dieser Frau durchgecheckt. Ohne Erfolg, wie du zugegeben hast.«

»Es steht aber fest, dass Frau Kurz noch auf der Insel ist.«

»Wie willst du da so sicher sein?«

»Das verrät sie in dem Brief an mich. Wenn sie nicht mehr hier wäre, bräuchte sie mich nicht aufzufordern, Mallorca zu verlassen.«

»Aber inzwischen wird sie heute Morgen aus dem Radio oder der Zeitung erfahren haben, dass sie gesucht wird.« Leo schüttelte den Kopf. »Deswegen wird sie sich hüten, wieder im Hotel aufzutauchen. Bildest du dir etwa ein, sie würde dort auf dich warten?«

»Nein, das nicht«, sagte Irma kleinlaut. »Du hast recht: Sie hält sich irgendwo versteckt, irgendwo auf der Insel. Und sie hat Line dorthin mitgenommen – wie auch immer das passieren konnte. Da ich aber nicht weiß, wo ich mit der Suche beginnen soll, und die letzte Spur, die ich von ihr habe, im *Castillo* ist, möchte ich dort noch mal hin.«

»Okay«, sagt Leo. »Fahren wir.«

* * *

Line friert und ihr schmerzen alle Glieder, weil sie auf einer dünnen Decke liegt. Oder ist es ein Sack? Es fühlt sich an, als sei festgetretene Erde darunter. Line weiß nicht, was ihr geschehen ist. Sie hat keine Ahnung, wie sie hierhergekommen ist und wie lange sie schon hier liegt. Ihr scheint, als seien es viele Stunden gewesen. Manchmal ist sie vor Müdigkeit weggedöst. Richtig geschlafen hat sie nicht. Sie will auch nicht schlafen, weil sie nachdenken muss. Aber Nachdenken ist schwierig, wenn man müde ist, wenn man friert und einem alles wehtut. Es ist stockdunkel und sehr still um sie her. Nur manchmal meint sie, einen Lichtschimmer zu sehen, einen dünnen Streifen, der auf dem Boden liegt und etwa die Breite einer Tür hat. Zwei oder drei Mal hört sie Geräusche, die sie für Schritte hält. Schwere, feste Männertritte. Als der Lichtstreifen wieder erscheint, kriecht Line auf allen Vieren darauf zu, hat ihn erreicht, als er verlischt. Sie tastet gegen rissiges Holz. Eine Tür? Wenn es eine Tür ist, so lässt sie sich nicht öffnen. Es gibt keine Klinke. Rechts und links neben der Fläche aus rissigem Holz fühlt Line eine Mauer. Die großen Quadersteine sind rau und kalt. Line nimmt die Hände von der Mauer und hämmert wie besessen gegen das Holz. So fest, dass die Haut ihrer Fingerknöchel aufreißt. Der Schmerz steigt von den Händen in die Brust und verschmilzt mit der Angst. Und nun schreit sie. Gellend. Langgezogen. Line schreit um Hilfe.

Die Männerschritte. Auf einer Treppe. Abwärts. Stille. Dann lautes Rumpeln. Außen wird etwas weggeschoben. Der Lichtstreifen unter der Tür verbreitert sich, wächst zu einem hohen, hellen Quadrat. Das Licht kommt von einer Kerze. Es blendet. Im Gegenlicht steht ein riesiger schwarzer Kerl. Jetzt spricht er. Mit einer Altstimme. Es ist eine Frau.

»Endlich ausgeschlafen? Hast ein bisschen zu viel Chloroform erwischt. Bist ja nur eine halbe Portion.« Das Lachen kommt tief aus der Kehle, es klingt dunkel und spöttisch.

Line kann das Gesicht nicht erkennen, sie fragt: »Wer sind Sie? Was habe ich Ihnen getan? Warum bin ich hier?«

»Du bist meine Geisel. Aber keine Sorge, deine Freundin Irma Eichhorn wird sich dafür einsetzen, dass du hier wieder rauskommst. Sie wird mit mir verhandeln müssen. Sie wird doch ein kleines Opfer bringen können für die Schwester ihres Geliebten? Oder ist sie zu karrieregeil? Sie hat mich gefunden. Aber ich bin ihr entwischt. Sie sollte sich hüten, weiterhin die Polizei auf mich zu hetzen.«

In Lines Kopf dämmert es – diese Frau, die als massiger Schattenriss vor ihr steht, kann nur Frau Kurtz sein.

Sie erkannt zu haben, gibt Line Mut. Sie sagt: »Es ist Irmas Job, und ich verstehe nichts davon. Lassen Sie mich hier raus. Bitte!«

»Bilde dir keine Schwachheiten ein, mein Kind. Ich habe Irma Eichhorn in der Hand. Wenn sie verhindern will, dass dir etwas zustößt, dann wird sie handeln, wie ich es verlange. Sie hat es schriftlich.«

»Das ist Erpressung!«, schreit Line.

»Du hast es erfasst!«, sagt Frau Kurtz und schickt ein tiefes Hohnlachen nach.

»Ich hab Hunger«, sagt Line.

»Meinst du, ich nicht? Warum soll es dir besser gehen als mir? Ich will dich nicht noch einmal schreien hören! Verstanden?«

Der schwarze Schatten tritt zurück, und bevor Line reagieren kann, schließt sich die Tür. Es ist wieder dunkel, und draußen wird etwas Schweres vor die Tür geschoben.

Line reißt sich verzweifelt an den Haaren, der Schmerz lenkt sie von ihrer aussichtslosen Situation ab. Sie erschrickt, als sie merkt, so sehr gezerrt zu haben, dass sie ein kleines Büschel von schweißverklebten Haaren in der Hand hält. Sie wirft es auf den Boden und denkt: Ich darf hier nicht durchdrehen, ich muss mich zusammennehmen.

Line kriecht in eine Ecke, kauert sich zusammen und denkt nach.

Was ist gestern passiert? – Ich habe nachmittags im Hotelzimmer am Laptop gearbeitet und zwischendurch einige dienstliche Telefongespräche geführt. Daran kann ich mich genau erinnern. Es muss schon gegen Abend gewesen sein, als ich ins Foyer gerufen wurde. Wer ist das gewesen, der mich sprechen wollte? Wer hat im Foyer auf mich gewartet?

Ganz allmählich setzt sich vor Lines Augen, die in die Dunkelheit starren, eine Person zusammen: Ein junger Spanier, nett und zuvorkommend.

Was hat er nur von mir gewollt?

Stückweise fällt es Line wieder ein: Der junge Mann hatte gesagt, er käme von Irma Eichhorn, der deutschen Kriminalkommissarin, die zurzeit gemeinsam mit der spanischen Polizei im Hotel *Castillo* nach einer gesuchten Person fahnde. Es gäbe Sprachschwierigkeiten zwischen Frau Eichhorn und den spanischen Polizeibeamten.

»Frau Eichhorn bittet Sie zu kommen und ihr zu dolmetschen. Ich fahre Sie hin.«

Ja, denkt Line, so ist es gewesen. Und wenig später bin ich in das Auto des netten Spaniers gestiegen. Ich hab mich gefreut, Irma behilflich sein zu können, und auch darauf, nochmal das Schloss und den exotischen Park zu sehen.

Line legt den Kopf auf die Knie und erinnert sich.

Ich habe viel zu spät gemerkt, dass der Spanier auf der Ma-13 Richtung Norden fuhr. Auf meine Frage, ob er sich verfahren hätte, hat er geantwortet: »Scheint so«, aber keine Anstalten gemacht, umzukehren.

Als mir endlich klar wurde, dass etwas nicht stimmte, waren wir schon mindestens dreißig Kilometer von Palma entfernt. Bald darauf hat der Wagen die Autobahn verlassen und ist auf eine Nebenstraße gewechselt. Dadurch wurde die Fahrt langsamer. Ich habe gejammert, dass ich pinkeln müsse, und da hat der Wagen tatsächlich angehalten. Mich hat ein freudiger Schreck durchzuckt, als der Mann ausgestiegen ist und den Vordersitz gekippt hat. Ich hab gedacht, er wollte mir heraushelfen. Meine Freude ist in Todesangst umgeschlagen, als ich das Chloroform gerochen und den Wattebausch auf meinem Gesicht gefühlt habe.

Als ich wieder zu mir gekommen bin, holperte der Wagen über einen Feldweg. Es dämmerte. Wir fuhren durch eine gottverlassene Gegend mit ausgetrocknetem Ackerland. Ich merkte, dass meine Hände gefesselt waren.

Der Wagen hielt vor einem Gartentor. Ich erkannte hinter dem schadhaften Zaun die Umrisse eines Gebäudes. Unvermittelt tauchte eine Frau neben dem Wagen auf. Sie trug Jeans und ein kariertes Männerhemd. Allein schon durch ihre Größe brachte ich sie mit der Frau im Park des Hotels *Castillo* in Verbindung. Es war zweifelsfrei Frau Kurtz.

Ja, denkt Line und starrt in die Dunkelheit ihres Gefängnisses, so ist es gewesen, jetzt fällt mir alles wieder ein: Frau Kurtz befahl mir auszusteigen und schob mich vor sich her zu dem Haus, das ich für eine verlassene Finca hielt. Als wir drinnen waren, versuchte ich, durch ein Fenster abzuhauen. Aber wie sollte das gelingen, da doch meine Hände gefesselt waren? Die Frau zog mich zurück und legte mich wie eine Puppe über ihre Schulter. Obwohl ich wie besessen schrie und strampelte, trug sie mich in die Mitte der Stube. Mir war schleierhaft, woher die Frau so viel Kraft hatte, mich festzuhalten.

Dann lag ich auf dem Fußboden, und sie stellte einen Fuß auf meinen Bauch, was mir die Luft nahm und mich verstummen ließ. Sie lachte hämisch zu mir herunter.

»Wenn du nicht brav bist, muss ich streng werden.«

Sie kam mir vor wie ein Dämon, und ich fing an zu schreien. Da griff sie hinter sich, und im nächsten Moment fühlte ich den Wattebausch auf Mund und Nase. Ab diesem Punkt weiß ich nichts mehr, bis ich hier in diesem Verlies aufgewacht bin. Oder ist das eine Gruft? Wenn es hier doch nicht so verdammt kalt und dunkel wäre!

Line spürt etwas an ihren Beinen kitzeln. Eine Spinne? Oder Kellerasseln? Sie ekelt sich, aber schlimmer ist die Kälte. Line trägt nur ein leichtes T-Shirt und Bermudashorts. Ihre Kiefer zittern und schlagen aufeinander. Es hört sich an, als trommelt ein Specht auf Porzellan.

Ich muss die Decke suchen, auf der ich lag, als ich aufgewacht bin, denkt sie. Ich werde mich darin einwickeln, damit meine Zähne nicht mehr klappern. Oder ich muss mich bewegen, um weniger zu frieren. Sie rappelt sich auf, wirft die Arme auseinander und vor der Brust wieder zusammen und hüpft auf der Stelle. Aber gleich erstarrt sie vor Schreck, als es blechern scheppert, ein Geräusch, das hohl von den Wänden widerhallt. Ihr Fuß hat einen Eimer umgestoßen. Sie kapiert, dass das ihre Toilette sein soll, und benutzt sie sofort.

Brünnhilde Kurtz ist die steile Kellertreppe hochgestiegen und hat oben eine Tür hinter sich verschlossen. Der niedrige Raum, den sie betritt, ist der, in dem sie am Tag zuvor Lines Flucht durchs Fenster vereitelt hat. Diese geräumige Wohnküche, in der sich früher vermutlich das gesamte Familienleben abgespielt hat, wirkt, als wäre sie jahrelang nicht bewohnt worden. Frau Kurtz nimmt einen Reisigbesen aus der Ecke und fegt mit wütenden Bewegungen den Staub von einem Stuhl. Sie stellt ihn vor eins der kleinen Fenster, setzt sich darauf und starrt hinaus. Der Vorgarten der verlassenen Finca ist verwahrlost. Nur wilder Mohn, Rittersporn und Margeriten haben sich behauptet und blühen in der flimmernden Sonne um die Wette.

Brünnhilde interessiert sich nicht für Gärten und Blumen, sie stützt das Kinn in die Handballen und flüstert: »Soll alles umsonst gewesen sein?«

Mit einem Ruck reißt sie die Arme hoch und ballt die Fäuste. Sie vermisst ihren Boxsack. Am liebsten würde sie gegen die Wände boxen. Hastig zieht sie den MP3-Player aus der Hosentasche und stellt auf Walkürenritt. Sie legt die Stirn aufs Fensterbrett und lässt sich von der wilden Jagd der Musik forttragen. Sie fühlt sich als Walküre.

»Walküren haben die Fähigkeit, ihr Schicksal zu fügen«, wispert sie. Und dann schreit sie gegen die Posaunen an: »Ich habe mein Schicksal bis hierher gefügt und werde mein Ziel nicht aufgeben!« Sie hebt den Kopf, starrt aus dem Fenster, ohne etwas zu sehen, und spricht leise vor sich hin: »José ist nicht zu trauen. Ich muss hier weg. Ich werde nach einem anderen Versteck suchen. Danach muss ich nur Geduld haben, bis die Suche nach mir eingestellt worden ist. Geduld haben. Weiter nichts.«

Brünnhilde Kurtz presst die Hände auf ihren leeren Magen und ihr wird eine weitere Panne ihres so gut ausgetüftelten Planes bewusst. Keine schicksalhafte, aber eine lebenswichtige Panne: José hat die Lebensmittel, die er ihr mitbringen sollte, in der Hektik ihres letzten Zusammentreffens nicht abgeliefert. Sie liegen noch im Kofferraum seines Wagens, mit dem er wieder Richtung Palma gefahren ist.

Vielleicht, denkt Brünnhilde, hätte ich José doch nicht so abrupt von der Finca jagen sollen. Sie hat Hunger. Ein Zustand, der ihr unerträglich ist und sie am logischen Denken hindert.

* * *

Leo hatte den Leihwagen noch nicht zurückgegeben, weil er gehofft hatte, Irma noch etwas von der Insel zeigen zu können. Nun musste der Wagen für eine weitere Dienstfahrt herhalten. Für einen dienstlichen Ausflug mit Irma. Zudem ein Ausflug, der zum Verzweifeln beunruhigend war.

Auf der Fahrt hinauf nach Son Vida schwiegen sie. Die atemberaubenden Ausblicke aufs Meer ließen sie gleichgültig. Sie bemerkten auch nicht das Licht, das die Insel leuchten ließ. Dieses Morgenlicht, das so viele berühmte Maler zu zauberhaften Bildern inspiriert hatte. Irma und Leo wollten so schnell wie möglich an ihr Ziel gelangen. Obgleich sie beide nicht wussten, wonach sie in und um das Hotel, das Frau Kurtz Hals über Kopf verlassen hatte, suchen sollten, fiel ihnen nichts ein, was sie sonst hätten tun können. Ihre Gedanken kreisten ständig um Line.

Am Hotel *Castillo* angekommen, setzten sie sich bedrückt und ratlos auf eine Bank im Park. Die Sonnenliegen unter den Palmen waren fast alle belegt. Dazwischen wuselte ein kleiner Kellner umher und nahm Bestellungen für Drinks und Snacks auf.

Leo sah ihm zu und dachte: Der hat einen echt bekloppten Job. Den ganzen Tag muss er scheißfreundlich zu dieser Schickeria-Bande sein, damit er zu seinem jämmerlichen Lohn ein bisschen Trinkgeld bekommt.

Und dann nahm Leo seine Sonnenbrille ab und sagte leise und aufgeregt: »Verdammt, den Kerl kenn ich.«

Irma blickte Leo irritiert an und fragte, was er damit meine.

Er zeigte unauffällig zu dem Kellner: »Wie kommt der denn hierher? Wieso kellnert der hier?«

»Warum sollte er nicht?«, fragte Irma. »Ich hab ihn gestern schon gesehen. Er hat Brünnhilde Kurtz bedient. Sehr liebevoll bedient, wie mir schien.«

»Dieser kleine Affe war gestern Abend bei mir im Studio, hat wer weiß wie weltmännisch getan und sich für Fitnesskurse angemeldet. Er hat sich als Geschäftsmann aus Barcelona ausgegeben.«

Und dann sagte Leo etwas, was Irma aufhorchen ließ: »Wenn ich jetzt über seinen Besuch nachdenke, muss ich gestehen, ich hab mich regelrecht von ihm ausfragen lassen.«

»Ausfragen lassen? Worüber?«

»Er hat gefragt, ob ich eine Freundin hätte. Und ich habe stolz und ehrlich gesagt: Ja!«

Irma wurde zusehends aufgeregt. »Und was hast du noch ausgeplaudert?«

»Dass du dienstlich hier zu tun hast!«

»Als Kripokommissarin.«

»Nein, das nicht. Aber ich hab ihm auch von Line erzählt.«

Leo wühlte seine Hände in seine kurzen, von der Sonne gebleichten Locken. Als er Irma ansah, lag in seinen Augen Entsetzen.

»Ich Idiot hab erzählt, in welchem Hotel ihr wohnt. Das wird er brühwarm Frau Kurtz berichtet haben.«

Irma lehnte sich zurück und sagte gedehnt: »Na, dann geh mal hin zu dem Herrn und frag ihn ein bisschen aus. Sag: ›Wir kennen uns doch und ich freue mich, wenn Sie zum Kurs kommen.‹ Ich werde beobachten, wie er reagiert, und meine Schlüsse ziehen. Wenn er sich verdächtig macht, das heißt nervös wird, dann rede ich ein ernstes Wort mit ihm.«

Leo konnte sich sparen, den Kellner anzusprechen. José kam eilfertig und nichts ahnend zu ihnen, um nach ihren Wünschen zu fragen. Als er Leo erkannte, erstarrte er.

»Wie schnell man sich wiedersieht!«, sagte Leo spöttisch. »Nächste Woche geht es ja los mit Ihrem Fitnesstraining, Herr Lopez – oder heißen Sie womöglich anders?«

Josés bräunlicher Teint bekam die Farbe von Schimmelkäse. Seine Lippen unter dem spanischen Bärtchen zuckten, doch er brachte kein Wort hervor. Er sah sich um, als wollte er sich postwendend verdrücken, aber Leo hielt ihn am Arm fest.

Irma sagte kurz angebunden, er solle sich zu ihnen setzen, sie habe ein paar Fragen an ihn.

»Je nachdem, wie Ihre Antworten ausfallen, muss ich Sie entweder mit aufs Polizeipräsidium nehmen oder Sie können wieder an Ihre Arbeit gehen.«

José stotterte, er könne sich nicht einfach auf einer Bank niederlassen, da seine Gäste warteten. Er sei im Dienst.

»Ich auch«, sagte Irma und hielt ihm ihren Dienstausweis unter die Nase.

José setzte sich mit resignierter Miene, aber artig wie ein Schuljunge neben Irma auf die Bank. Vergebens versuchte er seine Hände zu verstecken, weil sie zitterten.

»Also«, sagte Irma,„»erklären Sie mir jetzt bitte, wieso Sie sich für Herrn Kowalzkis Privatleben interessieren. Vor allem, weshalb Sie ihm aus der Nase gezogen haben, in welchem Hotel seine Schwester und ich wohnen.«

José tat, als ob er kein Deutsch verstünde.

Als Leo übersetzt hatte, seufzte der kleine Kellner und sagte: »Das ist lange Geschichte.«

»Damit haben Sie schon zugegeben, an irgendeiner Geschichte beteiligt zu sein«, stellte Irma fest. »Erzählen Sie mal zuerst, wie diese Geschichte beginnt.«

»Mit meine Liebe zu schöne Brünnhilde.«

»Aha«, sagte Irma. »Das reicht vorläufig schon. Dann bringen Sie jetzt mal Ihr Wechselgeld an den Tresen und anschließend fahren wir zusammen nach Palma zur Polizei.«

Leo begleitete den kleinen Kellner in die Bar und ließ ihn nicht aus den Augen, bis er sich dort mit allerhand Ausreden abgemeldet hatte. Auf dem Weg zum Auto musste Leo ihn schließlich am Schlafittchen schnappen, um einen Fluchtversuch zu vereiteln. So kamen sie in scheinbar freundschaftlicher Umarmung bei Irma an, die schon hinterm Steuer wartete. Leo und José setzten sich nebeneinander auf die Rückbank, und Irma raste los.

Im Präsidium ging dann alles rasch. Irma informierte Chefinspektor Fernández, und beide begannen unverzüglich mit dem Verhör. José machte seine Aussagen auf Spanisch und für Irma stand ein Dolmetscher zur Verfügung. Das Protokoll wurde in beiden Sprachen geschrieben. Es enthielt im Wesentlichen die Beziehung Josés zu Brünnhilde Kurtz. Er schilderte willig, wie er derart in ihren Bann geraten war, dass er bereit gewesen war, alles für sie zu tun. Bei dem Auftrag, ihr Informationen über Frau Eichhorn und die Geschwister Kowalzki zu bringen, habe er sich nichts gedacht. Aber als das erledigt gewesen sei, habe Brünnhilde verlangt, dass er sie zu einem einsamen Ort bringen sollte. Er habe sie zu der leerstehenden Finca seiner Großeltern gefahren. Auch bei der Erfüllung dieses Auftrags habe er keine Bedenken gehabt.

Fernández fragte, ob er davon ausgehen könne, dass José später auch Aline Kowalzki zu der Finca gebracht habe. Erstaunlicherweise gab José auch das zu. Das junge Mädchen zu entführen sei ihm eigentlich nicht recht gewesen, sagte José leise. Nur aus Liebe zu Brünnhilde habe er es getan.

Nach und nach gab er auch zu, auf Frau Kurtz' Anordnung in einer Nachtapotheke mehrere Rollen extrabreites Heftpflaster, eine Großpackung Watte und eine Flasche

Chloroform entwendet zu haben. Er betonte, das Aspirin für Brünnhilde bezahlt zu haben.

Irma erkundigte sich, ob sie recht gehört habe, dass Chloroform in Apotheken zu haben sei? Fernández versicherte ihr, das wäre durchaus möglich. In Spanien sähe man manches lockerer als in Deutschland.

Auf Irmas gezielte Frage gestand José auch, den Brief an sie im Hotel *Santa Monica* abgegeben zu haben. Er beteuerte, nicht zu wissen, was darin stand. Einen Brief zu besorgen, das sei doch kein Strafdelikt, sagte er weinerlich.

Irma schienen die Wartephasen, bis Josés Bekenntnisse übersetzt waren, unerträglich lang. Doch als sie gehört hatte, wie José zugab, Line entführt zu haben und auch, dass sich Line seit gestern Nacht zusammen mit Brünnhilde Kurtz auf einer abgelegenen Finca befand, begann sie trotz der Wärme im Raum zu schlottern.

Als Irma fragte, wieso José die Frau, für die er alles zu tun bereit war, nun doch verraten habe, antwortete er: »Sie mir versprochen Geld. Sie mir versprochen Liebe. Aber als junges Mädchen in ihrer Gewalt, sie mich davongejagt.«

Irma bestand darauf, in Begleitung von mindestens zwei Polizisten unverzüglich diese Finca aufzusuchen. José bekam Handschellen verpasst und musste mitfahren, um den Weg zu weisen.

Leo, der außerhalb des Verhörraumes hatte warten müssen, fuhr mit Irma in seinem Leihwagen dem Polizeiauto hinterher, in dem der Chefinspektor und ein weiterer Kripobeamter mit José saßen. Unterwegs brachte Irma Leo so schonend wie möglich die Ergebnisse des Verhörs bei. Leo schwitzte und keuchte. Er knirschte mit den Zähnen, als würde er Knochen zermalmen. Irma wusste, wie sehr er seine kleine Schwester liebte. Und für Irma, eine krisenerprobte Kommissarin, war es das erste Mal, dass ihr ein Opfer nahestand.

Sie kamen zu spät. Die Finca stand leer. Alles deutete auf einen überstürzten Aufbruch hin. Auf der verstaubten Eckbank stand ein Kosmetikkoffer aus edlem Leder mit Aufdruck *Hotel Castillo*. Der Koffer und die exquisiten Schönheitsmittel, die er barg, wirkten in dem armseligen Raum wie Relikte aus einer anderen Welt.

Frau Kurtz' neue Designerklamotten waren im Raum verstreut, als seien sie in kopfloser Wut dort hingeschleudert worden. Vielleicht aus einer Reisetasche, dachte Irma, aus einer Tasche, die Frau Kurtz für den Transport anderer Dinge gebraucht hatte.

Von Line keine Spur! Auch das Geld fand man nicht, wenn Frau Kurtz denn wirklich die Bankräuberin gewesen war.

Doch es dauerte nicht lange, bis das Kellerverlies entdeckt wurde. Irma vermutete sofort, dass es Lines Gefängnis gewesen war. Das wurde zur Gewissheit, als Irma ein kleines Haarbüschel vom Boden aufhob. Streichholzlange grünrot-gelbe Haare. Irma liefen kalte Schauer über den Rücken. Wer hatte Line diese Haare ausgerissen? Hatte hier unten ein Kampf zwischen der kleinen, zarten Line und der hünenhaften, starken Frau Kurtz stattgefunden? Oder hatte Line sich die Haare selbst ausgerissen, um ein Zeichen zu hinterlassen? Ein Zeichen, dass sie hier gewesen war?

Irmas Aufregung wuchs sich zur Panik aus, als der Kripobeamte, der den Garten inspizierte, einen faustgroßen Wattebausch zwischen den Klatschmohnstauden fand. Nachdem Irma das Chloroform gerochen hatte, bekam sie Bauchschmerzen. Nicht von dem Geruch, sondern vor Sorgen um Line.

Leo hatte von diesem Fund nichts mitgekriegt. Er saß auf der Eingangsstufe, hielt das Plastiktütchen mit Lines Haaren in der Hand und starrte es an, als könne er die Zukunft daraus lesen.

Irma versuchte fieberhaft, sich vorzustellen, was Brünnhilde Kurtz in diesem Haus getrieben hatte. Der Letzte, der Frau Kurtz und Line gesehen hatte, war José. Aber das war in der letzten Nacht gewesen. José beteuerte immer wieder, er habe weiter nichts getan als Line abzuliefern. Brünnhilde hätte ihn angeschrien und weggeschickt.

In Irmas Kopf kreisten gebetsmühlenartig immer wieder die gleichen Fragen: Was hatte Frau Kurtz mit Line gemacht, nachdem José weggefahren war? Warum hatte Frau Kurtz sich entschlossen, die Finca zu verlassen? Hatte sie geahnt, dass José sie verraten würde? Wohin war sie geflohen? All das konnte Irma nicht mit Chefinspektor Fernández besprechen, weil es wegen sprachlicher Probleme zu kompliziert gewesen wäre.

Schließlich sagte sie zu ihm: »Ohne Auto kann Frau Kurtz mit Aline Kowalzki nicht weit gekommen sein. Bitte sorgen Sie dafür, dass wir einen Suchhund bekommen.«

Erst nachdem Leo das dem Chefinspektor übersetzt hatte, verstand er es. Fernández schüttelte bedauernd den Kopf und hielt eine längere Predigt, von der Irma so gut wie nichts verstand, weil der Chefinspektor aufgeregt und schnell sprach und dabei Deutsch und Spanisch mit englischen Brocken mischte.

Wieder musste Leo übersetzen: »Die Polizei auf der Insel hat keine Suchhunde. Sie müssen Hundeführer mit ihren Tieren vom Festland kommen lassen – das kann dauern. Aber Fernández verspricht Verstärkung anzufordern. Er will Leute herschicken, die die Spuren sichern und das Hinterland durchkämmen sollen. Aber ...« Leos Stimme klang verzweifelt und hilflos, als er Irma den letzten Teil von Fernández' Rede übersetzte: »Der spanische Chefinspektor sagt: Da morgen Sonntag ist und er ohnehin viel zu wenig Personal hat, müssen weitere Aktionen auf Montag vertagt werden. Schließlich wäre ja auf spanischem Territorium bisher kein Mord geschehen.«

Irma keuchte: »Das kann doch nicht wahr sein?!«

Leo blickte ratlos von einem zum anderen und sagte resigniert: »Es hörte sich aber an, als ob er's ernst meint. Und Line wartet und wartet, und niemand kommt, um sie zu befreien!«

Inzwischen ging es auf acht Uhr abends. José, der die ganze Zeit im Dienstwagen hatte warten müssen, war eingeschlafen.

Der Mann hat Nerven wie Stahlseile, dachte Irma.

Aber dann, als der kleine Spanier hochschreckte und sie mit rotgeweinten Augen ansah, wurde ihr klar, wie erschöpft und verzweifelt er war. Doch weil sie sich genauso erschöpft und verzweifelt fühlte, tat er ihr nicht leid. José war selbst schuld an seinem Dilemma Wie hatte er ein Mädchen wie Line dieser unberechenbaren Frau ausliefern können? Konnte ein junger Mann so dämlich sein? Hatten alle Spanier ein Brett vorm Kopf, wenn sie verliebt waren? Irma fühlte sich selbst dämlich, weil sie keine Antworten auf ihre Fragen fand.

Fernández sah Irmas entmutigte Miene und versicherte in seinem gebrochenen Deutsch, aber diesmal langsam und verständlich, er würde erreichbar und in Bereitschaft sein, wenn sich am morgigen Sonntag etwas ergäbe, das das Eingreifen der spanischen Polizei nötig mache.

»Bedeutet das, ich kann Sie telefonisch zu Hilfe rufen, wenn mir Frau Kurtz irgendwo begegnen sollte?«, fragte Irma.

»Si. Ist okay. Ich kommen«, sagte Fernández und lächelte.

Irma lächelte müde zurück.

Danach sagten die Spanier freundlich adiós und fuhren ohne weitere Kommentare mit ihrem Dienstwagen davon. José hockte unglücklich auf dem Rücksitzt, er hatte soeben erfahren, dass er in Palma in Gewahrsam kommen würde.

Irma und Leo blieben auf der Finca und suchten nochmals das Haus und den Garten ab. Erfolglos. Eine Weile zogen sie in Erwägung, hier zu übernachten, aber in den verwahrlosten Räumen befand sich weder ein Bett noch ein Sofa. Außerdem hatten sie Hunger und es gab in der Nähe kein Gasthaus. Und selbst, wenn sie am nächsten Tag in der näheren Umgebung ein Dorf finden würden, hätten die Läden geschlossen, da dann Sonntag war. Aus diesen Gründen und auch mit der winzigen Hoffnung, Line vielleicht im Hotel in Cala Major zu finden, entschlossen sie sich zurückzufahren.

Es war bereits stockdunkel, als sie sich auf den Weg machten. Beide gestanden sich ein, dass sie bei der Hinfahrt zu aufgeregt gewesen waren, um auf die Strecke zu achten. Sie waren ohne nach rechts oder links zu sehen dem Polizeiwagen gefolgt, in dem José gesessen und den Weg gewiesen hatte. Sie erinnerten sich nur noch, die Autobahn bei Binissalem verlassen zu haben und dann lange über eine schlaglochgespickte Landstraße an Olivenplantagen und Weinfeldern entlanggefahren zu sein. Die letzte Etappe waren sie über Karrenwege geholpert, bis sie vor der Finca gehalten hatten.

Nun fuhren sie los, hinein in die Dunkelheit. Schon nach wenigen Kilometern hatten sie die Orientierung verloren. Mehr als eine Stunde lang kurvten sie über Karrenwege durch die große Ebene, die Leo »Es Pla« nannte. Endlich erreichten sie eine asphaltierte Straße, und um sicherzugehen, nicht wieder in einer abgelegenen Gegend zu landen, folgten sie dem Schild, das nach Inca wies. Vor Inca, der nächsten größeren Stadt nordöstlich von Palma, fanden sie den Zubringer zur Autobahn und nahmen nun die entgegengesetzte Richtung.

Da es beiden vor Müdigkeit, Hunger und Durst ganz flau war, legten sie kurz nach Santa Maria eine kurze Rast am *Festival Park* ein. Der *Festival Park* war ein Konsumtempel amerikanischer Prägung, der dicht an der Autobahn lag und bis in die Nacht hinein geöffnet hatte.

Gestärkt fuhren sie weiter und hatten eine Stunde später Cala Major erreicht.

Leo, der krank vor Sorgen um Line war, blieb die Nacht über bei Irma. Darüber war sie sehr froh, weil sie in der gleichen Gemütsverfassung war und sich vor dem Alleinsein fürchtete.

Obwohl es kurz vor Mitternacht war, rief Leo noch seinen Chef an.

Nach einem langen, aufgeregten Gespräch auf Spanisch sagte Leo zu Irma: »Der Boss hat zwar Zeter und Mordio geschrien, aber schließlich kapiert, dass er eine Vertretung für mich suchen muss.«

»Danke«, sagte Irma.

»Morgen fahre ich so früh wie möglich zurück zu der Finca und suche weiter«, sagte Leo.

»Du nimmst mich doch mit?«

Irma war völlig verunsichert. Es schmerzte sie, dass Leo ihr die Schuld an Lines Entführung gab. Sie dachte: Wahrscheinlich braucht er jemanden, den er anklagen kann, um besser mit seiner Angst fertig zu werden.

»Ich kann doch nichts dafür!«, sagte sie flehend. »Wenn ich gewusst hätte ... Ich wünschte, diese schreckliche Frau hätte mich statt Line entführt.«

Leo winkte ab. »Du wärst gar nicht in Josés Wagen gestiegen, weil du nicht so ein gutgläubiges Kind bist wie Line.«

»Sie werden José wegen der Entführung anklagen und auch wegen des Diebstahls in der Apotheke«, sagte Irma.

»José ist mir schnurzegal«, knurrte Leo. »Wegen mir kann ihn der Teufel holen.«

»Fahren wir morgen zusammen zu der Finca?«, fragte Irma.

»Ja.«

Fünfzehn

Sonntag, 11. Juli

In aller Herrgottsfrühe klingelte Irma ihren Chef in Stuttgart aus dem Bett. Sie hatte Schmoll nach dem vielsagenden Brief von Erik an seine Bonnie auch den Erpresserbrief gefaxt. Nun gab sie Schmoll einen ausführlichen Bericht über die Entführung und die vergebliche Suche nach dem Versteck, in dem Frau Kurtz mit Line untergetaucht war. Danach beklagte sich Irma über die unzulängliche Amtshilfe der Spanier.

»Sie behaupten, die Kriminalpolizei müsse nur Sonntagsdienst schieben, wenn es um Mord geht. Anscheinend sind sie der Ansicht, Entführung ist ein Strafdelikt, das auch einen Tag später aufgeklärt werden kann.«

Nachdem Schmoll genügend geflucht hatte und Irma von seinem polternden Bass die Ohren dröhnten, legte er ihr mit etwas leiserer, aber eindringlicher Stimme ans Herz, keinesfalls im Alleingang in der Gegend um die Finca nach Frau Kurtz und Line zu suchen.

»Natürlich suche ich«, sagte Irma. »Außerdem kommt Leo mit, oder meinst du, der macht sich keine Sorgen um seine Schwester?«

Schmoll zischte einen Seufzer durch die Zähne und sagte, er wünsche heute den ganzen Tag telefonisch auf dem Laufenden gehalten zu werden. »Das ist ein dienstlicher Befehl!«

Für diesen letzten Satz verwendete er wieder seinen Donnerton, und der grollte noch nach, als er schon aufgelegt hatte.

Irma und Leo konnten es nicht erwarten, endlich loszufahren. Ausgeschlafen hatten beide nicht. Erstens, weil sie so spät ins Bett gegangen waren und zweitens, weil das Nachtleben in und um das Hotel akustisch äußerst turbulent gewesen war. Sie ließen das Frühstück ausfallen und waren schon kurz nach sieben unterwegs.

Auf den ersten Kilometern schwiegen sie sich an, weil keiner von beiden sicher war, wie sehr der Streit vom vorigen Tag noch schwelte.

Irma sagte bedrückt: »Ich fühle mich tatsächlich schuldig an Lines Unglück. Aber ich habe nur meinen Job gemacht. Ich konnte es nicht verhindern.«

»Schon gut«, sagte Leo. »Ich fürchte, es wird ein langer Tag werden.«

»Oh Mist!«, sagte Irma. »Ich hab vergessen, uns mit Proviant einzudecken.«

»Vor allem brauchen wir genug zu trinken«, sagte Leo. »Wir fahren ja wieder mitten in die Es Pla.«

»Was bedeutet Es Pla?«

»So nennt man hier die zentrale Ebene der Insel. Dort ist es viel heißer als an der Küste.«

»Ich habe jetzt schon Durst«, japste Irma.

»Wir halten in Binissalem«, sagte Leo. »Binissalem ist Mallorcas berühmtes Weindorf, dorthin werden an den Wochenenden ganze Busladungen mit Touristen gekarrt. Deswegen sind die Geschäfte sonntags geöffnet.«

Der Verkehr hatte zugenommen. Urlauber und auch Einheimische waren unterwegs zu den Ausflugzielen nach Alcúdia oder Pollença.

Links der Autobahn lag in der Ferne das Bergmassiv der Sierra de Tramuntana. Trutzig und zauberhaft gleichermaßen.

Weder Irma noch Leo hatten einen Blick dafür übrig. Sie wollten so schnell wie möglich diese Straße hinter sich bringen. Denn inzwischen waren sie übereingekommen, nicht nur die Finca, in der Line gefangen gewesen war, noch einmal unter die Lupe zu nehmen, sondern zusätzlich möglichst viele in der Nähe liegende verlassene Höfe auszukundschaften. Sie waren sich sicher, dass Frau Kurtz mit Line nicht weit gekommen sein konnte.

Gegen acht Uhr erreichten sie Binissalem. Das Dorf bestand aus engen Gassen, gesäumt mit Häusern aus gelben und ockerfarbenen Natursteinen. In jeder Gasse gab es ein oder mehrere Restaurants oder Weingüter, die zu Weinproben einluden.

»Falls unsere Welt wieder in Ordnung kommt«, sagte Leo, »steigen wir hier in diesem Eldorado der Weinkenner in eine der Bodegas und prüfen die edlen Binissalemer Tropfen vor Ort. Versprochen!«

Irma war froh, dass sich dabei Leos deprimierte Miene endlich einmal aufhellte. Sie liebte sein breites Lächeln, bei dem er seine kräftigen Zähne zeigte und die Augen zu Schlitzen zog. Dass er Pläne für eine Weinprobe erwog, hielt Irma für ein gutes Zeichen und hoffte, er wäre allmählich weniger sauer auf sie.

Wegen der vielen Einbahnsträßchen kurvten sie lange im Dorf herum, bis sie endlich das Zentrum erreichten. Sie parkten in der Nähe des Marktplatzes. Dann umrundeten sie die Kirche, die das Dorf wie eine Festung überragte. Neben dem Portal standen auf Sockeln ein hübsches steinernes Mädchen und ein schmucker steinerner Bursche, beide unverkennbar Winzer. Der Strom der trinkfreudigen Touristen hatte noch nicht eingesetzt, doch die Geschäfte waren schon geöffnet.

Sie kauften Käse und Schinken, an einem Obststand kamen Äpfel und beim Bäcker eine Tüte Brötchen dazu. Leo verlangte noch drei in Schmalz ausgebackene Hefestücke, die mit Kürbisstückchen gefüllt und mit Puderzucker überzogen waren.

»Das sind *ensaïmadas* für Line«, sagte er. »Es sind ihre Lieblingskuchen.«

Zuletzt kauften sie einen Sixpack Mineralwasser.

Als sie mit ihren Einkäufen zurück zum Auto gingen, lehnte sich Irma gegen einen Gartenzaun und murmelte: »Ich falle gleich um vor Durst.«

Sie setzten sich auf die Kirchenstufen, aßen hastig jeder ein Brötchen mit Käse und tranken die erste Flasche Wasser aus.

Dann gingen sie eilig und mit schlechtem Gewissen, weil sie so viel Zeit verloren hatten, zum Auto und fuhren los. Ihre Gedanken waren fast ständig bei Line.

»Heute müssen wir sie finden!«, sagte Leo und trat fester aufs Gas.

Als sie von der Kuppe der steilen Brücke, die die Autobahn überspannte, über die endlos scheinende Ebene blickten, sank ihre Hoffnung, Line zu finden, auf den Nullpunkt. Auf der anderen Seite der Autobahn verliefen die Straßen zwischen Oliven-, Mandel- und Weinfeldern. Es hätte eine wunderschöne Tour sein können, doch sie hatten beide den Eindruck, dass diese asphaltierten Straßen nie und nimmer zu verlassenen Fincas führten. Nach einer halben Stunde wechselten sie auf schmale, holperige Pfade, die sich durch ausgetrocknetes Ackerland schlängelten. Zwei Gehöfte, an denen sie vorüberkamen, waren verriegelt und verrammelt. Es war absolut unwahrscheinlich, dass sich jemand darin verborgen hielt.

Sie schwiegen, weil sie sich nichts zu erzählen hatten. Nur einmal, als sie an einer Windmühle, die ohne Flügel in der Landschaft stand, vorüberkamen, erzählte Leo, dass die Mühlen die eselgetriebenen Schöpfbrunnen ersetzten, mit denen früher Grundwasser hochgepumpt wurde. Dadurch sei in dieser regenarmen Ebene Landwirtschaft erst möglich gewesen. Er zeigte auf ein stattliches Anwesen, dem sie sich näherten.

»Für diesen Finca-Palast wird das Grundwasser heutzutage mit Diesel- oder Elektromotoren ans Tageslicht befördert. Für die Duschen und Schwimmbäder der Hotels und zur Bewässerung der Golfplätze. Da bleibt für die Landwirtschaft nicht genug übrig – das ist der Grund, warum die Bauern ihre Höfe verlassen.«

Es ging inzwischen auf Mittag. Über der Es Pla lag blendendes Zwielicht. Die heiße Luft zitterte über den Feldern.

Irma sagte verzagt: »Ich glaube, wir finden nicht einmal die Finca, in der Line gefangen gewesen ist. Und wahrscheinlich finden wir auch nicht wieder zurück nach Binissalem. José fehlt als Lotse.«

»Hast recht«, knurrte Leo. »Wieso sitzen dieser José und die Polizei jetzt gemütlich irgendwo im Kühlen, und wir haspeln uns hier ab wie die Sträflinge? Was ist das für ein beschissener Job, in dem du arbeitest, Irma?«

Sie merkte, dass er wieder auf einen Tiefpunkt seiner depressiven Laune zusteuerte, und antwortete nicht.

Als sie schon alle Hoffnung, die Finca zu finden, aufgegeben hatten, sahen sie in der Ferne ein Dorf. Es lag unter der flimmernden Hitze wie eine Fata Morgana. Sie erkannten es an der einsamen verstaubten Palme, die die armseligen Häuschen zu bewachen schien. Hinter diesem Dorf musste die Finca liegen! Sie stellten den Fiat neben einer Scheune ab und gingen ins Dorf. Es war wie ausgestorben. Die wenigen Einwohner, die es geben mochte, hielten vermutlich Siesta. Auch der kleine Marktplatz lag verlassen. Die zwei Kneipen und der Kramladen waren geschlossen.

Plötzlich packte Irma Leos Arm und zog ihn hinter einen Mauervorsprung. »Die Frau, die dort die Dorfstraße herunterkommt«, wisperte Irma aufgeregt, »die mit dem Sackkleid und dem Kopftuch. Das ist sie!«

»Wer?«

»Frau Kurtz!«

Er schüttelte den Kopf. »Siehst du Gespenster, Irma? Das ist eine Einheimische. Oder vielleicht eine Muslimin. Auf Mallorca leben viele Leute aus arabischen Ländern.«

»Aber ich erkenne sie – vor allem an der Größe!«

»Hast du mir nicht erzählt, sie hätte sich zu einer Schönheit gemausert, der die Männer nachrennen?«

»Das ist drei Tage her«, flüsterte Irma schnell und atemlos. »Seitdem ist viel passiert. Mir scheint, Frau Kurtz hat ihr Aussehen noch einmal geändert. Sie ist ein Chamäleon, ich vermute, nicht nur äußerlich, sondern auch in ihrer Persönlichkeit. Sie passt sich ihrer Umgebung an, wie sie es gerade für ihre Pläne braucht.«

Leo lugte um die Hausecke zu der Frau, die vor dem Laden stehen geblieben war.

Irma flüsterte aufgeregt weiter: »Sie hat in der Finca dieses Sackkleid und das Tuch gefunden. Sie hat ihr Make-up aus dem Gesicht gewischt, ihre neuen Kleider und Schönheitsmittelchen bei dem hektischen Aufbruch im Stich gelassen und spielt nun die arme Pilgerin.«

Leo, der Frau Kurtz nie zuvor gesehen hatte, beobachtete die Frau, wie sie sich an der Ladentür zu schaffen machte. Sie schien sich sicher zu fühlen, denn sie schaute sich nicht einmal um. Bevor die Tür aufsprang, knirschte es, als sei ein Werkzeug, vielleicht ein Schraubenzieher, benutzt worden. Die Frau schlüpfte durch die Tür und zog sie hinter sich zu.

Als sie nach zehn Minuten wieder auftauchte, trug sie zwei prall gefüllte Einkaufsbeutel. Das Kopftuch war ihr ins Genick gerutscht. Irma sah, dass sie die Haare abgeschnitten hatte. Ihre neue Frisur zeigte die Struktur eines Handfegers. Niemand hätte sie aufgrund der Fahndungsbeschreibung erkennen können.

»Ich gehe ihr nach«, sagte Leo. »Wenn es wirklich Frau Kurtz ist, wird sie dahin gehen, wo Line ist. Du musst hier warten, Irma. Lass dich nicht blicken, sie würde dich erkennen.«

»Und wenn sie dich entdeckt?«

»Sie wird mich für einen Touristen halten, der sich in dieses gottverlassene Dorf verirrt hat. Warum sollte sie auf die Idee kommen, dass ich ihr auf den Fersen bin?«

Irma nickte und setzte sich in den Schatten eines Feigenbaumes auf ein Mäuerchen. »Okay. Warte bitte noch einen Moment! Ich versuche, Fernández zu erreichen, um unseren Standort durchzugeben. Wir brauchen Verstärkung.«

So ein Pech, dachte sie, während sie Fernández' Nummer eingab, heute hätte ich gern meine Dienstpistole dabei. Aber hier bin ich nur geduldet. Die spanische Polizei hat die alleinige Zuständigkeit und operative Verantwortung. Ich darf nur beratend dabei sein. – Warum nimmt dieser verflixte Chefinspektor nicht ab? Er hat doch versprochen …

Und da meldete sich Fernández endlich.

Leo erklärte ihm auf Spanisch, wo sie sich befanden, und Fernández versprach, in spätestens einer Stunde da zu sein.

Nach dem Telefongespräch lief Leo in die Richtung, die die Frau eingeschlagen hatte. Sie war noch nicht weit gekommen, saß auf den Stufen zum Eingang eines unbewohnt aussehenden Häuschens und verschlang gierig Kuchenstücke aus einer Tüte. Leo ging in Deckung und wartete, bis sie weiterging. Er sah sie vor sich auftauchen und wieder verschwinden. Sie ging dicht an den Hausmauern entlang und wurde hin und wieder von deren Schlagschatten verschluckt. Am Dorfende bog sie in einen Trampelpfad ein, der sich in einer ausgedörrten Wiese verlor. Die Wiese endete an einer Hecke aus grau verstaubten Oleanderbüschen. Frau Kurtz tauchte in die Sträucher ein und verschwand.

Irma saß noch immer auf dem Mäuerchen unter dem Feigenbaum, als die Tür des Kramladens aufflog und eine Frau herausgerannt kam. Als sie Irma entdeckte, lief sie wutschreiend auf sie zu. Irma verstand sie nicht, aber wusste sofort, dass sie für die Diebin gehalten wurde, die soeben den Laden geplündert hatte. Ihre Erklärungen und Unschuldsbeteuerungen brachten die temperamentvolle Spanierin nur noch mehr in Rage. Die vermeintliche Unverfrorenheit, mit der Irma unter dem Feigenbaum sitzen blieb, schien sie zur Weißglut zu bringen.

Durch das Geschrei flogen nun noch mehr Haustüren auf, und bald war Irma von einer wütenden Meute von zehn Leuten und einem Dutzend Kindern umringt. Irma verstand nur eins: Man forderte von ihr, die gestohlenen Waren zu bezahlen. Aber dann schien jemandem aufzufallen, dass weit und breit nichts von den geklauten Sachen zu sehen war. Während Irma von zwei stämmigen Frauen bewacht wurde, verlegten sich die anderen Leute und die Kinder aufs Suchen, als habe irgendwer Ostereier für sie versteckt. Das Diebesgut fand sich nicht, aber der Fiat wurde entdeckt. Niemand glaubte Irma, den Schlüssel nicht zu haben. Sie fürchtete schon, einer Leibesvisitation unterzogen zu werden oder dass jemand das Auto gewaltsam öffnen würde, da tauchte ein Alter auf, der ihr wie ein rettender Engel erschien. Ein deutsch sprechender Engel!

Nachdem sie dem alten Mann die Situation, die ja auch ohne Sprachprobleme knifflig genug anmutete, erklärt hatte, gab sie ihm ihr Handy, damit er sich von Chefinspektor Fernández die Wahrheit ihrer Aussage bestätigen lassen konnte.

Eine halbe Stunde später hatte der Alte den anderen Dorfbewohnern die Sachlage erklärt. Die Wogen glätteten sich und die berühmte Gastfreundschaft der Mallorquiner kam an die Oberfläche. Irma wurde zum Kaffee eingeladen, um gemeinsam dem Großereignis, das dem Dorf bevorstand, die Ankunft der Kriminalpolizei, entgegenzufiebern.

Irma, nun mit Dolmetscher ausgestattet, bedankte sich artig für die Einladung, sagte aber, sie müsse sich jetzt auf die Suche nach Frau Kurtz machen. Daraufhin berichtete der deutschsprachige spanische Engel, er habe gestern Abend auf der anderen Seite des Dorfes in der Nähe des ehemaligen Weinlagers eine Fremde gesehen. Er bot Irma an, sie hinzuführen. Sie lehnte dankend ab, ließ sich aber den Weg erklären. Sie sagte, dass sie sich so unauffällig wie möglich anschleichen wolle, damit die gesuchte Person ihr nicht entwischen könne.

Oh ja, das verstand man – das war wirklich eine spannende Abwechslung im Alltag des kleinen Dorfes. Die Leute versprachen eifrig, die Stellung zu halten und den Kriminalinspektor aus Palma, sobald er einträfe, hinüber zum Weinlager zu führen.

Leo hatte indessen Frau Kurtz vor ebendiesem Weinlager aus den Augen verloren. Sie war zwischen die Oleanderbüsche geschlüpft und so schnell verschwunden, dass sich Leo fragte, ob sie je da gewesen war. Ein Weilchen schritt er ratlos vor der Hecke auf und ab. Dann bog er an der Stelle, die Frau Kurtz verschluckt hatte, einige Zweige auseinander. Er entdeckte eine Feldsteinmauer, aus der ein Loch gähnte. Ein schmales Tor führte ins schwarze Innere. Leider übersah Leo dabei etwas anderes: den Knüppel, der plötzlich in sein Genick sauste, ihn zu Boden gehen ließ und seine Sinne ausknipste.

Als seine Lebensgeister etappenweise zurückgeflackert waren, stellte er fest, dass er an Händen und Füßen gefesselt war. Langsam gewöhnte er sich an die Dunkelheit. Er lag in der Ecke eines höhlenartigen Raumes. Über ihm waren die Felswände zu einer niedrigen Kuppel zusammengewachsen. Mühsam drehte er seinen schmerzenden Kopf zur Seite und erkannte Line. Sie kauerte neben ihm und flüsterte unentwegt seinen Namen.

»Line«, sagte er leise, »kannst du mir die Fesseln durchschneiden? In meiner Hosentasche muss ein Messer sein.«

Line konnte ihm nicht helfen, denn selbst, wenn das Messer noch da gewesen wäre, hätte sie es nicht aus der Tasche nehmen können, weil auch ihre Hände gefesselt waren.

»Ich bin so durstig«, hörte Leo sie wispern. »Und ich hab fürchterlichen Hunger!«

Leos Beschützerinstinkt, mit dem er zwanzig Jahre lang seine jüngere Schwester umsorgt hatte, ließ seine Kräfte zurückkehren. Gleichzeitig erfasste ihn ein abgrundtiefer Hass auf diese furchtbare Frau. Leo war davon überzeugt, Frau Kurtz hatte der Hunger ins Dorf getrieben. Er war sich sicher, dass sie draußen vor der Höhle saß und sich die geklauten Nahrungsmittel schmecken ließ. Als er seine kleine Schwester ansah, die vor Durst hechelte wie ein junger Hund, musste er sich zusammenreißen, um seine Verzweiflung nicht herauszubrüllen. Er wusste nicht, wie lange er bewusstlos gewesen war. Und er hatte keine Ahnung, wie spät es sein konnte.

Trotz des Dämmerlichts sah er, dass die Bandagen um seine und Lines Hände und Beine Heftpflasterstreifen waren. Er verließ sich auf seine gesunden Zähne und biss und riss an Lines Fesseln, bis sie die Hände frei hatte. Danach war es für Line nicht schwierig, auch alle anderen Fesseln abzureißen.

In dem Augenblick, als sie sich endlich in die Arme fallen wollten, hörten sie Schritte. Bevor Brünnhilde Kurtz in der Höhle erschien, hatte sich Leo wieder hingelegt und stellte sich ohnmächtig. Er rechnete damit, dass sie sich an die Dunkelheit gewöhnen musste und sein Manöver nicht sofort durchschauen konnte. Doch dann roch Leo das Chloroform und hörte gleichzeitig Lines Schrei, der wie ein warnender Kiebitzruf klang. Leo riss die Augen auf und sah den Wattebausch in Frau Kurtz' Hand. Sie schien im Begriff zu sein, die getränkte Watte auf sein Gesicht zu drücken.

Leo sprang auf die Beine und versuchte, den Wattebausch an sich zu bringen. Er hatte vor, das Blatt zu wenden und Frau Kurtz mit dem Chloroform außer Gefecht zu setzen. Ihre treffsichere und abrupt geschlagene Gerade gegen seinen Kopf verhinderte das. Vor seinen Augen flimmerte es.

Mit aller Willenskraft schüttelte er seine Benommenheit ab und brüllte: »Aha, die Dame will boxen? Das kann sie haben!«

Dabei landete er einen Aufwärtshaken gegen ihr Kinn. Brünnhilde setzte zum nächsten Schlag an. Ihr Vorteil war, ein ganzes Stück größer als Leo zu sein. Doch im nächsten Moment wurde ihr ihre Länge zum Verhängnis. Als sie zum Schlag ausholte, rammte sie mit dem Kopf die schräge Felswand. Sie wankte, hielt sich aber aufrecht und schien über den nächsten Treffer nachzudenken. Doch als ihr nun das Blut in die Augen lief und die Sicht nahm, taumelte sie zum Ausgang.

Im Freien rannte sie direkt gegen Irma. Irma fiel durch den Aufprall auf den Rücken, lag da wie ein hilfloser Maikäfer und konnte nicht gleich wieder auf die Beine kommen. In dieser Sekunde hatte sich Brünnhilde Kurtz das Blut aus den Augen gewischt und blinzelte ins Licht. Als sie sah, wen sie umgeworfen hatte, stürzte sie sich auf sie und legte ihre großen Hände wie Zangen um ihren Hals. Irma strampelte und bäumte sich auf, konnte aber die große durchtrainierte Frau nicht abschütteln. Sie fühlte den Griff, der sich langsam, aber stetig zusammenzog und stürzte in ein schwarzes Loch.

Leo merkte von alldem nichts, denn er war damit beschäftigt, Line zu trösten und zu beruhigen. Das war ihm wichtiger, als diese dämonische Frau Kurtz zu verfolgen.

Doch Line, nach der langen Dunkelheit auf Geräusche sensibilisiert, krächzte mit ihrer vor Durst rauen Stimme: »Schnell, Leo, geh nachschauen, was da draußen los ist. Bitte!«

Leo lief vor den Eingang und erfasste die Lage mit einem einzigen Blick. Er riss Brünnhilde Kurtz, die über Irma gebeugt war, hoch und drehte ihre Arme nach hinten. Doch er hatte schon wieder die Kraft dieser Frau unterschätzt. Unversehens entwand sich ihm ihr geschmeidiger Körper, entglitt ihm, als hätte er einen glitschigen Fisch festgehalten. Als er einen besorgten Blick auf Irma warf, die reglos auf dem Boden lag, landete Frau Kurtz' Faust gezielt zwischen seinem Brust- und Lendenwirbel und ließ ihn wimmernd vornüberkippen. Dann spürte er ihren Fuß auf seinem Rücken. Ihr Gewicht lag bleischwer auf seiner Wirbelsäule. Leo meinte, ihm würden gleich die Bandscheiben herausspringen, und stöhnte. Brünnhilde stimmte ihr tiefes kehliges Gelächter an und ließ nicht locker.

Als Leo plötzlich eine Stimme hörte, dachte er, er sei vor Schmerzen nicht mehr bei Sinnen oder er träume. Die Stimme befahl etwas auf Spanisch, und Leo kam nur langsam zum Bewusstsein, was diese Stimme gerufen hatte: »Hände hoch, oder ich schieße!«

Brünnhilde Kurtz machte einen Satz zurück und rannte los. Auch der erneute Ruf: »Stehen bleiben, oder ich schieße!«, beeindruckte sie nicht – sie galoppierte wie eine von

Hunden verfolgte Vollblutstute über die Wiese. In wenigen Minuten hatte sie fast den Waldrand erreicht und würde im nächsten Moment im undurchdringlichen Dickicht verschwinden.

Fernández war sich klar, zu wenig Leute zu haben, um sie verfolgen zu können. Er entsicherte seine Dienstpistole, zielte auf ihre Beine und drückte ab. Brünnhilde schrie auf. Sie stolperte und stürzte.

In diesem Moment tauchte ein zweiter Polizist auf, der zu Brünnhilde lief, die auf allen Vieren zu flüchten versuchte. Mit einer letzten Anstrengung, sich zu retten, landete ihre Faust auf dem Auge des jungen Polizisten.

Danach musste sie endgültig aufgeben. Die Handschellen klickten.

Fernández sagte einen Satz auf Deutsch zu ihr. Die Worte kamen etwas mühsam über seine Lippen, waren aber verständlich, klangen stolz und selbstgefällig: »Señora Kurtz, ich Sie verhaften aus Grund Menschenraub und aus Grund Mordversuch, mehrfachen.«

Danach sagte er es noch einmal auf Spanisch.

Die Dorfbewohner, die gemeinsam mit der Polizei vollzählig auf der Wiese vor dem alten Weinlager erschienen waren, klatschten Beifall.

Brünnhildes Antwort klang wie das Heulen einer wütenden Hyäne.

Irma hatte sich von Brünnhildes Attacke halbwegs erholt und stand wieder senkrecht. Mit Hilfe ihres Dorfdolmetschers erklärte sie Fernández die Ereignisse der letzten Stunden.

Nicht nur wegen des Streifschusses, den Brünnhilde an der Wade erlitten hatte, sondern auch wegen der Wunde, die von ihrem Zusammenprall mit der Felswand in der Höhle stammte, forderte Fernández einen Krankenwagen aus Inca an.

Keine halbe Stunde danach wurde Brünnhilde Kurtz auf eine Krankenliege festgeschnallt. Ihre gefesselten Hände zuckten. In ihrem Gesicht klebte ein irres Lächeln. Seit dem Schuss hatte sie noch kein Wort gesprochen.

Leo hatte sich die ganze Zeit über um Line gekümmert. Sie hatte viel Wasser getrunken und ein Stück des von Brünnhilde gestohlenen Kuchens gegessen, aber alles wieder von sich geben müssen. Da sie sich kaum auf den Beinen halten konnte, bestand Leo darauf, dass sie mit ins Krankenhaus fahren und sich dort untersuchen lassen sollte.

Das Polizeiauto, das dem Krankenwagen mit Brünnhilde Kurtz folgte, nahm Line und Irma mit.

Leo ging mit einem Pulk aufgeregt schwadronierender Einheimischer zurück ins Dorf. Nachdem ihm ein junger Mann den Weg zur Autobahn aufgezeichnet hatte, gelangte er ohne Umwege nach Cala Major und wartete dort auf Irma.

Er hatte ihr versprochen, vom Hotel aus für den nächsten Tag zwei Flüge nach Stuttgart zu buchen. Denn Irma wollte so schnell wie möglich zurück, und Leo war der Meinung, es sei für Line das Beste, wenn auch sie sofort nach Hause flog.

Als der Krankenwagen und das Polizeiauto das Hospital erreicht hatten, wollte Irma nichts mehr mit Brünnhilde Kurtz zu tun haben. Das war auch nicht mehr nötig. Irma wusste, dass diese, sobald ihre Wunden versorgt waren, nach Palma in Polizeigewahrsam gebracht werden würde. Sie wollte sich jetzt nur noch um Line kümmern und verabschiedete sich von Fernández.

Nachdem Line gründlich untersucht worden war, stand fest, dass ihr offensichtlich nichts als Schlaf und etwas zu essen fehlte. Sie bekam Fencheltee und Zwieback und nach jedem Schluck und jedem Bissen ging es ihr besser, auch wenn sie dabei Mühe hatte, wach zu bleiben. Der Arzt riet ihr, noch eine Nacht zur Beobachtung auf der Station zu bleiben. Line war so müde, dass ihr alles recht war. Sie schlief ein, bevor Irma gegangen war.

Irma ließ sich von einem Taxi nach Cala Major bringen, wo Leo auf sie wartete. Er hatte die Flüge bereits gebucht und war gut gelaunt. Als er aber erfuhr, dass Line noch im Krankenhaus hatte bleiben müssen, fiel seine Stimmung in den Keller. Irma konnte ihn nur schwer beruhigen, aber sie versicherte ihm, der Arzt habe versprochen, Line am folgenden Morgen zu entlassen.

»Sie muss sich ausschlafen«, sagte Irma. »Ich wette, morgen ist sie wieder fit.«

Obwohl der vergangene Tag ein gutes Ende gefunden hatte, war er doch unendlich lang und grauenvoll anstrengend gewesen. Irma und Leo sehnten sich beide nach nichts weiter als nach einer Dusche und einem traumlosen Tiefschlaf.

Sechzehn

Montag, 12. Juli

Irma schlief bis kurz vor neun Uhr. Die Geräuschkulisse des Hotels hatte sie in dieser Nacht nicht stören können. Auf dem Tisch lag eine Nachricht:

Hallo Irma, ich hole Line aus dem Krankenhaus ab. Bringe sie ins Hotel und später zum Flugplatz. Anschließend muss ich ins Fitness-Studio.
Gruß, Leo.

Irma vermisste schmerzlich einen kleinen Hinweis darauf, dass er ihren Abschied bedauerte und sie noch gern hatte. Sie seufzte drei Mal tief durch, ging in den Frühstückraum und löffelte appetitlos ein Müsli. Anschließend packte sie ihren Rucksack.

Wieder eine Taxifahrt. Diesmal nach Palma aufs Polizeipräsidium, wo sie gemeinsam mit den spanischen Kollegen die Ermittlungen der letzten Tage protokollierte. Wegen der Sprachprobleme dauerte das ziemlich lange. Zuletzt erledigte Irma die Formalitäten hinsichtlich Brünnhilde Kurtz' Auslieferung nach Deutschland. Sie legte Chefinspektor Fernández ans Herz, die Prozedur zu beschleunigen, damit in Stuttgart mit den Verhören begonnen werden könne.

Schmoll anzurufen hatte Irma keine Lust, weil sie nicht wusste, wie sie ihm den gestrigen Tag schildern sollte. Ihr graute vor seinen Vorwürfen, was alles hätte passieren können und wie leichtsinnig sie wieder einmal gewesen sei. Irma entschloss sich, Schmoll vorläufig keine Details zu erzählen.

Als Irma auf dem touristenüberfüllten Airport ankam, war Line schon da. Sie wartete beim Check-in. Die beiden umarmten sich wie zwei, die den Untergang der Titanic überlebt hatten. Da sie noch eine Stunde Zeit hatten, setzten sie sich an einen Imbissstand und aßen zum letzten Mal Tapas.

Line war ein bisschen stiller, als es sonst ihre Art war, aber nicht mehr so bleich wie am Tag zuvor. Wenn man ihren Gesundheitszustand an ihrem Appetit maß, war sie wieder in Ordnung.

Mir vollen Backen entschuldigte sie sich für ihren Heißhunger: »Schließlich habe ich eine tagelange Fastenzeit hinter mir.« Es schauderte sie, und sie wisperte: »In zwei verschiedenen Verliesen!«

Irma zögerte es hinaus, durch die Sperre in den Abflugraum zu gehen. Sie hoffte, Leo würde noch auftauchen. Aber Leo kam nicht.

Später, gleichzeitig mit der Durchsage, die den Flug nach Stuttgart aufrief, klingelte Irmas Handy.

»Hallo, Leo«, sagte sie. »Schön, dich noch mal zu hören. – Wie? Du wärst zum Flugplatz gekommen, wenn du nicht im Stau stehen würdest? Da hätte ich mich riesig gefreut! Aber so kann man nichts machen. Ich dachte schon, du willst nichts mehr von mir wissen. – Warum? Weil ich dich und Line in Gefahr gebracht habe.«

»Vergessen wir's«, hörte sie Leo sagen. »Ich komme so bald wie möglich nach Stuttgart. Dann werde ich mich auf besondere Art bei dir bedanken, denn immerhin hast du gestern meine Bandscheiben gerettet, bevor Frau Kurtz Kleinholz daraus machen konnte.«

»Und du hast meinen Hals gerettet, bevor sie ihn mir umdrehen konnte.«

»Gern geschehen«, sagte Leo. »Ich liebe deinen Hals.«

»Du bist mir also nicht mehr böse, Leo?«

»Seit Line frei und okay ist, hab ich meinen Schock überwunden. Wenn ich mir vorstelle, dass du in deinem Job dauernd solchen Aufregungen ausgesetzt bist …«

»Nicht dauernd, Leo. Nur manchmal.«

»Pass auf dich auf.«

Nach einem Flug unter blauem Himmel mit Traumsicht auf die Alpen landete die Condor pünktlich in Echterdingen.

In der Halle wartete Moritz. Irma wurde neidisch, als sich Line und Moritz in die Arme flogen und das Schnäbeln kein Ende nehmen wollte. Moritz war mit dem Auto seines Vaters da und schlug vor, noch irgendwo in einer Kneipe auf das Wiedersehen anzustoßen. Aber Irma sagte, sie fühle sich total ausgepowert – was durchaus nicht übertrieben war. Sie verabschiedete sich von den beiden und nahm die nächste S-Bahn stadteinwärts.

Irma war zu müde, um Genugtuung zu fühlen, dass ihre Mission auf Mallorca ein gutes Ende genommen hatte. Sie fühlte sich nur grenzenlos erleichtert, seit Line frei war. Brünnhilde Kurtz' Schicksal interessierte Irma nicht mehr. Diese würde in den nächsten Tagen in Stuttgart ankommen und der deutschen Polizei übergeben werden. Schmoll würde ihr auf seine professionelle und bewährte Weise das Geständnis entlocken. Darauf würde sie der Staatsanwaltschaft und dem Haftrichter vorgeführt werden und bis zu ihrem Prozess in U-Haft verschwinden.

Kurz nach ein Uhr nachts stieg Irma aus der letzten Straßenbahn, die zum Killesberg gefahren war. Sie schulterte ihren Rucksack für den Marsch zur Thomastraße und freute sich, nach den lauten Nächten in einem durchgelegenen Hotelbett, auf ihr eigenes.

Aber das Bett in ihrer Wohnung war belegt. Mama schlief tief und fest und schnarchte wie ein Bernhardiner.

»Mam, wieso bist du denn schon zurück?«, platzte Irma heraus, es klang viel lauter, als sie eigentlich wollte.

Nach einem gurgelnden Abschlussschnarcher riss Mama die Augen auf. »Da bist du ja endlich!«, rief sie, nun hellwach. Dann setzte sie sich auf, klappte nach vorn wie ein Taschenmesser, bedeckte ihr Gesicht mit den Händen und heulte los.

Irma fiel beim besten Willen nicht ein, was das zu bedeuten haben könnte. Sie fragte zwischen zwei Schluchzern: »Du wolltest doch zwei Wochen in Baden-Baden bleiben?«

Mama hob den Kopf, wischte sich die Tränen am Bettzipfel ab und sagte vorwurfsvoll: »Ist das die Begrüßung meiner einzigen Tochter, wenn ihre Mutter zu Besuch ist?«

»Ich bin halt überrascht. Ist Herr Jansen auch schon abgereist?«

»Weiß ich doch nicht«, sagte Mama maulig.

»Wieso weißt du das nicht? Ihr seid doch zusammen hingefahren, um gemeinsam Urlaub zu machen!«

»Wellness!«

»Dann eben Wellness. Aber nun rede mal Klartext. Da ist doch was schiefgelaufen?«

»Alles ist schiefgelaufen. Ich hab's vermasselt.« Mama seufzte und gähnte. »Können wir das nicht morgen besprechen? Ich bin müde.«

Irma wurde energisch: »Erzähle! Was ist passiert?«

Mama schob die Beine über die Bettkante. Sie fischte unterm Kopfkissen nach einem Taschentuch, putzte sich ausgiebig die Nase und begann mit allen zehn Fingern ihre Haare zu ordnen. Irma war klar, dass ihre Mutter mit diesen Manövern versuchte, ihre Beichte hinauszuzögern.

»Gib mir mal den Bademantel, mien Deern«, sagte sie. »Und die Puschen, damit ich nicht auskühle.«

Als Mama alles hatte, was sie wollte, gingen sie ins Wohnzimmer und setzten sich aufs Sofa.

»So, jetzt los«, sagte Irma.

Mama schnäuzte sich noch mal und rollte ihre vom Heulen verquollenen Augen zur Zimmerdecke. »Also, am Anfang war alles himmlisch. Ich hab mich wie eine russische Großfürstin gefühlt. Überhaupt, weil wirklich viele Russen da waren – lauter steinreiche Leute.«

»Komm zum Thema!«, sagte Irma.

»Sitze ich hier in einem Verhör?«

»Quatsch. Aber nun mal zu!«

»Drei Tage lang war alles ganz toll! Wir spazierten jeden Tag auf der Promenade. Sehen und gesehen werden, weißt du. Wir saßen in schnuckeligen Cafés und machten Shopping in der Fußgängerzone. Na, da sind vielleicht feine Geschäfte! Und Preise! Kai-Friedrich hat mir eine neue Handtasche gekauft.« Mama sprang auf. »Willst du sie anschauen?«

»Jetzt nicht, Mam. Komm bitte endlich zum Wesentlichen!«

»Einen Tag lang waren wir in den Caracalla-Thermen und haben ausgiebig gewellnesst. Ein Traumbad! Ich habe eine ganz anständige Figur gemacht in meinem neuen Badeanzug. Und Kai-Friedrich ist ja ein stattlicher Mensch – na ja, der Bauch, aber der steht ihm. Er isst eben gern was Gutes – sag mal, hast du was zu essen in deinem Rucksack? Ich habe schon tagelang nichts Rechtes zwischen den Zähnen gehabt.«

»Aber der Eisschrank war doch leidlich gefüllt, bevor ich weggefahren bin! Soll ich uns ein Butterbrot machen? Nun krieg ich auch Hunger.«

Mama druckste. »Der Eisschrank ist ratzeputz leer.«

»Da hättest du ihn ja mal auffüllen können«, sagte Irma. »Du hattest doch Zeit, einkaufen zu gehen.«

»Zeit genug«, sagte Mama. »Aber kein Geld.«

»Kein Geld? Obwohl du die Reise so früh abgebrochen hast?

»Ich hatte über 500 Euro dabei. Und eigentlich habe ich in Baden-Baden überhaupt nichts ausgeben müssen, weil Kai-Friedrich alles bezahlt hat. Ich meine das Hotel, Essen und Eintrittsgelder.«

»Und wieso hast du dann kein Geld mehr?«, fragte Irma ungeduldig.

»Das hab ich verspielt. Im Casino!«

Das klang zwar stolz, aber Mama klappte wieder vornüber und heulte los.

Irma seufzte. Ihr Magen knurrte. Die bleierne Müdigkeit hatte sich, wohin auch immer, verzogen. Sie war jetzt hellwach, aber in ihrem Kopf kreiste ein Ventilator, der ihre Gedanken wie Konfetti durcheinanderwirbelte. Irma hatte weiß Gott schon viele unglaubliche Dinge mit ihrer Mutter erlebt, aber das schien ein absolutes Highlight zu sein.

»Jetzt hör auf zu flennen, Mam!«, fauchte sie. »Erzähl mir bitte, wie das passieren konnte!«

Mama schniefte und begann zu erzählen: »Am dritten Abend, den wir in Baden-Baden verbrachten, führte mich Kai-Friedrich ins Casino. Du kannst dir gar nicht vorstellen, wie prunkvoll diese Spielsalons sind: Rote Teppiche, Wände und Decken mit vergoldeten Ornamenten verziert, und im Mittelpunkt die Spieltische. Alles unter den tausend Lichtern der Kristallkronleuchter.« Mamas Augen strahlten nun auch fast wie ein Kronleuchter. »Kai-Friedrich sagt, das exklusive und elegante Ambiente ist dem prunkvollen Stil der französischen Königsschlösser nachempfunden.«

Bevor Mama für den nächsten Begeisterungsschwall Luft holen konnte, wurde sie von Irma energisch unterbrochen: »Das interessiert mich jetzt überhaupt nicht! Ich würde aber gern wissen, wieso du dein Geld verloren hast. Hat das Herr Jansen nicht zu verhindern gewusst? Er machte auf mich einen seriösen, vernünftigen Eindruck.«

»Ja, das stimmt. Er hat mir ja auch nur ein Spiel erlaubt, weil ich es so gern ausprobieren wollte. Weißt schon, das Spiel, bei dem ich 186 Euro gewonnen hab. Ich hab dir doch am Telefon davon erzählt. Danach hat mir Kai-Friedrich regelrecht verboten zu spielen. Ich hab nur noch zusehen dürfen. Ich hätte stundenlang zusehen können! Du musst wissen, an diesem Abend saß da ein Russe oder vielleicht war es auch ein Pole – jedenfalls rollte er die Rs wie ein schnarchender Löwe – und der hat innerhalb einer halben Stunde 6000 Euro gewonnen, obwohl er anfangs nur 100 Euro eingesetzt hat. Du liebe Zeit, hab ich gedacht: Was der kann, kann ich auch.«

»Aha«, sagte Irma. »Aber wie ich höre, hast du's eben doch nicht gekonnt. Wie bist du eigentlich noch mal an den Spieltisch gekommen, wenn dein Kai-Friedrich es nicht wollte?«

»Ich bin am nächsten Tag allein hingegangen! Als er seinen Mittagsschlaf gehalten hat. Auf seinen Mittagsschlaf hat er nämlich bestanden. Das brauche er zur Verdauung, hat er behauptet. Kann ja sein, weil wir immer sehr gut diniert haben.« Mama lächelte, leckte sich die Lippen und streichelte ihren Bauch.

»Keine Abschweifungen!«, sagte Irma.

»Jedenfalls hab ich mich weggeschlichen, hab dummerweise all mein Geld mitgenommen und ...« Mamas Rede wurde ein Weilchen durch Schluchzen und Schniefen unterbrochen.

»Innerhalb einer halben Stunde hatte ich alles verloren. Dabei hat es fantastisch angefangen! Wenn man beim ersten Spiel seinen Einsatz verdoppelt hat, kann man doch nicht aufhören, verstehst du?«

»Versteh ich nicht, aber ich vermute, Kai-Friedrich hat dich rausgeschmissen, als er davon erfahren hat.«

»Nein. Er hat es ja nicht erfahren. Jedenfalls nicht gleich.«

»Wann dann?«

»Am nächsten Tag wollte ich unbedingt mein Geld zurückgewinnen – wenn Kai-Friedrich nicht seine dicke Brieftasche hätte rumliegen lassen, er ist nämlich altmodisch und bezahlt immer bar – also wenn das Geld nicht so vor meiner Nase gelegen hätte – du weißt ja, dass ich da schwach werde – wäre nichts passiert. Aber so dachte ich, nimmst dir mal ein paar Scheinchen raus und von dem Gewinn, den du gleich machst, kannst du sie ja wieder hineinlegen, bevor er was merkt.«

Irma fühlte sich plötzlich schwindelig. Diesmal legte nicht Mama, sondern sie das Gesicht in die Hände.

Sie flüsterte durch die Finger: »Ich weiß schon, wie es ausgegangen ist.«

Mama schwieg, schloss die Augen und sah sich am Spieltisch. Spürte wieder ihre innere Aufregung, als sie setzte. Fühlte diesen Glücksrausch, als der Croupier ihr den Gewinn hinschob. Sah ihre Hände, die wieder und wieder Jetons auf die Felder setzten, wahllos und fiebrig. Hörte das Geräusch der rollenden Kugel. Die Stimme, die »Nichts geht mehr« sagte. Sah die Kugel, die nicht dort liegen blieb, wo sie sie hingewünscht hatte. Sah den Rechen, der die Chips zusammenzog und von ihr weg zu einem anderen Spieler schob. Sie hörte wieder ihre eigene Stimme, die den Croupier beschimpfte, vernahm verhaltenes, vornehm-leises Gelächter.

Sie war wie eine Verfolgte aus dem Casino zum Hotel gerannt. Hatte sich dort Kai-Friedrich heulend an den Hals geworfen und ihm alles gestanden. Er hatte sie abgeschüttelt wie eine Wespe, die ihn gestochen hatte. Er konnte es nicht fassen. So viel Geld! Ihr Geld. Sein Geld. Er machte ihr keine Vorwürfe, aber er bat sie, ihn allein zu lassen, er müsse nachdenken.

Nach einer Stunde sagte er ihr, dass er den Urlaub ab jetzt allein verbringen möchte und sie ihre Sachen packen solle.

Sie wehrte sich nicht. Sie verteidigte sich nicht. Sie bettelte nicht. Sie packte und ging.

»Er hat mich rausgeschmissen«, sagte sie in die Stille. »Ich bin gegangen mit fünf Euro und zwanzig Cent in der Tasche.«

Nun tat sie Irma doch leid. Mein Gott, dachte sie, wie kann eine zweiundsechzigjährige Frau, die nicht einmal dumm ist, so naiv sein? Wie kriegt sie es immer wieder fertig, sich so gewaltig in die Nesseln zu setzen? Wird sie nie gescheit werden? Die Pleite mit dem Roulette könnte ich ja noch verstehen, aber wird sie sich das Klauen je abgewöhnen können? Warum will sie es nicht mit einer Therapie versuchen?

Irma sah Mama prüfend an. Deren sonst meist heiteres Gesicht war jetzt todernst und wirkte um Jahre gealtert. Irma konnte sich nicht dazu aufraffen, sie zu trösten. Mam hatte keinen Trost verdient, sondern Vorwürfe. Aber Irma wusste, Vorwürfe nützten nichts. Sie verkniff sie sich und erkundigte sich stattdessen danach, wie Mama ohne Geld von Baden-Baden nach Stuttgart gekommen war.

»Per Anhalter«, sagte Mama nicht ohne Stolz. »Mit einem Tanklastzug. Ich hab gesagt, mir wäre meine Tasche mit dem Geld und der Zugfahrkarte gestohlen worden. Der nette Fahrer, so in meinem Alter, vielleicht auch drunter, hat mich in einer Raststätte bei Karlsruhe zu Kartoffelsalat und Würstchen eingeladen.« Und nun strahlte Mama wieder. »Wir haben uns gut unterhalten. Er ist aus Heilbronn. Otto Häfler. Er will mich wiedersehen.«

»Mein Gott, Mam«, sagte Irma. »Ich hatte fast vergessen, dass du nicht nur kleptomanisch, sondern auch mannstoll bist.«

Mama lachte. »Otto hat einen Umweg zum Killesberg gemacht und mich fast bis vor deine Haustür gefahren.«

»Und wie bist du in meine Wohnung reingekommen?«

»Es war ja noch nicht spät, so um acht. Ich habe bei der Hauswirtin geklingelt und sie hat mir deinen Schlüssel gegeben. ›Fein‹, hat sie gesagt, ›dann brauche ich die Blumen nicht mehr zu gießen.‹«

»Du bist also schon drei Tage wieder in Stuttgart?«

»Ja, und deswegen ist auch der Eisschrank leer. Und mit dem Päckchen Spaghetti und den paar Konserven aus deinem Vorratsregal bin ich auch nicht weit gekommen. Du solltest wirklich auf etwas bessere Vorratswirtschaft achten.«

»Stimmt, damit konnte kein Mensch drei Tage über die Runden kommen.«

»In deiner Küchenschublade lagen 20 Euro. Die hab ich mir genommen. Du bekommst sie natürlich wieder, wenn ich meine nächste Rente auf dem Konto hab.«

»Oh je«, sagte Irma abwesend. »Für 20 Euro kann man nicht viel zu essen kaufen.«

»Doch, doch. Es hat gereicht.«

Mama sagte nicht, dass sie Kohldampf geschoben hatte. Sie bereute ihren letzten Diebstahl aus Kai-Friedrichs Brieftasche und hatte sich seither verboten, irgendwo etwas zu stibitzen. Es war ihr schwergefallen, zu Fuß zu gehen und nicht schwarz mit der Straßenbahn zu fahren.

Mama lehnte sich zurück und sagte: »Wie du siehst, bin ich nicht verhungert. Holst du morgen früh Brötchen und bringst mir eine Laugenbrezel mit?«

»Okay.«

Mama klatschte freudig in die Hände. »Und gehen wir morgen Mittag im Killesbergpark in die *Schwäbische Weinstube* Maultaschen essen?«

»Hast du vergessen, dass ich arbeiten muss? Schmoll wird genauen Bericht verlangen, wie das in Mallorca gelaufen ist. Du musst allein in die *Schwäbische Weinstube* gehen. Du kennst ja den Weg, Mam.« Und auf den fragenden Mutterblick: »Ich lasse dir Geld da.«

»Wieso legst du deinen Schal nicht ab, mein Kind? Es ist doch warm hier.«

»Ich friere aber.«

Siebzehn

Dienstag, 13. Juli

Irma hatte den Wecker auf halb sieben Uhr gestellt, sonst hätte sie garantiert bis Mittag durchgeschlafen. Der kleine Frühsport mit dem Fahrrad zum Bäcker, um die von Mama gewünschten Laugenbrezeln zu holen, machte sie halbwegs munter.

Allerdings zog sich das Frühstück in die Länge, da Mama beim Gutenmorgenkuss die blutunterlaufenen Druckstellen an Irmas Hals entdeckt hatte und nun einen Fragenkatalog an ihre Tochter abarbeitete. Sie schien das Thema Baden-Baden schlagartig vergessen zu haben und wollte genau wissen, was auf Mallorca passiert war. Ihre Neugier wuchs, je weniger Irma über ihre Ermittlungen auf der Insel preisgab. Als das Frühstück endlich beendet war, wurde es für Irma höchste Zeit, sich auf den Weg ins Präsidium zu machen.

Sie kam mit leichter Verspätung an, und es tat ihr gut, wie herzlich sie von Schmoll und Katz empfangen wurde. Da der Tag wieder heiß zu werden versprach, hatte sie darauf verzichtet, ihren Hals unter einem Schal zu verstecken. Wie sie befürchtet hatte, wurden die Würgemale sofort von ihren Kollegen wahrgenommen. Der Ursprung dieser Blessuren wurde heftig durchdiskutiert, bevor die Ereignisse der Reihe nach zur Sprache kamen.

Da Schmoll und Katz die Ermittlungsprotokolle, die Irma jeden Tag gefaxt hatte, genau studiert hatten, waren sie über alles im Bilde. Zuletzt hatte Irma kurz und bündig, ohne sich bei Details aufzuhalten, Lines Befreiung gemeldet.

Nun schilderte sie den genauen Verlauf dieser gefährlichen Aktion. Sie erwartete Schmolls Vorwürfe und war erleichtert, als sie ausblieben. Sie blieben aus, weil er sich selbst Vorwürfe machte, seine junge Kollegin allein in die »Höhle der Löwin« geschickt zu haben. Dass Brünnhilde Kurtz gefährlich war, hätte er früher durchschauen müssen. Irmas Hartnäckigkeit, mit der sie ihre These mit den Schwestern vertreten hatte, hatte ihn irritiert. Aber seit auf Mallorca der Brief Eriks an seine Freundin Bonnie gefunden worden war, lag das Motiv für den Bankraub und mit hoher Wahrscheinlichkeit auch für den Mord an Erik Raabe auf der Hand. Brünnhilde Kurtz hatte den Brief abgefangen und geöffnet – und hatte dadurch von Eriks Betrugsabsicht erfahren. Daraufhin hatte sie offensichtlich den Spieß umgedreht und Erik musste dafür büßen.

»Sodele«, sagte Schmoll, nachdem Irma mit ihrem Bericht zu Ende war. »Der Fall ist so gut wie gelöst. Wir brauchen nur noch das Geständnis.« Seine Fingerspitzen trommelten hastig und ohne jeden Rhythmus auf dem Aktenstapel. Er gab ein ungeduldiges Brummen von sich. »Leider fehlt uns aber diejenige, der wir das Geständnis entlocken müssen. Vorerst können wir nichts tun, als auf den Bescheid aus Palma zu warten, wann die liebenswürdige Dame ausgeliefert wird.«

Am frühen Nachmittag, nachdem sie alle Protokolle in den PC eingegeben hatte, rückte Irma mit der Frage heraus, ob sie nach Hause gehen dürfe, weil ihre Mutter zu Besuch sei.

»Aber natürlich, hast ja einige Nachtschichten schieben müssen«, sagte Schmoll großmütig. »Das wusste ich doch gar nicht, dass die Frau Mama hier ausgeharrt hat, bis du von der Dienstreise zurück bist. Tut mir leid, wenn es ihr ohne Tochter langweilig geworden ist.«

»Oh, das war kein Problem«, log Irma und wurde nicht mal rot dabei. »Sie hatte ja den Killesberg-Park vor der Haustür, da konnte sie spazieren gehen und so richtig ausspannen.«

»Also, beste Grüße von mir«, sagte Schmoll. »Macht euch einen schönen Nachmittag.«

Irma wollte sich heute nicht unnötig anstrengen und schob ihr Fahrrad vom Feuerbacher Eingang aus den Park hinauf. Auf Höhe des Kinderspielplatzes beschloss sie, sich auf einer Bank zu entspannen, bevor sie sich in die Diskussionen mit ihrer Mutter stürzen musste. Kaum saß sie, da klingelte ihr Handy. Helene lud sie zum Abendessen ein. Line sei auch da und habe ihr schon über die gefährlichen Abenteuer auf Mallorca Bericht erstattet.

»Das müssen wir doch feiern, dass ihr beide wieder heil daheim seid!«

»Vielen Dank für die Einladung, Helene. Aber meine Mutter ist zu Besuch.«

»Ist sie schon aus Baden-Baden zurück? Sie wollte doch drei Wochen bleiben. Oder?«

»Sie ist bereits einen Tag, nachdem ich nach Mallorca geflogen war, zurückgekommen. Ihr Urlaub hat nicht mal eine Woche gedauert.«

»Na, so was!? Wieso denn? Sie hat sich doch nicht mit ihrem netten Verehrer verkracht?«

»Das hast du richtig erraten, Miss Marple«, sagte Irma. »Verkracht und noch Schlimmeres.«

»Das klingt, als bräuchtest du einen Blitzableiter für seelische Kümmernisse«, stellte Helene fest. »Wo bist du denn gerade?«

»Auf dem Heimweg. Schmoll hat mir heute Nachmittag großzügig freigegeben. Ich habe soeben mein Fahrrad neben einer Bank geparkt und sitze nun im Schatten einer Akazie, oder vielleicht ist es auch eine Robinie.«

»Das ist fast das Gleiche«, versicherte Helene. »Dann bleib mal hübsch sitzen und erzähle.«

Irma war froh, jemandem ihr Leid klagen zu können, und tat es ausführlich. Helene hörte zu, ohne sie ein einziges Mal zu unterbrechen.

»Nun weißt du Bescheid, Helene. Ich werde ab jetzt sparen müssen, damit ich Herrn Jansen das Geld zurückzahlen kann.«

»Kokolores!«, sagte Helene. »Vielleicht will er es gar nicht wiederhaben.«

»Er wird es von mir zurückbekommen, ob er's will oder nicht«, sagte Irma. »Ich muss mir nachher Mam noch mal vorknöpfen.«

»Tu das«, sagte Helene. »Und dann rufst du den Herrn an und fragst, ob er Ratenzahlung akzeptiert.«

»Mach keine dummen Witze, Helene. Aber ihn anzurufen und vielleicht auf Mamas Handicap mit der zwanghaften Klauerei hinzuweisen, ist keine schlechte Idee.« Irma seufzte. »Obwohl mir so ein Anruf verdammt schwerfällt.«

»Na, dann fröhlichen Feierabend«, sagte Helene.

Irma hatte keine Lust, jetzt schon nach Hause zu gehen. Sie zog ein Buch aus der Tasche, ein schmales Bändchen in einer Spurensicherungs-Plastiktüte. Es war das Buch, in dem Erik Raabes Brief an Bosede versteckt gewesen war, das Buch, das die Spurensicherer im Grand-Deluxe-Room des Hotels *Castillo* entdeckt hatten. Seit Fernández Irma dieses Büchlein sozusagen als Abschiedsgeschenk überreicht hatte, brannte sie darauf, es zu lesen. Bislang hatte sie aber noch keine Zeit dazu gehabt.

Sie kannte nur den Klappentext, auf dem zu lesen war, dass auf der Geschichte der Vietnamfilm *Apocalypse Now* basierte. Sie fragte sich, wieso Frau Kurtz gerade dieses Buch las. Wieso hörte Frau Kurtz fanatisch ein Musikstück, nämlich den Walkürenritt, der der grausamsten Szene des Films unterlegt war? Irma hätte nicht sagen können, warum sie hoffte, durch die Lektüre etwas über die komplizierte Psyche dieser Frau und über ihre Sucht nach dieser Musik zu erfahren. Sie betrachtete das geheimnisvolle, düstere Titelbild mit der Aufschrift: *Joseph Conrad, Herz der Finsternis*. Wenig später saß sie lesend auf einer Parkbank im sonnigen Stuttgart und war nach zehn Minuten um hundert Jahre zurückversetzt.

Sie befand sich auf einer abenteuerlichen, absolut mörderischen Reise, die den Kongo hinauf in die Wildnis des innersten Afrika führte. Ins Herz der Finsternis!

Die schaurigen Ereignisse in der afrikanischen Kolonialzeit, die sich jagten und steigerten, und die ständig wiederkehrenden Wörter »Wildnis«, »Hitze«, »Krankheit« und »Grauen« bescherten Irma trotz der sommerlichen Temperaturen eine chronische Ganzkörper-Gänsehaut. Je weiter sie las, desto mehr Parallelen des Filmes *Apocalypse Now* zu der Geschichte *Herz der Finsternis* taten sich auf. Die Antihelden im Film und im Buch agierten zwar in unterschiedlichen Zeitepochen und in verschiedenen Erdteilen, hatten aber die gleiche menschenverachtende Gesinnung. Beiden fehlte jegliches Unrechtsbewusstsein.

Im Buch ging ein belgischer Handelsagent in der afrikanischen Wildnis über die Leichen der von ihm gemarterten Sklaven, um seine Gier nach Elfenbein zu stillen. Im Film betrieb ein Colonel der amerikanischen Luftwaffe in der Hölle des vietnamesischen Dschungelkrieges private Mordspiele, die er *Apocalypse Now* nannte. Beide Männer trugen den gleichen Namen. Sie hießen Kurtz.

Es war gegen 19 Uhr, als Irma das Buch zuschlug und sich leicht benommen und hungrig auf den Heimweg machte.

Mama wartete schon und sagte: »Kommst du endlich, meine Lütte!«

»Es ging nicht früher«, sagte Irma. »Hast du einen schönen Tag gehabt?«

»Fenster gewienert. Geplättet. Eingeholt. Kehrwoche gefeudelt!«

Nun war Irma gerührt. »Danke, Mam. An dir ist eine Schwäbin verloren gegangen!«

Mama lächelte und zeigte zur Küche: »Das Abendbrot ist auch schon gerichtet.«

Irma gab ihr einen Kuss auf die Wange und ging nachsehen, was es Gutes gab. Auf dem Tisch stand eine Schüssel Kartoffelsalat nach norddeutscher Art angemacht. In der Backröhre waren Frikadellen warm und im Eisschrank war eine Flasche Cannstatter Zuckerle kalt gestellt.

Meine Güte, dachte Irma, was hat Mam für eine fantastisch praktische Ader. Ob das Herr Jansen ganz vergessen hat? Oh Gott, was soll ich ihm nur sagen, wenn ich ihn anrufe? Muss ich ihn anrufen? Helene meint, auf alle Fälle. Wann soll ich ihn anrufen? Ich kann ihm doch nicht, wenn Mam zuhört, von ihrer Kleptomanie erzählen! Vielleicht hilft das Cannstatter Zuckerle, Mam heute Abend in Tiefschlaf zu versetzen.

»Toller Service!«, rief Irma ins Wohnzimmer. »Jetzt hab ich richtig Appetit bekommen. Können wir gleich essen?«

»Ja«, rief Mama zurück.»Und dann tüdern wir uns einen an!«

Gesagt, getan. Aber bevor Mama gründlich betüdert war, bestand Irma auf ein paar ernsten Worten: Erstens über das katastrophale Ende des Baden-Baden-Urlaubs. Und zweitens über die scheinbar unheilbare Kleptomanie ihrer Mutter.

»Nun erklär mir doch bitte mal, Mam, was du dir bei deinen blödsinnigen Diebstählen eigentlich denkst? Du bist doch finanziell in der Lage, dir Wünsche zu erfüllen.«

Die Augen ihrer Mutter, die eben noch gestrahlt hatten, umwölkten sich. Sie sagte leise: »Nun mach doch kein Gedöns, Irmchen. Das wirst du nicht verstehen können: Wünsche kann ich mir nicht kaufen, ich muss sie stehlen.«

»Du brauchst diese geklauten Sachen doch gar nicht. Du hortest sie oder wirfst sie weg. Was hast du davon?«

»Es ist eben ein tolles Gefühl: Diese Spannung davor! Und dann der Kick und die Erleichterung, dass es gelungen ist, ohne erwischt zu werden. Das ist wie die Erfüllung einer Sehnsucht.«

»Nun mach aber mal halblang«, sagte Irma ungehalten. »Erfüllung einer Sehnsucht!? Du meinst wohl eher die Erfüllung einer Sucht!«

Jetzt wurde Mama ärgerlich: »Das ist doch nicht so, als ob jemand notorisch säuft oder an Bulimie leidet – oder sich der Kaufsucht hingibt!«

»Aber so ähnlich«, sagte Irma. »Du schadest anderen. In Saudi-Arabien schlägt man noch heute Dieben die Hand ab.«

Mama sah auf ihre Hände und bewegte die Finger, als wollte sie prüfen, ob sie alle noch dran waren.

Dann straffte sie sich und sagte sehr bestimmt: »Seit ich Kai-Friedrich kenne und weiß, dass er mich liebt und nicht mehr allein lässt, habe ich kein einziges Mal mehr geklaut. Mit dem Geld, das ich fürs Casino brauchte, das war etwas ganz anderes.«

Irma wurde nachdenklich. Sie wusste, was ihrer Mutter fehlte, sie hatte es sich nur nie richtig klar gemacht: Mam fehlte Zuwendung. Sie selbst hatte als Kind alle Liebe von ihr bekommen, derer sie fähig war. Diese Liebe hatte Irma damals freudig zurückgegeben. Aber als sie erwachsen wurde, konnte ihre Mutter nicht loslassen. Sie klammerte und Irma hatte sie einfach abgeschüttelt.

Sie kämpfte mit ihrem Gewissen: Muss ich mir Vorwürfe machen, weil ich irgendwann meinen eigenen Weg gegangen bin? – Doch wenn Mam aus Langeweile oder Einsamkeit kleptomanisch geworden ist, wieso hat sie Herrn Jansen bestohlen, den sie angeblich liebt? – Ich muss mit ihm sprechen.

Aber Irma verschob den Anruf auf den nächsten Tag.

Mama schlief schon, als sich Helene noch einmal meldete. Sie trompetete die Nachricht, sie habe soeben mit Herrn Jansen gesprochen, wie eine Siegeshymne ins Telefon.

Diese Eigenmächtigkeit ihrer Miss Marple ging Irma über die Hutschnur. Sie brüllte fast, als sie Helene zu verstehen gab, dass sie sich nicht in ihre höchst privaten Angelegenheiten einmischen sollte.

»Dann hättest du mich nicht so ausführlich in deine höchst privaten Angelegenheiten einweihen dürfen, wenn sie dir heilig sind«, sagte Helene trocken.

»Okay«, sagte Irma. »Worüber habt ihr gesprochen? Über mich? Über Mamas Kleptomanie? Oder hast du ihn womöglich gebeten, mir die Zurückzahlung seines Vermögens zu erlassen?«

»Nix Vermögen«, frohlockte Helene. »Deine Mama hat ihm nur 200 Euro geklaut.«

»Die kann ich ihm sofort überweisen. So flüssig bin ich allemal.«

Helene legte eine Redepause ein. Sie wusste, dass Irma mehr von dem Gespräch mit Herrn Jansen wissen wollte, ließ sie aber zappeln.

Sie wartete ab, bis Irma fragte: »War er nicht irritiert, dass du anrufst und nicht ich oder Mama selbst?«

»Ich hab gesagt, ich sei die beste Freundin deiner Mutter. Sie habe mir von ihrer Verfehlung erzählt und sei völlig geknickt.«

»Und? War er wütend? Was hat er gesagt? Spann mich nicht so blödsinnig auf die Folter, Helene!«

»Er hat niemandem außer sich selbst Vorwürfe gemacht«, sagte Helene. »Deswegen hab ich das Thema Kleptomanie, mit dem ich die Missetat deiner Mama, meiner angeblich besten Freundin Helga, erklären wollte, ausgespart. Ich hab Herrn Jansen nur erklärt, dass Helga schon immer sehr spontan gewesen ist und eine ausgeprägte Neigung zu unüberlegtem Handeln hat.«

»Gut!«, sagte Irma. »Hat er sich darauf eingelassen, dass ich das geklaute Geld zurückerstatte?«

»Ich hab gesagt, dass du das vorhast.«

»Und?«

»Es schien ihm peinlich zu sein, er sagte, diese 200 Euro seien wirklich nicht der Rede wert.« Helene hauchte in den Hörer: »Er ist ein Gentleman.«

»Ja«, sagte Irma. »Scheint mir auch so. Aber deswegen will ich trotzdem Mamas Schulden bei ihm begleichen.«

»Das würde ihn beleidigen«, sagte Helene. »Er war ja richtiggehend zerknirscht, weil er deine Mutter ins Casino eingeführt hat. Weißt du, was er wörtlich gesagt hat?«

»Nee«, sagte Irma. »Woher sollte ich das wissen? Miss Marple hat ja telefoniert und nicht ich.«

Wahrscheinlich, um nun alles hintereinander loszuwerden, holte Helene hörbar Luft. »Er hat gesagt: Bei dem Temperament und der Begeisterungsfähigkeit dieser Frau könne so etwas passieren. Und dann hat er noch ein grundsätzliches Bekenntnis abgelegt: Helga hätte ihn mit ihrer herzerfrischenden Lebenslust angesteckt. Seit er sie kenne, fühle er sich zehn Jahre jünger und er sei verliebt in sie.«

»Hmm«, machte Irma. »Den hat's erwischt! Mama hat sein altes Herz noch mal jung gemacht!«

»Genau!«, pflichtete Helene bei. »Aber er sagte auch, seine Enttäuschung sei das unüberwindliche Hindernis gewesen, weswegen er Helga nicht sofort verzeihen konnte. In dem Moment, als er sie rausgeschmissen hat, sei er quasi unzurechnungsfähig gewesen. Eine völlig überzogene Reaktion seinerseits.« Helene seufzte gerührt. »Alles wird gut.«

»Du meinst, er hat vor, meiner Mutter die Sache nicht nachzutragen und sie in Gnaden wieder anzunehmen?«

»Aber sicher«, sagte Helene im Brustton der Überzeugung. »Er liebt sie doch! Er gibt sich selbst die Schuld an dem Casino-Dilemma. Er beteuerte, er hätte daran denken müssen, wie leicht man diesem Glücksspiel verfallen könne.«

»Dann ist es ja gut, dass Mam nicht noch mehr Zeit in Baden-Baden verbracht hat«, sagte Irma sarkastisch. »Wer weiß, was sie noch angestellt hätte! – Und was hat Herr Jansen sonst noch gesagt?«

»Wir haben dann über Dostojewski geplaudert. Herr Jansen hat mich gefragt, ob ich den *Spieler* gelesen hätte und wir haben uns eine Zeitlang über russische Schriftsteller unterhalten. Er findet sie genauso fantastisch wie ich. Herr Jansen ist wirklich ein feiner und gebildeter Mensch!«

Irma sagte: »Na, pass auf, dass du dich nicht auch noch in ihn verliebst!«

Helene kicherte. Dann seufzte sie.

»Jedenfalls soll ich dir ausrichten, Irma, du sollst deiner Mutter sagen, dass er ihr verziehen hat und sich bei ihr meldet, sobald er wieder in Hamburg ist. Er reist morgen zurück. Ohne Helga sei Baden-Baden langweilig.«

Irma sagte brummig, aber doch mit Erleichterung in der Stimme: »Verdient hat sie das nicht.«

Helene hauchte ergriffen: »Lovestory mit Happy End.«

Achtzehn

Donnerstag, 15. Juli

Gegen zwei Uhr nachmittags kam der Bescheid, Brünnhilde Kurtz sei im Präsidium eingetroffen und säße bereits im Verhörraum.

Obwohl Schmoll und Katz begierig waren, diese Frau endlich kennenzulernen, standen sie nun gemeinsam mit Irma vor der verspiegelten Scheibe, durch die man in den Verhörraum sehen konnte und über einen Lautsprecher auch hören konnte, was dort gesprochen wurde. Schmoll und Katz sahen Brünnhilde Kurtz zum ersten Mal. Allerdings kannten sie das Jubiläumsfoto aus der Bankfiliale und auch die Fotos, die Line im Park des Hotels *Castillo* aufgenommen hatte. Die Frau, die im Verhörraum saß und mit unbeteiligtem Blick auf ihre Hände stierte, ähnelte weder der biederen Filialleiterin noch der smarten Bikini-Dame. Sie schien jemand ganz anderes zu sein.

Katz zupfte an seinem Lippenbärtchen und blickte zu Irma: »Ond des soll die Scheene sei, die uff Mallorca onder Palmen gwandelt isch?«

Irma war guter Laune. Sie schüttelte ihre kupferfarbene Mähne und hob kokett das Kinn. »Im Gegensatz zu meiner hat Frau Kurtz' Schönheit eben nur einige Tage überlebt – aber frag Line, sie wird dir bestätigen, dass die Frau, die wir im Hotelpark des *Castillo* gesehen haben, blendend aussah. Zu diesen Nobelhotels gehören Schönheitsfarmen, dort kann sich jeder aufpeppen lassen.«

»Das wäre auch mal was für dich, Katz«, frotzelte Schmoll.

»Nehmet die au Männer onder ihre Fittiche?«, fragte Katz interessiert.

»Wenn du genug Geld hinlegst.« Irma lachte. »Ich glaube, für einen sparsamen Schwaben wie dich kommt so etwas nicht in Frage. Gefällst du denn deiner Ina nicht mehr?«

»Oh doch«, sagte Katz. »I glaub scho!«

»Na, dann spar dir das Geld und den Stress und bleib, wie du bist.«

Schmoll rief zur Ordnung: »Schluss mit dem Geplänkel! Auch wenn Katz und mir eine schöne Maid lieber wäre – jetzt müssen wir die Dame so übernehmen, wie sie uns die Spanier geliefert haben.«

»Worauf wartet ihr?«, fragte Irma.

»Auf Kommissar Stöckle vom Raubdezernat. – Und da kommt er auch schon.«

Schmoll hatte Stöckle nicht nur zur Teilnahme an dem Verhör, sondern auch zu einer Aussprache hergebeten. Bei den Meinungsverschiedenheiten, die nun sogleich zwischen Mord- und Raubdezernat entbrannten, drehte es sich nicht um Brünnhilde Kurtz, sondern um Fabian Knorr. Stöckle war bisher nicht bereit gewesen, den Jungen freizulassen. Er war der Meinung, dass, solange kein Geständnis zu dem Bankraub vorlag, Fabian Knorr als vorläufig einziger Verdächtiger in Stammheim bleiben müsse. Schmoll hoffte, dieses Problem in dem jetzt anstehenden Verhör beseitigen zu können.

Die drei Herren betraten den Raum, in dem Brünnhilde Kurtz saß. Sie trug Handschellen, weil sie bei ihrer Festnahme dem spanischen Polizisten ein blaues Auge verpasst hatte, das ihn noch eine Weile an sie erinnern würde.

Irma fühlte sich zu voreingenommen, um bei dem Verhör dabei zu sein. Sie zog es vor, von außen zu verfolgen, ob die Männer Brünnhilde Kurtz wirklich in die Enge treiben konnten.

Schmoll stellte sich und seine Kollegen vor, schaltete den Tonträger an und setzte sich Frau Kurtz gegenüber. Stöckle ließ sich auf dem Stuhl an der Schmalseite des Tisches nieder, und Katz verkrümelte sich in den Hintergrund. Er würde sich, wie es seine Art war, nur einmischen, wenn er meinte, einen Geistesblitz zu haben.

Nachdem die Personalien überprüft worden waren, begann Schmoll mit dem Verhör: »Frau Kurtz, ich nehme an, Sie wissen, was Ihnen zur Last gelegt wird und weshalb Sie hier sitzen?«

Sie schüttelte heftig den Kopf.

»Wollen Sie leugnen, Aline Kowalzki entführt, deren Bruder niedergeschlagen und beide gegen ihren Willen festgehalten zu haben?«

Sie räusperte sich, schob die Unterlippe vor und blieb stumm.

»Als Krönung dieser strafbaren Vergehen«, fuhr Schmoll fort, »haben Sie Kommissarin Irma Eichhorn, die den beiden zu Hilfe kommen wollte, fast zu Tode gewürgt. Stimmt das so?«

Frau Kurtz zuckte mit den Schultern, eine Geste, die bedeuten konnte: Was kann ich denn dafür?

»Beantworten Sie meine Fragen. Wir sind nicht zum Spaß hier. Können Sie diese Vorwürfe widerlegen?«

Daran, wie Schmoll seinen Donnerton gebrauchte, merkte Irma, dass sein Blutdruck bereits gefährlich in die Höhe geschnellt war.

Brünnhilde Kurtz duckte sich nicht wie erwartet, sondern richtete sich auf und behauptete – mit ihrer erstaunlich angenehmen Altstimme, die nur rau klang, wenn sie lauter wurde –, sie sei durch Verkettung unerfreulicher Zufälle, die zudem den Genuss ihres wohlverdienten Urlaubs sehr negativ beeinträchtigt hätten, gezwungen gewesen, sich gegen die aufdringliche Kriminalkommissarin zu wehren. Diese Frau habe sie penetrant verfolgt und ihr nachgeschnüffelt.

»Selbst wenn Sie der Meinung gewesen sind, sich gegen Frau Eichhorn wehren zu müssen«, sagte Schmoll, »hätten Sie es nicht mit derart gesetzwidrigen Methoden tun dürfen.«

Sie stellte sich dumm. »Was für Methoden? Wie meinen Sie das, Herr Kommissar?«

»Entführung. Freiheitsberaubung. Erpressung und Gewalttätigkeiten sind Verbrechen, von denen jedes Einzelne mit Gefängnis bestraft wird.«

Brünnhilde Kurtz lachte auf. »Was sollen diese Unterstellungen? Ich habe niemanden entführt und niemanden erpresst. Dass ich etwas energisch werden musste, war Notwehr.«

Schmoll schob ihr das Erpresserschreiben, in dem stand, Irma solle die Suche nach ihr einstellen und von der Insel verschwinden, über den Tisch.

»Können Sie mir erklären, wie Ihre Fingerabdrücke auf dieses Schreiben kommen?«

»Den Brief hat José geschrieben. Er wollte ihn mir zeigen. Kann sein, ich habe dabei das Papier angefasst.«

»Aha!«, donnerte Schmoll. »José! José Tiraldo!«

»Genau der«, sagte Frau Kurtz.

»Die spanischen Kollegen haben uns mitgeteilt, Tiraldos Fingerabdrücke und auch Ihre seien nicht nur auf dem Brief, sondern noch auf anderen Dingen festgestellt worden. Zum Beispiel auf der Verpackung einer großen Rolle Heftpflaster, auf einer Wattetüte und auf einer Flasche, in der sich Chloroform befunden hat. Die Flasche lag im Gebüsch vor dem Versteck, in dem Sie, Frau Kurtz, mit Ihrer Geisel aufgefunden worden sind.«

Schmoll merkte befriedigt, wie Frau Kurtz' Selbstsicherheit einen Knacks bekam. Sie saß nicht mehr so gerade wie anfangs und hatte die Hände unter den Tisch auf ihren Schoß gelegt, wo sie sie wahrscheinlich zusammenpresste. Zumindest sah sie aus, als würde sie sich anstrengen.

»Ich rate Ihnen, bei der Wahrheit zu bleiben«, sagte Schmoll. »Sonst müssen Sie vor Gericht alles noch mal unter Eid aussagen.«

»Außerdem isch a unverzögertes Gschtändnis in dr Regel strafverkürzend«, tönte Katz aus dem Hintergrund.

Brünnhilde Kurtz hüstelte. »José hat mir diese Dinge zu der Finca gebracht, auf der ich kurzzeitig untergekommen war. José hat mir das alles aufgedrängt.«

»Und zusätzlich zu diesen Dingen hat er auch gleich Aline Kowalzki mitgebracht und Ihnen aufgedrängt!?«

»Das Mädchen ist freiwillig mit José zu mir auf die Finca gekommen. Sie wollte sich das Haus ansehen. Sie suchte im Auftrag eines Reisebüros verlassene Bauernhöfe, die in Ferienhäuser umgebaut werden können. Die Finca hatte José von seinen Großeltern geerbt. Er wollte das Haus und das Grundstück verkaufen.«

Irma hielt es für möglich, dass Line mit José über ihre Arbeit gesprochen hatte. Aber Frau Kurtz' Behauptung, Aline sei freiwillig auf diese Finca gekommen, war die reinste Frechheit.

Schmoll sah das auch so. Er machte sein Bulldoggengesicht und bellte: »Und weil das Mädchen freiwillig bei Ihnen auf der Finca war, haben Sie es mit Chloroform betäubt und in ein Kellerverlies gesperrt!«

»Wenn sie das behauptet, dann lügt sie«, sagte Frau Kurtz. »Sie war dort unten, um zu sehen, ob sich der Gewölbekeller als Partyraum eignet.«

»Und warum haben Sie Hals über Kopf die Finca verlassen und sich mit Aline Kowalzki in einem ehemaligen Weinlager versteckt?«

»Weil diese Eichhorn schon wieder hinter mir her war. Wegen der musste ich doch alle meine Pläne über den Haufen werfen.«

»Was hatten Sie für Pläne? Beziehen die sich auf das viele Geld, das Sie plötzlich besaßen?«

Ihr Blick, den sie Schmoll zuwarf, war gekränkt und trübsinnig. »Woher sollte ich viel Geld haben? Für meine Urlaubsreisen, den einzigen Luxus, den ich mir leiste, muss ich eisern sparen.«

Schmoll verwandelte seine hohe Stirn zu Wellblech. »Also jetzt raus mit der Sprache: Was waren das für Pläne, die Frau Eichhorn verhindert hat?«

»Im Hotel *Castillo* hatte ich einen Verehrer. Einen russischen Grafen. Er wollte mich nach Petersburg mitnehmen und heiraten. Frau Eichhorn hat mich bei ihm denunziert und ihm Fotos gezeigt, wie ich früher ausgesehen habe. Sie war selbst scharf auf Vladimir.«

Irma, die hinter der Spiegelscheibe aufmerksam zuhörte, musste trotz der verblüffend dreisten Lügen grinsen. Sie dachte an Patachons gedrungene Gestalt und sein Mondgesicht und daran, dass er eigentlich auch zu den Betrogenen gehörte, vermutlich aber selbst ein Betrüger war. Letzeres war logischer, da Vladimir, nachdem er gemerkt hatte, dass seine angebetete Brünnhilde von der Polizei gesucht wurde, sang- und klanglos aus dem Hotel verschwunden war. Verschwunden, ohne seine Rechnungen bezahlt zu haben.

Um diese Angelegenheit musste sich die spanische Polizei kümmern. Irma hatte Vladimir bereits ausgeblendet gehabt, da genug andere Probleme zu bewältigen gewesen waren. Aus diesem Grund hatte sie ihren Arbeitskollegen nichts davon erzählt.

Schmoll schien die Sache mit dem Russen kaltzulassen, aber Katz fixierte Frau Kurtz und platzte raus: »Heidenei! Fier a russischer Graf habe Sie sich so schee gmacht, dass Frau Eichhorn sie fast net erkannt hätt?«

Frau Kurtz nahm Haltung an und sagte hoheitsvoll: »Man muss was für sich tun, wenn man begehrt werden will.«

Irma feixte wieder und dachte: Diese Lebensweisheit haben ihr die Kosmetikerinnen in den Schönheitsstudios beigebracht.

»Jetzetle«, sagte Schmoll. »Schluss mit dem Blödsinn.«

»Ich muss zur Toilette«, sagte Frau Kurtz und schraubte sich in ihrer ganzen Länge hoch.

Als zwei Polizistinnen sie hinausgeführt hatten, erwarteten Katz und Irma, Schmoll würde nun losdonnern und seinem Ärger Luft machen. Aber er blieb ruhig sitzen und begann, den Radetzkymarsch auf die Tischplatte zu trommeln. Erstaunlicherweise in gemäßigtem Tempo: Andante bis Largo. Sein Nachdenktempo nannte Irma das.

Schmoll wurde beim Nachdenken gestört. Stöckle verlangte, nun endlich auf das Thema Bankraub zu wechseln.

»Lieber Kollege Stöckle«, sagte Schmoll gereizt. »An den Bankraub haben sich derartig viele andere Verbrechen geklebt, dass ich diesen Fall von hinten aufrollen muss. Sonst sehe ich schwarz, dieser Frau ein Geständnis abringen zu können. Gedulde dich bitte.«

Katz mischte sich ein und bemerkte: »Se müsset doch zugebe, dass an Bankraub gege an Mord a Muggeschiss isch.«

Schmoll nickte. »Zu dem Bankraub sind inzwischen eine brutale Geiselnahme und gefährliche Attacken auf Kollegin Eichhorn und Leo Kowalzki gekommen. Und mit größter Wahrscheinlichkeit hängt auch der Kotzenloch-Mord damit zusammen.«

Stöckles Adamsapfel schoss erregt auf und ab. »Aber angefangen hat es mit dem Bankraub«, sagte er störrisch.

»Natürlich sind alle diese Straftaten eine Folge davon«, gab Schmoll zu. »Aber zuerst müssen wir genau wissen, ob der Mord an Erik Raabe auf das Konto von Frau Kurtz geht. Wir sind noch ganz am Anfang. Wart's doch mal ab.«

Brummend vertiefte sich Stöckle in die Protokolle, die er anscheinend nicht sehr genau gelesen hatte. Schmoll trommelte die zweite Strophe des Radetzkymarschs auf den Tisch.

Brünnhilde Kurtz kam zurück. Sie ließ sich mit Leidensmiene auf ihren Stuhl fallen und sagte, sie sei derart müde und fertig, dass sie dem Verhör heute nicht mehr folgen könne.

Schmoll, dem Irma ansah, dass er auch keine Lust mehr hatte, sagte zu Frau Kurtz: »Dann dürfen Sie heute bei uns in vorläufigem Gewahrsam übernachten, und wir machen morgen weiter.«

»Schon wieder in eine Zelle! Das hat mir wirklich in Palma schon gereicht!«, schrie Frau Kurtz erregt. »Wie lange wollen Sie mich noch festhalten und mit Fragen löchern?«

»Sie haben morgen noch Gelegenheit, sich vor der Staatsanwaltschaft zu den Tatvorwürfen zu äußern. Wenn Sie den Anwalt nicht von Ihrer Unschuld überzeugen können, werden Sie dem Haftrichter vorgeführt.«

Frau Kurtz schien zu schrumpfen, aber nur unwesentlich. Sie holte tief Luft und fragte: »Wieso Haftrichter?«

»Er entscheidet, ob Sie nach Hause gehen dürfen oder in Untersuchungshaft geschickt werden.«

»Nach Stammheim?« Frau Kurtz schien nochmals ein wenig an Größe zu verlieren.

Katz, der hinter ihr an der Wand lehnte, räusperte sich und meldete: »Net nach Stammhoim. Damen kommet nach Schwäbisch Gmünd ins Frauegfängnis. Des isch scho äußerlich netter als der Hochsicherheitsbunker in Stammhoim.«

Schmoll nahm den Faden auf, weil er auf etwas Bestimmtes hinauswollte: »Das Gebäude, in dem sich in Schwäbisch Gmünd die Justizvollzugsanstalt befindet, ist das ehemalige Dominikanerinnenkloster Gotteszell. Der Bau steht unter Denkmalschutz wie zum Beispiel auch das Kotzenloch am Lemberg.«

War Frau Kurtz bei der Erwähnung des Kotzenlochs bleicher geworden? Jedenfalls nicht sichtbar. War sie noch mehr geschrumpft? Wenn, dann nur einen Millimeter. Sie schwieg, strich über ihre dichten, kurzen Haare und ballte dann die Hände zu Fäusten. Die Fingerknöchel traten weiß hervor.

Schmoll fragte, ob sie einen Rechtsanwalt wünsche.

Sie zuckte mit den Schultern und sagte: »Nein, bloß nicht! Der würde mich auch nur ausfragen.«

»Wenn der Ihne helfe soll, muss er Sie frage«, sagte Katz.

Frau Kurtz presste die Lippen zusammen und schüttelte den Kopf. Sie wollte nicht mehr ausgefragt werden. Sie würde sich selbst zu helfen wissen, aber darüber musste sie nachdenken. Dass sie, obwohl jetzt in Stuttgart und nicht mehr bei der spanischen Polizei, wieder in Gewahrsam übernachten sollte, ging ihr gewaltig gegen den Strich. Immerhin war sie naiv genug, geglaubt zu haben, die Auslieferung nach Deutschland sei ein Zeichen dafür, dass die Spanier in José den Schuldigen erkannt hatten. Konnte die deutsche Polizei sie für etwas festhalten, das in Spanien passiert war? Die Sache in Feuerbach, dachte Frau Kurtz, würde niemand beweisen können. Da war sie sich ganz sicher.

Schmoll war aufgestanden und hatte begonnen, mit auf dem Rücken gefalteten Händen im Raum auf und ab zu gehen.

Brünnhilde Kurtz dachte: Nun weiß er nicht weiter. Nun läuft er hier rum, als würde er auch Handschellen tragen.

Sie schenkte ihm ein verrutschtes Lächeln und sagte: »Lassen Sie mich nach Hause gehen, Herr Hauptkommissar. Ich wohne nicht weit von hier. Wenn's unbedingt sein muss, melde ich mich morgen wieder bei Ihnen.«

Frau Kurtz sehnte sich nicht nach ihren eigenen vier Wänden, sondern nach ihrem Boxsack. Seit sie festgenommen worden war, brannte sie darauf, sich daran austoben zu können. Die Handschellen klirrten, weil ihre Fäuste zuckten.

Schmoll gab ein verächtliches Grunzen von sich. Ein Ton, der anzeigte, wie genervt er war. Er tätschelte seine Glatze und sah missbilligend auf die Dame, die aufgestanden war und nun vor ihm stand. So Auge in Auge mit einem Gegenüber zu stehen, ärgerte ihn. Mit seinen Einsneunzig war er es gewohnt, auf die Leute herabzublicken. Irgendetwas zwang ihn, diese Riesenfrau wenigstens mit Worten etwas zu erniedrigen.

Und so sagte er mit Herablassung: »Nach Hause wollen Sie gehen? Stellen Sie bitte nicht solche blöden Forderungen. Beantworten Sie lieber unsere Fragen, ohne ständig zu lügen. Nachdem Sie mit internationalem Haftbefehl nach Stuttgart zurückgebracht worden sind, können Sie doch nicht erwarten, dass wir Sie hier ohne viel Federlesen wieder loslassen.«

Sie guckte, als ob sie das nicht verstanden hätte. Wenn sie nicht nach Hause durfte, wollte sie wenigstens endlich aus diesem Verhörraum raus, um endlich in Ruhe nachdenken zu können. Ihr würde schon was einfallen, womit sie ihre Unschuld beweisen konnte. Es gab für alles eine Lösung. Aber jetzt wollte sie vor allem nichts mehr gefragt werden.

Schmoll kam ihrem Wunsch entgegen, indem er kurzen Prozess machte und sagte: »Also, dann bis morgen«, und veranlasste, Brünnhilde Kurtz in eine Zelle zu bringen.

Als er sie los war, schien ihm das aber auch nicht recht zu sein, denn er knurrte: »Ich dachte, wir würden heute schon einen Schritt weiterkommen!«

Um sich abzulenken und nachzudenken, begann er mit Kniebeugen. Allerdings gab er schon nach der fünften auf und lief seinen Mitarbeitern zum Kaffeeautomaten hinterher.

Nach einer Pause wies Schmoll Katz und Irma an, die bisherigen Ermittlungsakten zusammenzustellen und bereitzuhalten. Er gab die Hoffnung nicht auf, den Fall schon am folgenden Tag der Staatsanwaltschaft übergeben zu können.

* * *

Brünnhilde Kurtz befand sich inzwischen hinter Gittern.

Sie war von einer älteren Beamtin empfangen worden, die sogleich damit begann, die Reisetasche auszuräumen. Neben zwei Baumwollpullis, einer Jeans und Unterwäsche enthielt die Tasche ein Designertäschchen, das laut Aufdruck aus dem Hotel *Castillo* stammte. Darin befanden sich Duschgel und Bodylotion, ein Kamm mit breiten Zinken, Zahnpasta und eine elektrische Zahnbürste. Die Beamtin trug jedes Stück in ein Formular ein. Sie zählte die Münzen und Scheine in Frau Kurtz' Portmonee, sortierte die knapp fünfzig Euro wieder ein und legte es zu den anderen Sachen in eine Plastikkiste. Als die Beamtin auch noch die Armbanduhr verlangte, und dieses Geschenk des verliebten Russen auch in der Kiste verschwand, hätte Brünnhilde die Frau am liebsten niedergeboxt. Während geübte Hände in Einweghandschuhen Frau Kurtz' langen muskulösen Körper abtasteten, zuckten ihre Fäuste in den Fesseln.

Brünnhilde wurde erst ruhiger, als sie merkte, dass die Frau etwas übersehen hatte: den MP3-Player. Er steckte in einer Seitentasche des Kulturbeutels wie in einem Geheimfach. Nachdem die elektrische Zahnbürste gegen eine polizeieigene ausgetauscht worden und auch der Kamm wieder in das Täschchen gewandert war, durfte Brünnhilde dieses mit in die Zelle nehmen. Bevor die Tür geschlossen wurde, nahm ihr ein Polizist die Handschellen ab.

Diese Zelle war fast noch mieser als die in Palma, in der sie die vorherigen zwei Nächte verbracht hatte. Eigentlich hätte Brünnhilde, die sich so perfekt an den Luxus des Hotels *Castillo* angepasst hatte, schockiert sein müssen. Aber sie war wandelbar – und sie betrachtete diese Unterkunft als eine Übergangslösung. Unmerklich verfiel sie wieder in eine Angewohnheit, die sie in der Zeit mit Erik verloren hatte: Sie flüsterte ihre Gedanken vor sich hin, wenn sie allein war.

»Ich werde einen Weg finden, aus dem Schlamassel, den mir diese rothaarige Hexe von einer Kommissarin eingebrockt hat, wieder herauszukommen«, vertraute sie der bekritzelten Zellenwand an, als könne die sie verstehen und eine Antwort geben. »Mit dem dickfelligen Schmoll und dem mickrigen Katz werde ich fertig werden, so oder so.«

Die Sonne knallte genauso heiß auf Stuttgart wie auf Mallorca. Ihre Strahlen warfen den Schatten des Fenstergitters auf die gegenüberliegende Zellenwand. Das Fenster lag hoch, aber für Brünnhilde war es, sogar ohne sich auf Zehenspitzen zu stellen, erreichbar. Sie blickte hinaus und sah Weinberge.

Ihre Gedanken wanderten auf den Lemberg, und sie murmelte: »Man sollte nicht auf Weinfeste gehen.« Dann dachte sie an Erik. Nicht mehr rachsüchtig, sondern sehnsüchtig. »Mein Kleiner«, flüsterte sie. »War nicht alles harmonisch zwischen uns? Hätte das nicht so bleiben können? Ich hab dir doch jeden Wunsch erfüllt. Musstest du so ungezogen werden? Man darf sich nicht mit Walküren anlegen. Verstehst du?«

Mit einem energischen Plumps ließ sie sich auf die Pritsche fallen, fingerte den MP3-Player aus der Tasche und steckte sich die Stöpsel in die Ohren. Der *Walkürenritt* brauste auf: peitschend, unheilschwanger, dunkel und grauenvoll. Was sonst hätte jetzt besser gepasst? Sie brauchte diese Musik, um stark zu bleiben. Sie meinte zu wissen, wer sie war. Trotz aller Verwandlungen, denen sie sich in letzter Zeit unterzogen hatte. Nachdem sie den *Walkürenritt* drei Mal gehört hatte, wählte sie das *Siegfried-Idyll*. Unter dem Zauber der Geigenklänge entspannte sie sich, kippte zurück und schlief ein. Sie merkte nicht, wie ab und zu das Licht anging und jemand durch die Türklappe spähte.

Sie träumt, der Ring des Nibelungen wird von den Rheintöchtern für 250 000 Euro feilgeboten. Sie kauft ihn und tauscht ihn für einen Vergessenheitstrank, den sie einer Kriminalkommissarin einflößt, vor der sie endlich Ruhe haben will.

Während das *Siegfried-Idyll* verklang, lag Brünnhilde anmutig auf dem unbequemen Bett. Ihr Gesicht hatte sich verklärt. Ihr Lächeln war glücklich und verheißungsvoll. Die Fanfarenklänge des nächsten Musikstückes schreckten sie auf. Sie stellte den Player ab, versteckte ihn und schlief wieder ein, schlief sorglos und fest, trotz hartem Lager. Im Traum war sie Wotans Lieblingstochter Brünnhilde, eine Walküre, die das Schicksal fügen kann, ein Todesengel, der Menschen in die Welt der Ahnen geleitet.

Neunzehn

Freitag, 16. Juli

Bevor an diesem Morgen das Verhör mit Brünnhilde Kurtz fortgesetzt wurde, sollte noch eine Zeugin befragt werden. Katz führte eine zarte schokoladenbraune Schönheit ins Büro.

Irma dachte: Höchstens zwanzig Jahre und anmutig wie eine Gazelle. Nach den hundert Zöpfchen aus Kraushaar zu urteilen, stammt sie aus Eritrea oder vielleicht auch aus Äthiopien.

Augen wie schwarze Murmeln wanderten scheu von einem zum anderen und blieben an Irma hängen.

»Das ist Bonnie«, sagte Schmoll. »Ihre Personalien sind schon aufgenommen. Ihr wahrer Name ist Bosede Berhane.«

Da der Blick des jungen Mädchens immer noch an Irma hing, fragte Schmoll, ob sie sich gern mit Kommissarin Eichhorn allein unterhalten wolle. Als Bosede nickte, verließen Schmoll und Katz das Büro.

Bosede alias Bonnie sprach perfektes Deutsch, diesbezüglich war die Unterhaltung unproblematisch. Schon auf Irmas erste Frage, wie lange sie Erik kenne, gab sie bereitwillig eine erschöpfende Antwort, die gleich noch weitere Informationen einschloss.

»Erik ist mein Freund. Wir kennen uns seit einem halben Jahr«, sagte Bosede eifrig. »Aber erklären Sie mir doch bitte, weshalb ich hierherbestellt worden bin. Warum fragen Sie nach Erik? Hat er was angestellt?«

»Wie kommen Sie darauf, dass er etwas angestellt haben könnte?«

»Er machte immer so komische Andeutungen, nennt mich Bonnie und sich Clyde und erzählt mir von einem Gangsterpärchen, das diese Namen getragen hat. Erik hat solche lustigen Ideen. Man kann viel mit ihm lachen.« Bosede lächelte glücklich vor sich hin, als habe Erik gerade einen Witz gemacht.

»Wissen Sie, womit Ihr Freund sein Geld verdient?«

»Nicht genau. Aber er hat gesagt, er hätte einen guten Job und würde viel verdienen.« In ihrem Lachen lag Bewunderung und Arglosigkeit. »Sonst könnte er sich ja auch kein Sportcabrio leisten.«

Vielleicht hatte Irmas Miene Mitgefühl gezeigt, denn Bosede flehte sie nun förmlich an, ihr zu sagen, wo Erik war. Aber Irma wollte selbst erst einige Fragen loswerden.

»Sagen Sie mir bitte zuerst, wann Sie Erik das letzte Mal gesehen haben.«

Während Bosede erzählte, fingerte sie nervös an ihren Zöpfen herum. »Unsere letzte Verabredung liegt schon drei Wochen zurück. Ich warte und warte, kann ihn nicht mehr per Handy erreichen und die E-Mails kommen zurück.«

»Sie wissen nicht, wo er wohnt?«, fragte Irma erstaunt.

»Er wohnt bei seiner Tante, aber er macht ein großes Geheimnis aus der Adresse. Er will weg von der Tante, wir möchten zusammenziehen.«

»Wohnen Sie noch bei Ihren Eltern?«

»Ja.«

Irma schob die Beantwortung von Bosedes Frage nach Erik ein letztes Mal auf und fragte: »Kennen Sie Brünnhilde Kurtz?«

»Nein. Wer ist das?«

Da wurde Irma klar, dass Bosede keine Ahnung von den Hintergründen der Tragödie hatte, in der ihr Freund Erik eine Hauptrolle spielte. Bosede wusste nicht einmal, dass es eine Tragödie gegeben hatte. Und Irma wurde auch klar, weshalb sich ihre Kollegen klammheimlich davongemacht hatten. Sie hatten sie mit der schweren und traurigen Aufgabe allein gelassen, Bosede zu erklären, was mit Erik, den sie offensichtlich liebte, geschehen war.

In der nächsten Viertelstunde versuchte Irma dem jungen Mädchen so schonend wie möglich beizubringen, dass Erik tot war.

Die Reaktion, die diese Nachricht auslöste, war herzzerreißend. Nachdem sich Bosede hartnäckig geweigert hatte, Irma zu glauben, und es endlich doch glauben musste, brach sie zusammen. Sie krümmte sich auf ihrem Stuhl und gab Töne von sich, die für Irma wie Wehgeschrei afrikanischer Klageweiber klangen. Irma fiel nichts anderes ein, als Bosede in die Arme zu nehmen und festzuhalten. Sie wusste, hier würden Trostworte nicht fruchten, und schwieg. Sie wiegte das Mädchen wie ein Kind hin und her, bis die Schreie leiser wurden und in Schluchzen übergingen.

Irma fiel es nicht leicht, Bosede zu bitten, so lange zu bleiben, bis Brünnhilde Kurtz verhört werden würde. Ihre Antwort waren entsetzt erhobene Hände und verstört blickende Augen. Irma verstand Bosedes Angst, der Frau zu begegnen, die unter Verdacht stand, Eriks Tod verschuldet zu haben.

Erst als Irma eindringlich fragte: »Wollen Sie uns nicht helfen, die Wahrheit herauszufinden?«, hatte sie das Mädchen überzeugt.

Der Kopf mit den krausen Zöpfchen nickte.

* * *

Obwohl sie in der Zelle nicht weich gebettet gewesen war, hatte Brünnhilde gut geschlafen. Nach ihren Fantasieträumen fühlte sie sich für den Tag gewappnet.

Noch dieses Verhör, dachte sie, und falls sie mich nach Schwäbisch Gmünd karren, werde ich ihnen unterwegs entwischen.

Sie war überzeugt, die Handfesseln sprengen zu können, wenn sie ihre ganze Kraft darauf konzentrieren würde. Sollte sie aber auf der Fahrt nach Schwäbisch Gmünd nicht entkommen können, hoffte sie, eine Flucht aus dem Frauengefängnis wäre leichter als aus Stammheim. In Stammheim, so hatte sie irgendwo gelesen, war alles auf Sicherheit ausgerichtet, ein Ausbruch nahezu unmöglich.

Als sie in den Verhörraum geführt wurde, verschlechterte sich ihre Laune, weil außer Schmoll und Katz auch Irma auf sie wartete.

Auf diese rote Hexe könnte ich wahrlich verzichten dachte Brünnhilde. Warum nur habe ich ihr nicht den Hals umgedreht? Sie ist schuld, dass ich mein neues Leben, das eben erst begonnen hatte, wieder aufgeben musste. Brünnhildes Mundwinkel sackten noch weiter nach unten, als nun Irma und nicht Schmoll das Wort ergriff und mit dem Verhör begann.

Irma fragte nach Erik. Wie Frau Kurtz ihn kennengelernt habe. Das beantwortete Brünnhilde flüssig und wahrheitsgemäß. Sie schilderte die Situation vor dem Feuerbacher Bahnhof, wo sie Erik Raabe buchstäblich von der Straße aufgesammelt hatte.

»Okay«, sagte Irma. »Sie haben den jungen Mann also bei sich aufgenommen, was auf Ihre soziale Ader schließen lässt. Jetzt berichten Sie doch bitte, wie Ihr Verhältnis zueinander war?«

»Verhältnis!?«, blockte Brünnhilde ab. »Was heißt Verhältnis? Wollen Sie mir unterstellen, mit dem Bengel geschlafen zu haben?«

»Wir wollen Ihnen gar nichts unterstellen«, mischte sich Schmoll ein. »Wir wollen wissen, wie sich ihr gemeinsamer Alltag in dieser Wohngemeinschaft gestaltet hat.«

»Ganz einfach: Ich habe das Geld verdient, und Erik machte sich in Haus und Garten nützlich. Aber er hatte zwei linke Hände. Hat es nicht einmal geschafft, die Fensterrahmen zu streichen. Eigentlich konnte er nichts außer kochen. In der Küche war er ein Profi. Alles, was er mir servierte, hat hervorragend geschmeckt ...«

»Das reicht«, sagte Irma. »Hat Erik Raabe Miete bezahlt?«

»Wovon denn? Er hatte ja keine Arbeit und er bemühte sich auch nicht darum. Aber da hätte ich ihn schon noch zur Einsicht gebracht. Er war ein Kindskopf, aber nett und anstellig. Seit ich in den Medien von seinem Tod gehört habe, bin ich aufrichtig erschüttert und untröstlich.«

»Aufrichtig erschüttert und untröstlich«, murmelte Irma. Sie sah die Leiche des jungen Erik vor sich und merkte, wie sich ihr Magen zusammenkrampfte.

Schmoll blieb gelassen und hakte weiter nach. »Scheint so, als hätten Sie den jungen Mann wie Ihren persönlichen Sklaven gehalten.«

»Aber wo denken Sie hin!«, empörte sich Frau Kurtz. »Er bekam von mir, was er brauchte: Kleidung, Essen und sogar ein Auto.«

»Ein Sportcabrio«, stellte Irma klar. »In dem sie zuerst gemeinsam rumkutschiert sind und er später mit seiner Freundin unterwegs gewesen ist.«

»Ich war schon immer ein großzügiger Mensch«, sagte Frau Kurtz. »Erik und ich sind sehr gut miteinander ausgekommen.«

Sie schwieg, und hinter ihrer Stirn zog die wahre Geschichte vorüber: Erik, wie er sich anfangs tatsächlich nützlich gemacht, aber vor allem willig und mit Bravour ihre sexuellen Bedürfnisse befriedigt hatte. Als er plötzlich seine Dienstleistungen bezahlt haben wollte, hatte sie schon längst nicht mehr auf ihn verzichten können. Sie war ihm hörig geworden und gab ihm immer mehr Geld, schenkte ihm schließlich das Cabrio, damit er seine Drohung, sie zu verlassen, nicht wahr machte.

Brünnhilde zuckte zusammen, als Schmolls Stimme in ihre Gedanken platzte.

Er knüpfte an ihre letzte Aussage an: »Erklären Sie bitte genauer, Frau Kurtz, weswegen Sie sich für einen großzügigen Menschen halten.«

Irma entging nicht, dass Brünnhilde Kurtz einen Moment zögerte, wahrscheinlich überlegte sie, was sie preisgeben konnte, ohne sich zu schaden.

»Erik wollte ständig Geld. Obwohl ich, schon wegen meines Berufes, mit Geld umgehen kann, vergaß ich die Regeln. Es machte mir Freude, für jemanden sorgen zu können, da ich das zuvor noch nie im Leben hatte tun dürfen.«

Brünnhilde schluckte, als sei sie von ihrer edlen Gesinnung gerührt, konnte aber nicht verhindern, sich zu erinnern, wie es wirklich gewesen war: Als sie entdeckt hatte, dass Erik ihr Geld für eine Freundin ausgab, drehte sie ihm den Geldhahn zu und drohte damit, das Cabrio zu verkaufen.

Er legte ihr darauf einen Zettel aufs Kopfkissen mit der Nachricht:

Wenn du mich nicht in Ruhe lässt und kein Geld für mich auftreibst, schreibe ich einen Brief an deinen Bankdirektor und kläre ihn auf: Ihre untadelige Filialleiterin bezahlt einen fünfzehn Jahre jüngeren Liebhaber fürs Ficken!

Vieles hätte Brünnhilde ertragen können, aber nicht, dass das streng gehütete Geheimnis ihres obszönen Privatlebens entdeckt werden würde. Damals war sie aus ihren Träumen erwacht und es blieb nichts als ein Albtraum übrig. Aus Angst, von Erik bloßgestellt zu werden, gab sie ihm weiterhin Geld. Innerhalb eines Jahres waren ihr Sparkonto leer und die Investmentfonds veräußert. Er verlangte, sie solle eine Hypothek auf ihr Haus aufnehmen, damit er sich eine Eigentumswohnung kaufen konnte. Als er kapierte, dass sie zum ersten Mal hart bleiben würde, schlug er vor, gemeinsam ihre Bank auszuräumen. Das war für beide zur fixen Idee geworden.

Brünnhilde seufzte, als sie von Schmolls Bass in die Gegenwart zurückgeholt wurde. Er fragte nach ihren finanziellen Verhältnissen.

Ohne zu stocken, versicherte sie, sie beziehe seit Jahren ein gutes Gehalt, habe ihr Geld günstig angelegt und besäße außerdem ein Haus.

Bei dieser Aussage verließ sie sich auf das Bankgeheimnis und dachte, die Polizei könne die wahren Tatsachen vorerst nicht aufdecken. In dieser Hinsicht hatte sie sich jedoch getäuscht, denn Schmoll erklärte ihr klipp und klar, die Staats-

anwaltschaft habe bereits die Prüfung ihrer Konten angeordnet.

»Sie können sich Ihre Lügen sparen, Frau Kurtz. Wir sind
voll im Bilde. Sie sind pleite! Oder muss ich sagen: Sie waren
pleite?«

Als Brünnhilde merkte, wie ihr die Felle davonschwam-
men, zog sie die Karte, die sie in Reserve gehalten hatte.

»Ja, es stimmt«, sagte sie. »Ich wollte das nicht zugeben,
weil ich mich schäme, mehr Geld ausgegeben zu haben, als
ich hatte. Aber wenn Sie das nun schon wissen, kann ich Erik
nicht mehr schonen, und Sie sollen die Wahrheit erfahren:
Seit er eine Freundin hatte, hat er Unsummen ausgegeben
oder beiseitegeschafft, was weiß ich. Als er merkte, dass ich
kein Geld mehr hatte, stahl er mir die Schlüssel zur Bank
und fand leider auch die Zahlenkombination für den Tresor.
Das Resultat kennen Sie ja.«

Brünnhilde Kurtz hatte diese letzte Aussage langsam,
fast bedächtig, aber auch sehr bestimmt vorgebracht. Nun
schwieg sie einen Moment, als erwarte sie Mitleidsbekun-
dungen.

Da sie ausblieben, fasste sie zusammen: »Erik hat meine
Bankfiliale ausgeraubt. Zusammen mit seiner Freundin Bonnie. Das ist mir inzwischen klar geworden, denn in den Zeitungen stand ja, dass zwei Personen gesehen wurden.«

»Na, dann ist ja alles klar«, sagte Schmoll. »Wir fahren
nachher in die Pathologie, und Sie, Frau Kurtz, werden uns
sagen, ob es sich bei der Leiche des jungen Mannes, der dort
auf Eis liegt, um Erik Raabe handelt. Bestimmt fällt Ihnen
bei seinem Anblick ein, wie er umgekommen ist.«

Auf diese Ankündigung hin geriet Brünnhilde zum ersten
Mal aus der Fassung. Sie zog eine Nummer ab, als sei ihr ein
Kind gestorben. Und als sie damit fertig war, versuchte sie
Schmoll zu überreden, ihr den Gang in die Pathologie zu er-
sparen.

»So sehr er mich auch enttäuscht hat, es würde mir das Herz
brechen, ihn tot zu sehen. Wofür soll ich ihn identifizieren?

Die Polizei weiß doch, wer er ist, und auch, dass er Selbstmord begangen hat. Erik hat sich aus Verzweiflung umgebracht, weil diese Bonnie mit dem Geld durchgebrannt ist.«

»Wer mit dem Geld durchgebrannt ist, wird sich bald aufklären«, knurrte Schmoll.

»Des Mädle wartet draußte«, sagte Katz. »I hol sie rei.«

Bosedes zarte dunkle Haut und die Zöpfchenfrisur gaben ihr etwas unschuldig Kindliches. Aber sie schlurfte wie eine alte Frau und wirkte unendlich müde. Die schwarzen Augen waren verweint und trüb. Ihre Trauer weckte bei allen Anwesenden Mitleid. Außer bei Frau Kurtz. Als sie begriff, wer da vor ihr stand, versteinerten ihre Züge und ihr Atem beschleunigte sich.

Irma legte Eriks Brief an Bonnie vor Frau Kurtz auf den Tisch und sagte: »Dieser Brief wurde in Ihrem Hotelzimmer auf Mallorca gefunden.«

Brünnhilde rang um Fassung. Sie saß erstarrt, und nur ihre Fäuste gingen auf und zu, als ob ihr keine anderen Bewegungen mehr möglich wären.

»Vorlesen!«, befahl Schmoll, und Irma begann:

»*Meine süße Bonnie,*

ich konnte gestern nicht zu unserer Verabredung kommen, weil meine Tante mir gedroht hat, mich aus ihrem Haus zu werfen, wenn ich noch einmal eine Nacht wegbleiben würde. Sie hat mir auch mein Handy abgenommen und den PC zertrümmert und auf den Sperrmüll geworfen – deswegen bekommst du heute auf altmodischste Weise einen Brief. Du weißt, ich habe dieser Frau viel zu verdanken, aber nun ist Schluss – ich will wieder mein eigenes Leben haben und zwar mit dir, meine Bonnie.«

Die folgende Stille sprengte ein Schluchzer. Bosede verbarg ihr Gesicht in den Händen. Irma wurde bewusst, dass die, an die der Brief gerichtet war, heute zum ersten Mal den Inhalt hörte. Sie konnte Bosede nicht helfen, diesen weiteren Schock zu verkraften. Wenigstens aber ließ sie ein paar Absätze aus, weil alle, einschließlich Frau Kurtz, den Brief ohnehin kannten.Sie las betont langsam weiter:

»*Die Tante behauptet, ihre Ersparnisse sind aufgebraucht. Aber ihre finanzielle Großzügigkeit war der einzige Anreiz, wegen dem ich bisher bei ihr geblieben bin.*

Da meine Tante kein Geld mehr hat, sind wir übereingekommen, in gemeinsamer Aktion ihre Bank auszuräumen. Sie hat alles perfekt geplant. Nichts wird dem Zufall überlassen. Eigentlich ist es ganz einfach. Ich werde ihr helfen, aber ich denke nicht daran, ihr das Geld zu überlassen, auch wenn ich sie deswegen umbringen müsste.«

»Genug«, sagte Schmoll, und Irma legte den Brief zurück in die Akte.

Die Stille im Verhörraum drückte auf die Gemüter. Bosede nahm die Hände vom Gesicht und versuchte aufzustehen, vermutlich, um aus dem Raum zu fliehen. Aber sie blieb erschöpft sitzen und starrte auf den Fußboden.

Frau Kurtz schmetterte ein höhnisches »Ha! Die Gangsterbraut!« in Bosedes Richtung.

Schmoll forderte Frau Kurtz auf, sich zu dem Brief zu äußern.

Da sie den Inhalt kannte, kam ihre Antwort spontan, selbstsicher und sehr laut: »Dieser Brief ist eine Verleumdung. Alles gelogen. Das ist ja lachhaft, mich zu verdächtigen, die Bank, der ich zwanzig Jahre lang treu und ehrlich gedient habe, auszurauben.« Sie fixierte Bosede und zischte: »Die Bankräuber sind Erik und du! Wer sonst? Du miese kleine Kellnerin rückst gefälligst das Geld raus!«

Schmoll unterbrach sie: »Jetzt ist's genug, Frau Kurtz! – Eins würde mich noch interessieren: Wieso haben Sie diesen Brief nicht wie alle anderen Dinge, die Erik Raabe gehörten, verschwinden lassen?«

»Ich habe nichts verschwinden lassen. Erik hat alle seine Sachen abgeholt. Den Brief hab ich nur aufgehoben, weil ich Erik zur Rede stellen wollte.«

Bosede begann zu weinen. Nicht so laut und verzweifelt wie vor einer Stunde, sondern leise und ohne Tränen. Man konnte es nur an ihren Schultern erkennen, die sich krampfartig hoben und senkten.

»Schluss jetzt!«, sagte Irma, ohne Schmoll anzusehen. »Ich gehe mit Frau Berhane raus. Ich kann Frau Kurtz nicht mehr ertragen.«

Auch Schmoll und Katz konnten die Arroganz, mit der Frau Kurtz ihnen Lügen auftischte, kaum noch ertragen und sie wären Irma wahrscheinlich sofort gefolgt, wenn Schmoll nicht noch eine letzte Frage hätte loswerden wollen.

Er blätterte wie gelangweilt in den Akten und fragte mit harmloser Miene: »Wo, Frau Kurtz, ist eigentlich Ihre kleine Schwester abgeblieben? Die kleine Schwester, mit der Sie beim Weinblütenfest auf dem Lemberg gewesen sind?«

Brünnhilde stutzte, dann lachte sie. »Das war doch nur ein Spaß! Ich habe das Mädchen rein zufällig kennengelernt.«

»Aber Sie wurden gesehen, als sie gemeinsam weggegangen sind.«

Brünnhilde war sich sicher, dass die Polizei bisher nicht herausgekriegt hatte, wer das blondgelockte Mädchen gewesen war.

Sie lachte ihr kratziges, dunkles Lachen und sagte: »Wir haben uns auf dem Feuerbacher Höhenweg getrennt. Keine Ahnung, wie sie hieß oder wo sie herkam.«

»Okay«, sagte Schmoll und schob die Akten zusammen. »Wir machen eine Pause. Ich lasse Ihnen einen Kaffee bringen.«

Brünnhilde gurrte: »Vielen Dank. Sehr aufmerksam.«

Schmoll und Katz verließen den Raum, in dem nur Frau Kurtz zurückblieb.

»A raffinierts Mensch!«, sagte Katz.

Schmoll begann mit Kniebeugen und keuchte: »Im Grunde haben wir nichts. Kein Geständnis, dass sie am Bankraub beteiligt war, und schon gar keins, dass sie Erik Raabe ermordet hat.«

Diese Feststellung und dazu noch die Hitze vertrugen sich nicht mit Schmolls sportlichen Übungen. Er gab bei Kniebeuge Nummer sechs auf und trank mit den anderen Kaffee. Keiner von ihnen dachte noch an den Kaffee, den sie Frau Kurtz versprochen hatten.

Aber auch diese dachte nicht mehr daran. Sie saß allein im Verhörraum und schmorte in ihrem eigenen Saft.

Verdammt, dachte sie. Wie lange wollen die mich noch ausquetschen? Ich muss auf der Hut sein. Bisher hab ich mich tapfer gehalten. Aber wie konnte es nur so weit kommen, dass ich mich in Mallorca hab fangen lassen und nun hier in diesem dämlichen Präsidium sitze? Ich hatte doch jeden Schritt genau berechnet. Alles war perfekt geplant und hunderte Male durchdacht. Wie ist mir diese rote Hexe auf die Schliche gekommen? Aber sie soll erst einmal Beweise finden. Das schafft sie nicht. Das schafft niemand!

Brünnhilde lehnte sich zurück und zischte die ersten Takte des Walkürenritts durch die Zähne. Sie war überzeugt, die Ermittler hätten den Raum verlassen, weil sie nicht weiterkamen, ihr nichts beweisen konnten. Damit lag sie nicht ganz falsch. Sie konnten ihr bisher weder den Bankraub noch das, was sie mit Erik gemacht hatte, nachweisen. In Brünnhildes Augen war das kein Mord gewesen, sie fühlte sich als Walküre, die berechtigt war, über Schicksale zu entscheiden. Sie fühlte sich als Todesengel, der Erik nach Walhall geleitet hatte.

Wenn sie doch manchmal an der Rechtmäßigkeit ihres Tuns zweifelte, dachte sie: Es kann kein Zufall sein, dass ich den Namen Kurtz trage. Wer Kurtz heißt, kann sich alles erlauben, um seine Ziele zu verwirklichen. Es spielt keine Rolle, wo das geschieht: Ob im Herzen Afrikas, im vietnamesischen Dschungelkrieg oder in einer Stadt wie Stuttgart. Aber das würde weder dieser Kleiderschrank von Schmoll noch der mickrige Katz verstehen und schon gar nicht diese rote Hexe. Eine Walküre namens Brünnhilde Kurtz würde nichts zugeben. Nichts! Vor allem nicht, wo die Beute versteckt war.

Und wie schon manchmal, seit ihre Pläne sich nicht so verwirklichen ließen, wie sie erwartet hatte, und ihr deswegen ihre Selbstsicherheit zu entgleiten drohte, führte sie ein flüsterndes Gespräch mit Erik, um ihre innere Ruhe wiederzufinden: »Wenn ich deinen Brief nicht abgefangen hätte, mein Kleiner, hätte ich nie erfahren, dass du mich um das Geld prellen wolltest. Es mit dieser schwarzen Hure durchzubringen – das hätte dir so gepasst! Das hast du büßen müssen, mein Schätzchen! Du wusstest doch, dass ich klüger bin als du. Sonst hättest du dich nicht auf meinen Plan eingelassen. Du hast allerliebst ausgesehen mit der Perücke. Jeder, der uns begegnet ist, war überzeugt, dass du ein Mädchen bist. Mein Fehler war, auf das Weinblütenfest zu gehen. Ich wollte mir möglichst weit weg von der Bankfiliale ein Alibi verschaffen. Und außerdem wollte ich diesen Abstecher ins Naturschutzgebiet machen. Du wirst zugeben: Der Lemberg war für meinen Racheplan ideal!«

Brünnhilde Kurtz lächelte versonnen, bevor sie weiter mit Erik flüsterte: »Der Wald hat uns verschluckt, kaum dass wir ihn betreten hatten. Du hast keinen Verdacht geschöpft, mein kleiner, dummer Erik. Du bist mir ins undurchdringliche Dickicht gefolgt, weil ich dir erklärt hatte, wir müssten das Geld vergraben. Du hast mir geglaubt, dass wir es erst ausgeben können, wenn die polizeilichen Ermittlungen eingestellt sein würden.« Brünnhilde seufzte. »Es ist mir nicht leicht gefallen, dir den Spaten ins Genick zu schlagen und dich ins Kotzenloch zu werfen. Aber du hast nichts anderes verdient. Ich hab es ja sogar schriftlich, dass du *mich* umbringen wolltest. Mich umbringen, um an das Geld zu kommen. Also musste ich schneller sein. Mit mir, mein kleiner Erik, hättest du dich nicht anlegen dürfen!« Sie lächelte wieder. »Aber deine Idee, ein paar Scheine in den Rucksack zu stecken, der auf dem Alten Friedhof herumstand, war genial.

Solange man bei mir kein Geld aus der Beute findet – und das werden sie nie – wird der Besitzer des Rucksacks der Täter bleiben. Ich habe alles bedacht.«

Was Brünnhilde nicht bedacht hatte, war, dass niemand den Tonträger ausgeschaltet hatte.

Irma hatte mit ihrer Kaffeetasse vor dem Fenster des Verhörraumes gestanden. Sie beobachtete Brünnhilde und sah, wie sich ihre Lippen bewegten. Irma vergaß ihren Kaffee und alles um sich her. Bei ihr läuteten die Alarmglocken. Sie wurde zusehends aufgeregter.

Erst als es so schien, als wäre das Selbstgespräch beendet, ging Irma hinein, schenkte Brünnhilde ein reizendes Lächeln, nahm dabei in aller Seelenruhe das Diktiergerät vom Tisch und verschwand damit.

Brünnhilde, der nicht bewusst war, ihren Monolog geflüstert statt gedacht zu haben, ahnte nicht, dass einige Zimmer weiter ein Tontechniker ihr Flüstern in verständliche Laute verwandelte. Während sie noch eine ganze Weile allein im Verhörraum saß und unter der Tischplatte ausprobierte, welche Muskeln sie einsetzen musste, um zu gegebener Zeit die Handschellen loszuwerden, hörten nebenan Schmoll, Katz und Irma das Geständnis vom Tonträger.

Es brach kein Jubel aus. Dieses Geständnis war für Menschen mit Gerechtigkeitssinn zu grausam und erbarmungslos, um Freude aufkommen zu lassen.

Irma bestand darauf, unverzüglich mit dem Beweis zu Stöckle zu gehen, damit Fabian Knorr endlich aus der U-Haft entlassen werden konnte. Seit Irma Brünnhilde Kurtz im Visier hatte, war sie von Fabians Unschuld überzeugt. Aber für Stöckle war der Fall in dem Moment abgeschlossen gewesen, in dem die Euroscheine aus dem Bankraub in Fabians Rucksack gefunden worden waren.

Irma hatte oft an den Jungen gedacht und sich mehr als einmal in seine Situation hineinversetzt. Sie wusste, dass für einen Achtzehnjährigen, der unschuldig einsaß, die Untersuchungshaft ein Horror war. Außer bei den Hofgängen mussten U-Häftlinge Tag und Nacht in der Zelle verbringen. In Zellen mit einem kleinen vergitterten Fenster, Metallstockbetten, Toilette und Waschbecken hinter einer schwenkbaren Holzwand. Das Essen wurde durch die Türklappe geschoben. Die letzte Mahlzeit hieß Abendessen, obwohl es schon um 15.30 Uhr ausgeteilt wurde. Ab 16 Uhr war Nachtruhe bis frühmorgens um halb sechs.

Irma wusste auch, dass die meisten Nächte keineswegs ruhig waren. Viele Häftlinge schrien und randalierten oder versuchten, sich von Zelle zu Zelle zu verständigen, durch Wände, die zwar dick, aber nicht schalldicht waren.

Fabian teilte sich die Zelle mit drei Gefangenen. Sie waren nur ein paar Jahre älter als er. Zwei davon saßen wegen Rauschgiftdelikten, einer wegen eines Tankstellenüberfalls. Die vier waren miteinander eingepfercht und aufeinander angewiesen. Tag und Nacht!

Was Irma nicht wusste: Fabian wurde von seinen Knastbrüdern gemobbt. Sie waren sich darin einig, dass sie ihn gern weinen sahen.

Fabian lag die meiste Zeit auf dem Bett, starrte an die Decke und versuchte sich auszuknipsen. Er stand nur auf, um etwas zu essen. Er kämmte sich die Haare nur, wenn er Besuch bekam. Seine Mitinsassen zogen ihn wegen des Aufwandes auf, der dazugehörte, wenn er abgeholt wurde, um in den Besucherraum geführt zu werden. Sie nannten das »Der Metzger gibt Audienz!«, denn vor einer voll belegten Vierbettzelle mussten fünf Polizisten postieren, bevor ein Aufseher die Tür öffnete.

Fabian bekam Besuch von Ariadne. Seine Eltern wollten ihn nicht sehen. Sie genierten sich für einen Sohn, der im Gefängnis saß.

Irma wusste, dass Fabian, hätte er bis zu seinem Prozess durchhalten müssen, während der Verhandlungzeit den Medien ausgeliefert worden wäre. Er wäre gebrandmarkt gewesen, auch wenn sich seine Unschuld herausgestellt hätte. Irma freute sich mehr über den Unschuldsbeweis für Fabian als über die Tatsache, dass Brünnhilde Kurtz endlich überführt war.

Schmoll, der auch in Gedanken versunken gewesen war, hob plötzlich den Kopf und fragte unvermittelt: »Hat nicht der Bundesgerichtshof kürzlich ein Urteil aufgehoben, weil das Geständnis des Beschuldigten auf einem Selbstgespräch basierte?«

Irma und Katz war anzusehen, wie ihre gute Laune unter dieser Mitteilung wegbröckelte. Ihre Euphorie verschwand gänzlich, als Schmoll die Sache genauer erklärte.

»Das Bundesgericht hat entschieden, dass bestimmte Selbstgespräche unter keinen Umständen als Beweismittel verwendet werden dürfen. Auch nicht in einem Mordprozess.«

Irma sagte mit betretener Miene: »Oh nee. Aber jetzt fällt es mir auch wieder ein. Meinst du den Fall, in dem der Beschuldigte in seinem von der Polizei verwanzten Auto vor sich hingeredet hat? Einer seiner Sätze wurde als Geständnis gewertet, seine Ehefrau umgebracht zu haben. Es war der letzte Beweis in einer Indizienkette, aus dem diesem Verdächtigen dann der Strick gedreht wurde.«

Schmoll nickte. »Genau den Fall meine ich. Der Bundesgerichtshof hat entschieden: Gedanken sind frei. Dazu hat er nicht nur innere Denkvorgänge gezählt, sondern auch Selbstgespräche. Ist euch klar, dass Gedanken zum innersten, unantastbaren Bereich jedes Menschen gehören? Ein Bereich, auf den der Staat keinesfalls zugreifen darf.«

»Die Gedanke send frei!«, echote Katz.

»Du hast es erfasst, du Cleverle«, sagte Schmoll. »Laut Grundgesetz sind Selbstgespräche nicht etwa nur im trauten Heim geschützt, sondern überall dort, wo sich ein Mensch unbeobachtet und allein fühlen kann.«

Irma stöhnte.

Katz brummte: »Scheener Scheiß, des!«

Schmoll grinste. »Also, nun werdet nicht gleich depressiv und ordinär. Ich wüsste nicht, wo geschrieben steht, dass es verboten ist, Frau Kurtz die Aufzeichnung mit ihrem Geständnis vorzuspielen. Ihre Reaktion wird sie verraten und ich bin mir sicher, unsere Walküre wird vor Wut noch einiges ausplaudern.«

Als Schmoll gemeinsam mit Brünnhilde Kurtz das Tonband angehört hatte, benahm sie sich weniger wie eine Walküre, sondern wie eine Furie. Zuerst verschlug es ihr die Sprache und sie fiel in krampfartige Zuckungen, die einem epileptischen Anfall ähnelten. Ihre Augen quollen hervor und verdrehten sich nach oben, bis die Pupillen in den Augenhöhlen verschwanden. Ihre Hände ballten sich zusammen und begannen zu beben. Unerwartet knallte sie die Fäuste mit den Handschellen auf den Tisch, hieb in immer schnellerem Rhythmus auf die Tischplatte ein, als wäre die an allem schuld und müsse bestraft werden. Bei jedem der Schläge schrie sie heiser auf.

Die herausgepressten Schreie erinnerten Schmoll an den Fischreiher, der manchmal vom Max-Eyth-See herüberkam und hinter dem Präsidium über den Weinbergen auftauchte, der hin und her und auf und nieder schoss, als hätte er sich verflogen.

Offensichtlich hatte sich Brünnhilde Kurtz auch verflogen und suchte verzweifelt einen Landeplatz. Schmoll ließ sie gewähren, obwohl ihm der Tisch leidtat. Die Macken in der Platte würden ihn noch bis zu seiner Pensionierung an diese Frau erinnern. Und das waren noch mindestens fünfzehn Jahre.

Mit einem hatte Schmoll recht behalten. Zwischen ihren Fischreiherschreien hatte Frau Kurtz unbewusst ein paar Sätze hervorgekrächzt.

»Er hat mich ausgeplündert, wieso sollte ich ihm noch mehr Geld überlassen? – Sollte ich warten, bis er *mich* umbringt? – Er hat bekommen, was er verdient hat!«

Diese Aussagen genügten als offizielles Geständnis.

Nachdem Brünnhilde Kurtz hinausgeführt worden war, blieben Schmoll, Irma und Katz betroffen und wie gelähmt sitzen. Obwohl der Fall nun endlich gelöst war, konnte der Erfolg sie nicht in Siegerlaune versetzen. Alle drei fühlten ein seltsames Grauen, das von der zerrissenen Persönlichkeit der Mörderin zurückgeblieben war.

Bis zum Abend hatte der Staatsanwalt Anklage erhoben und der Haftrichter U-Haft für Frau Brünnhilde Kurtz angeordnet. Die Fahrt nach Schwäbisch Gmünd verbrachte Brünnhilde in einem Gefängnistransporter. Sie war benommen, aber noch lange nicht erschöpft. Das lag an ihrem zähen Naturell. Seit sie der Polizei leichtfertig und unfreiwillig ein Geständnis geliefert hatte, schwor sie sich unaufhörlich, auf der Hut zu sein und sich keine Schwächen mehr zu erlauben. Sie zerrte an ihren Handschellen, bis Haut und Muskeln schmerzten.

Nach einer halben Stunde musste sie einsehen, dass ihre Kraft nicht ausreichte, die Fesseln zu sprengen. Sie holte Luft und zischte ihre Frustration aus sich heraus. Es klang wie das Fauchen der Streicher in den ersten Takten des Walkürenritts. Nachdem sie diese Übung ein dutzend Mal exerziert hatte, konnte sie wieder klare Gedanken fassen. Sie fragte sich, ob es Trainingsgeräte in der Strafanstalt gab.

Wenn ich trainieren kann, dachte sie, und wenn sie mir meinen MP3-Player nicht abnehmen, wird alles halb so schlimm werden.

Sie steckte sich die Ohrstöpsel an und lauschte dem düsteren Nornenvorspiel aus der *Götterdämmerung*.

Als der Gefangenentransporter die Justizvollzugsanstalt in Schwäbisch Gmünd erreicht hatte und Brünnhilde Kurtz das Gebäude erblickte, hatte sie die Vision, sie käme hierher, um den Schleier zu nehmen und ihr Leben hinter den Mauern des ehemaligen Klosters zu beschließen.

Das Rätsel, wo Brünnhilde Kurtz die Beute aus dem Bankraub versteckt hatte, blieb nach wie vor ungelöst. Auch bei weiteren Verhören hatte sie das Versteck ihres Schatzes nicht preisgegeben. Sie behauptete nach wie vor, Erik habe ihr das Geld abgenommen und Bosede gegeben. Es konnte schließlich nichts weiter getan werden, als auf den Prozess zu warten.

Brünnhilde aber hoffte, eines Tages den Schatz zu heben und damit ein neues Leben beginnen zu können. Sie verweigerte sich dem Gedanken, dass sie lebenslänglich hinter Gitter wandern würde. Sie nährte ihre Hoffnung, ausbrechen zu können.

Zwanzig

Samstag, 21. August

Inzwischen war es August geworden. Schmolls Team hatte längst neue Fälle auf dem Tisch und verfolgte andere Tatverdächtige. Darunter befanden sich keine Damen, die schwer ergreifbar und noch weniger begreifbar waren. Keine Damen wie die durchtriebene, aber doch reizende Dorothea Zuckerle aus Cannstatt oder die zwiespältige und perfide Brünnhilde Kurtz aus Feuerbach. In diesem Sommer mordeten ausnahmslos Rentner.

Bei der derzeitigen Ermittlung musste geklärt werden, ob ein älterer Herr seine Ehefrau aus dem fahrenden BMW geschubst hatte oder ob sie ohne sein Zutun herausgefallen war. Die Polizei war von Letzterem ausgegangen. Doch dann berichteten zwei Männer, die im nachfolgenden Wagen gesessen hatten, von einem Handgemenge, das dem Unglück vorausgegangen war – und schon war es ein Fall für die Mordkommission. Schmoll und sein Team waren seit Wochen damit beschäftigt, Zeugen zu vernehmen, um ein Motiv zu finden und die Hintergründe zu verstehen. Die Tatsache, dass die beiden rüstigen Alten zu Schloss Solitude unterwegs gewesen waren, wo im *Grünen Saal* ihre goldene Hochzeitsfeier stattfinden sollte, wurde von den Ermittlern mit unterschiedlichen Sprüchen kommentiert.

Irma sagte: »Alter schützt vorm Morden nicht.«

Schmoll brummte: »Was lange gärt, wird endlich Wut.«

Katz kicherte und sagte: »Mei Oma däd sage: ›Alte Liebe roschtet net, aber schlemmer ka se werde.‹«

* * *

Bevor Schmoll, Irma und Katz sich am Freitagabend in ein dienstfreies Wochenende verabschiedeten, machte Schmoll ein paar seiner Nachdenke-Kniebeugen und äußerte dabei schnaufend und beiläufig: »Da es gerade mal keinen Mord in Stuttgart aufzuklären gibt und am Wochenende Hocketse-Wetter in Aussicht steht, könnten wir eigentlich aufs Feuerbacher Kelterfest gehen.«

Katz war begeistert und verkündete spontan, da sei er dabei und er würde seine Ina mitbringen und auch seine Oma. »Beide send ganz verruckt uff Stadtfeschte.«

Irma wusste zwar inzwischen, was eine schwäbische Hocketse ist – gesellig zusammensitzen und mit oder ohne Anlass feiern – aber unter einem Kelterfest konnte sie sich nicht viel vorstellen.

Katz erklärte es ihr anhand des diesjährigen Festmottos: »›Feiern en dr Kelter ond drom rom!‹ Des hoißt: Viertele schlotza, schwätza, singe ond schunkle.«

Schmoll grinste und leckte sich die Lippen. »Und ebbes bodenständig Schwäbisches zwischen die Zähne schieben. Zum Beispiel Zwiebelroschtbrate.«

Die Feuerbacher Kelter, ein klotziges graues Backsteingebäude, liegt mitten in der Altstadt. Unter dem tiefgezogenen Ziegeldach befindet sich die nostalgische Halle, in der die ansässigen Wengerter seit Jahrhunderten ihre Ernte keltern. Zum alljährlichen Kelterfest werden die Halle und der davorliegende Geringplatz mit Tischen und Bänken ausgestattet und mit Fahnen, Blumen und Erntekränzen geschmückt. Die Gastgeber vom Wein-, Obst- und Gartenbauverein sorgen für die Viertele und zünftige Gerichte.

Als sich Schmolls Kripoteam gegen neunzehn Uhr in Feuerbachs Altstadt traf, war der Festbetrieb voll im Gange. »En dr Kelter ond drom rom« drängten sich gutgelaunte Gäste. Die Schurwaldmusikanten heizten die Stimmung an. Als auch Helene Ranberg mit Line und kurz darauf Lines Freund Moritz Kittel auftauchten, bestand Schmolls Runde aus acht Personen und einem Hund. Denn Oma Katz hatte selbstverständlich ihren Mixmops Nutella dabei.

Da der laue Sommerabend dazu einlud, einigte man sich, draußen zu sitzen. Katz ergatterte einen Tisch am Rand der Mühlstraße. Als sie endlich alle saßen, kroch Nutella unter den Tisch und erinnerte von Zeit zu Zeit mit Grunzen und Fiepen daran, dass er noch da war.

Oma Katz langte dann hinunter, tätschelte ihren Liebling und sagte: »A Lebe ohne Mops isch möglich, aber sinnlos!«

»Hübscher Spruch«, kommentierte Irma.

»Von Loriot!«, sagte Katz. »Aber i glaub, der het des hochdeutsch gsagt.«

Nachdem die ersten Viertele geschlotzt waren, drehte sich das Gespräch um Brünnhilde Kurtz. Das konnte nicht ausbleiben, denn diese Frau hatte alle Anwesenden einige Wochen lang in verschiedenartiger Weise auf Trab gehalten. Sogar Nutella hatte seinen Teil beigetragen, da er die Leiche im Kotzenloch entdeckt hatte.

»Brünnhilde Kurtz!«, trompetete Helene in die Runde. »Diese Kanaille hat zwei Gesichter und eine gespaltene Persönlichkeit!«

»Stimmt«, sagte Irma. »Aber ich denke, das genau herauszufinden, überlassen wir den Psychologen.«

»Da braucht mer koin Psychodokter«, ereiferte sich Oma Katz. »Dieses Saumensch! A gsattelte Sau isch no lang koi Reitgaul! Was saget Sie drzu, Herr Schmoll?«

Schmoll gab zu, er habe lange nicht glauben wollen, dass hinter der harmlosen Fassade einer braven Bankangestellten ein raffiniertes Weibsstück steckte, und gab neidlos zu, Irma habe schneller geschaltet als er.

»Das Eichhörnle war's, das die harte Nuss geknackt hat.«

»Ich bin doch nur durch Zufall darauf gekommen. Niemand konnte ahnen, wie gefährlich Frau Kurtz ist«, sagte Irma.

Katz zupfte nachdenklich an seinem Lippenbärtchen: »Der kloi Erik hot die Gfahr au net geahnt.«

»Sie wird lebenslänglich bekommen«, meldete sich Moritz Kittel, der angehende Polizist.

»Du merkst auch alles«, meinte Schmoll etwas spöttisch und von oben herab.

Damit gab er zu verstehen, dass er jetzt das Thema beenden und sich lieber seiner Lieblingsbeschäftigung, nämlich Rostbraten essen, widmen wollte.

Als jeder mit schwäbischen Leckerbissen versorgt war, trat gefräßige Stille ein. Eine weitere Unterhaltung war sowieso nicht möglich, weil die Schurwaldmusikanten einen Zahn zulegten. In den kurzen Pausen hörte man Nutellas auf- und abschwellendes Bettelgefiepe, das häppchenweise mit Roten Würsten und Maultaschen gestillt wurde. Alle waren so eifrig mit Essen beschäftigt, dass niemand fragte, weshalb Irma unvermittelt aufsprang und weglief.

Am Rande des Kelterfestes, mitten auf der Straße, gab es eine stürmische Umarmung mit weltentrückten Begrüßungsküssen.

»Du meine Güte, Leo, wo kommst du denn her?«, stammelte Irma, als sie wieder Luft bekam.

»Na, woher schon? Von Mallorca natürlich. Bis Stuttgart war das kein Problem, aber da du nicht daheim warst, musste ich fast zwei Stunden umherirren und dich suchen.«

»Wie hast du mich denn hier gefunden?«

»Ich bin von deiner Wohnung aus zum Bohnenviertel und wollte Line aufstöbern. Da hing ein Zettel an der Tür: *Bin auf dem Kelterfest in Feuerbach. Dicker Schmatz von Line.*

Irma lachte. »Die Nachricht war für Moritz bestimmt. Der hat es wohl so eilig gehabt, Line wiederzusehen, dass er den Zettel nicht abgenommen hat.«

»Ach ja, Line hat ja nun das Kittelchen«, sagte Leo und fing wieder an, Irma zu küssen.

Als sie sich endlich voneinander lösten, sagte Irma: »Komm, lass uns rübergehen.« Und sie zählte auf, wer noch alles am Tisch saß.

»Oh nee!«, sagte Leo. »Heute hab ich keine Lust auf Polizisten.«

»Verstehe. Aber nun bist du einmal hier. Warum hast du mich nicht angerufen? Ich hätte dich am Flugplatz abgeholt.«

»Ich wollte dich überraschen.«

»Ist dir gelungen.«

»Also, dann lass uns zu deinen Kripoleuten gehen«, sagte Leo. »Für die hab ich nämlich auch 'ne Überraschung.«

Die Reaktionen auf sein plötzliches Auftauchen waren zu Leos Erstaunen äußerst freundlich. Dass ihm seine Schwester Line an den Hals flog und Helene ihm eine besitzergreifende Umarmung schenkte, war zu erwarten gewesen. Doch auch Lines Freund Moritz Kittel schüttelte Leo die Hand wie einem alten Freund. Moritz trug es Leo schon lange nicht mehr nach, dass er von ihm im vorigen Winter k.o. geschlagen worden war. Auch Schmoll und Katz schienen völlig vergessen zu haben, Leo damals des Mordes verdächtigt zu haben. Und Katz stellte Leo stolz und sehr förmlich seine Freundin Ina vor. Ina pfiff wie immer auf Etikette und verpasste Leo rechts und links je einen knallenden Schmatz auf die Wangen.

Während der allgemeinen Begrüßung hatte Oma Katz Mühe, Nutellas Freudenhopser zu bremsen, mit denen er aus unerfindlichen Gründen um Leo herumsprang. Erst als der Mops Ruhe gab, konnte sie Leo begrüßen. Sie tat es mit aller Würde, wie eine Königin, die auf der Opernbühne ihren siegreichen Feldherrn willkommen heißt.

Wenig später saß Leo in der Runde und fühlte sich zwischen den Leuten, die ihm einst zutiefst misstraut hatten, wie in einer Familie, die es gut mit ihm meinte. Nachdem er sich auf Schmolls Rat Rostbraten und dazu Lemberger geholt und sich einverleibt hatte, kündigte er der Gesellschaft seine Überraschung an. Doch als nun alle mit gespannter Miene warteten, setzte mit großem Radau die Kapelle wieder ein.

»Dann werde ich das eben schriftlich machen!«, schrie Leo gegen die Schurwaldmusikanten an.

Er wurstelte ein gefaltetes, leicht zerknittertes Schrift-stück aus seiner hinteren Jeanstasche und überreichte es Schmoll. Der Kripohauptkommissar, so gewieft er auch war, verstand nicht sofort, was diese Quittung der spanischen Polizei über eine Summe von 230 000 Euro zu bedeuten hat-te. Aber daran, wie sich Schmolls Augenbrauen synchron mit den Mundwinkeln hoben, war zu erkennen, dass bei ihm der Groschen fiel.

Weil die Musik keine mündliche Verständigung zuließ, reichte Schmoll das Schreiben an Irma, deren Miene eine ähnliche Mutation von Unverständnis bis zum freudigen Erstaunen durchmachte. Irma gab das Schreiben an Katz weiter, aber der hatte wahrscheinlich schon zu viel Lember-ger intus. Er blickte ratlos in die Runde und rieb seine spitze Nase.

Ina, die mit auf das Blatt geschielt hatte, schrie: »So kapier es doch, mein Katerchen, das ist eine Quittung über den Rest der Beute aus Frau Kurtz' Bankfiliale! Jemand hat das Geld gefunden und zur Polizei gebracht!«

»A Onkel, wo ebbes bringt, isch besser als a Tante, wo Klavier spielt!«, jubelte Oma Katz. Ihre Stimme schallte über den Festplatz, da die Kapelle gerade pausierte.

»Donnerwetter«, sagte Schmoll, nachdem er das Schrei-ben noch einmal studiert hatte: »Der Onkel, der das Geld zur Polizei gebracht und die Quittung unterschrieben hat, heißt Leo Kowalzki!«

Es folgte ehrfürchtiges Schweigen, bis Irma ihren Leo in die Seite stupste und sagte: »Sollen wir vor Neugier platzen? Erzähl jetzt, wie das zugegangen ist!«

Leo ließ sich nicht lange bitten und legte los: »Ich war wie besessen davon, das Geld zu finden. Dass es noch in Stutt-gart liegen könnte, hielt ich für unwahrscheinlich. Das Erd-loch im Wald auf dem Lemberg war eine Finte, mit der Erik hinters Licht geführt werden sollte. Ich weiß selbst nicht, wieso ich mir so sicher war, dass Frau Kurtz ihre Beute ir-gendwo auf Mallorca versteckt hatte.«

»Aber du konntest doch nicht die ganze Insel absuchen!«, sagte Line.

»Stimmt«, gab Leo zu. »Ich wusste überhaupt nicht, wo ich anfangen sollte. Zuerst hab ich im Hotel *Castillo* ein Zimmermädchen bestochen, damit ich die Luxusräume, die Frau Kurtz bewohnt hatte, durchsuchen konnte. Ohne Ergebnis. Danach hab ich die Finca auf den Kopf gestellt und sogar im Garten rumgebuddelt. Nichts! Jede freie Minute bin ich auf der Suche gewesen. Aber gestern bin ich noch mal zu dem Felsenkeller gefahren, in dem wir Frau Kurtz aufgestöbert haben. Und wie durch ein Wunder hab ich dort einen Geheimgang entdeckt.«

»Gehoimgang?«, unterbrach Katz. »Ond wo het dr nagfiehrt?«

»Er führt nur ein paar Meter in den Berg hinein. Eine Sackgasse«, erklärte Leo. »Ich klopfte die Wände ab, bis ich wunde Fingerknöchel hatte. Ganz am Ende des Ganges klang es hohl. Ich pulte ein paar lockere Steine raus – und dahinter war ein Loch! Darin lag das Geld wie in einem Safe.«

»Lag einfach so da?«, fragte Helene atemlos.

»Die Geldbündel waren in Gefrierbeutel eingeschweißt und lagen in einem Schuhkarton, Größe 44.«

»Und wieso ist von den spanischen Ermittlern niemand auf die Idee gekommen, in dem Gang zu suchen?«

»Er war sehr eng und niedrig. Niemand hat sich vorstellen können, dass dieses Herkulesweib hineingepasst hätte. Ich bin selbst fast nicht mehr herausgekommen. Eine Weile klemmte ich fest und dachte, nun bin ich in diesem vermaledeiten Weinkeller gefangen. Aber dann hab ich's doch geschafft. Hat allerdings ein paar Schürfwunden gekostet.«

Irma schob den Ärmel seines Polohemdes hoch. Sein Oberarm war bis zur Schulter verpflastert.

»Wenn du nicht mehr rausgekommen wärst aus dem Gang, hätte dich niemand gefunden«, sagte sie. »Du wärst verhungert!«

»Hm«, machte Leo. »Aber in der Zeit, in der ich da festhing, ist mir eingefallen, wer den Karton in diesem Felsensafe deponiert haben könnte.«

»Ond wer isch dr oigfalle?«, fragte Katz begierig.

»José«, sagte Leo. »Der kleine Kellner hat locker in den engen Gang gepasst.«

»Was meinst du zu dieser Theorie, Irma?«, fragte Schmoll.

»So wird es gewesen sein. José hat ja auch sonst alles für Brünnhilde getan.

Irma wurde von Line unterbrochen. »Da es die Finca seiner Großeltern ist, kannte er sich in der Umgebung aus. Vielleicht hat José das Geld schon in dem ehemaligen Weinlager versteckt gehabt, bevor Frau Kurtz mich dorthingeschleppt hat. Der Schlawiner hat es so versteckt, dass die stattliche Frau Kurtz nicht rankonnte.«

»José hat der spanischen Polizei zwar alles gestanden, aber nichts von dem Geld verraten«, sagte Irma. »Wahrscheinlich denkt er, es holen zu können, wenn er wieder aus dem Gefängnis raus ist.«

Leo lachte. »Er wird eine schöne Wut auf mich bekommen, wenn er erfährt, dass das Geld für ihn futsch ist.«

»Wie bist du eigentlich zu dem gottverlassenem Dorf hingekommen?«, fragte Irma.

»Mit einem stabilen Fahrrad. Inzwischen kenne ich den Weg auswendig. Die Hinfahrt war unproblematisch.«

»Und als du das Geld dann gefunden hattest?«, fragte Line.

Leos Gesicht verzog sich zu einer peinvollen Grimasse: »Da musste ich mindestens dreißig Kilometer durch stockdunkle Nacht zurück nach Palma radeln. Auf der Landstraße, die parallel zur Autobahn läuft, waren nur noch wenige Autos unterwegs. Einerseits war das gut für einen einsamen Radfahrer, andererseits habe ich mir dauernd vorgestellt, ich würde überfallen werden. Obwohl ja niemand wusste, wie viel Geld ich in meinem Rucksack hatte, war ich total nervös.

Ich strampelte so verbissen vorwärts, dass ich nicht mal mehr meinen zerschrammten Arm gespürt habe. Im Morgengrauen habe ich die Polizeidienststelle in Palma erreicht. Glücklicherweise traf ich Chefinspektor Fernández an, mit dem Irma zusammengearbeitet hatte. Ich war heilfroh, das Geld endlich los zu sein. Es hat dann ewig gedauert, bis die Beamten das Protokoll geschrieben und das Geld abgezählt hatten. Man mutmaßt, Frau Kurtz hat die fehlenden 20 000 Euro aus der Gesamtbeute schon ausgegeben. Ich selbst glaube, dass sie einen Teil davon anderswo versteckt hat.«

Schmoll fragte Leo, ob er eine Idee habe, wo das Versteck sein könnte.

»Ich denke, da liegen noch paar Scheinchen irgendwo in Stuttgart rum«, sagte Leo. »Jedenfalls bekam ich von Fernández die Quittung für das Geld, das ich gefunden hatte, und danach ließ er mich mit einem Dienstwagen zum Hotel *Lindner* fahren. Dort hab ich mich im Fitnessstudio verabschiedet, was ziemlichen Ärger gegeben hat.«

»Und wie sind Sie so schnell nach Stuttgart gekommen?«, fragte Schmoll.

»Glück gehabt mit Last-Minute-Flug.« Leo grinste: »Ich wollte Ihnen, Herr Hauptkommissar, die Nachricht persönlich bringen, bevor Sie mich wieder verdächtigen, eine Straftat begangen zu haben. Diesmal vielleicht Höhlenraub.«

Schmoll brummte, er sei über die Phase, Leo für irgendetwas zu verdächtigen, hinweg. »Nichts für ungut.«

Moritz Kittel, der angehende Polizist, hatte Leos Bericht mit offenem Mund gelauscht, klappte ihn nun zu und meinte: »Vielleicht hat Frau Kurtz José gar nicht gesagt, was in dem Schuhkarton ist, und ihn nur angewiesen, ihn irgendwo in Sicherheit zu bringen.«

»Und als José mal eben reingeschaut hat«, sagte Irma, »hat er den Karton für sich selbst in Sicherheit gebracht.«

Oma Katz schrie über den Tisch: »Dere José het oifach zu viel gwollt! Mr ka net gleichzeitig scheiße, de Acker omgrabe, Kuacheteig mache on em Pfarrer d' Hand gebe.«

Helene, die zweite echte Schwäbin am Tisch, sah das Thema Geld von der nutzbringenden Seite. Sie puffte Leo gegen den Arm, dass er wegen seiner Hautabschürfungen einen Jammerton ausstieß, in den Nutella solidarisch einstimmte.

»Entschuldigen Sie«, sagte Helene verlegen, »ich hatte Ihre Kriegsverletzungen ganz vergessen. Aber was ich sagen will, ist wichtig: Wie sieht es denn mit dem Finderlohn aus? Da käme doch ein hübsches Sümmchen zusammen.«

»Auf diese Idee bin ich noch gar nicht gekommen!«, sagte Leo. »So ein kleiner Geldregen käme mir im Moment gelegen. Ich hab nämlich bei dieser Gelegenheit meinen Job auf Mallorca gekündigt.« Er schmunzelte vielsagend. »Auch aus dem Grund, weil ich seit ein paar Tagen die Zusage für eine Arbeitsstelle in Stuttgart habe.«

Leo zwinkerte Irma zu, und deren Lippen bildeten lautlos das Wort »Bismarckschule«.

Er nickte, und als Irma ihm nun um den Hals fiel und »Herzlichen Glückwunsch!« rief, dachten alle, sie gratuliere ihm für den in Aussicht stehenden Finderlohn, denn Helene hatte bereits errechnet und herumgeflüstert, der Finderlohn würde wahrscheinlich fünf Prozent betragen und es handle sich voraussichtlich um mindestens 10 000 Euro.

Dieses Thema wurde noch diskutiert, als Schmolls Handy klingelte. Er lauschte und bellte alle paar Sekunden dazwischen: »Ausgebrochen! – Einfach so? – Wärter niedergeschlagen. – Waffe entwendet. – Geld aus der Anstaltskasse …« Dann brüllte er »Großfahndung!«, legte auf, blickte von einem zum anderen und sagte: »Frau Kurtz ist aus der Justizvollzugsanstalt Schwäbisch Gmünd abgehauen.«

Katz fand als Erster die Sprache wieder: »Die wird net weit komme.«

»Die Wohnung in der Altstadt muss überwacht werden«, sagte Schmoll. »Vielleicht hat sie noch ein paar Hunderter aus dem Bankraub in dem alten Haus versteckt und

will sie holen. Sie braucht doch Geld, um irgendwie weiter-
zukommen.«

»Weiterkommen?«, fragte Irma. »Wohin denn?«

»Nach Mallorca«, sagte Helene und machte ihr Miss-
Marple-Gesicht. »Frau Kurtz will so schnell wie möglich
wieder nach Mallorca, weil sie fürchtet, José klaut ihr das
Geld. Sie weiß ja nicht, dass Leo den Schuhkarton gefunden
hat.«

Schmoll klatschte sich auf die Glatze und schrie: »Herr,
schmeiß Hirn ra!«

Epilog

Ende Oktober 2010

So fieberhaft in Deutschland und auf Mallorca nach Brünnhilde Kurtz gefahndet wurde, die Tage, Wochen und Monate vergingen, ohne dass die geringste Spur von ihr gefunden wurde. Die Öffentlichkeit hatte die Leiche am Lemberg längst vergessen, und im Präsidium erinnerten nur noch die Macken auf dem Tisch im Vernehmungsraum an Frau Kurtz.

In Stuttgart gab es andere Sorgen. Der Streit, ob die Züge künftig unter oder weiterhin über der Erde in den Hauptbahnhof fahren sollten, entzweite Familien, Arbeitskollegen, Vereinsbrüder und Freundschaften. Während im goldenen Oktober in Stuttgarts Talkessel heftiger denn je gegen das Milliardenprojekt Stuttgart 21 demonstriert wurde, begann mit dem gleichen enthusiastischen Einsatz auf dem Lemberg die Weinlese der spät reifenden Sorten.

Als die letzten Trauben eingebracht waren, zog endgültig der Herbst ins Land. Die Weinhänge des Lembergs, die vor ein paar Tagen noch goldgelb ins Tal geleuchtet hatten, lagen braun und wehmütig im Nebel.

Und als das Laub, das die Herbststürme aus dem naturgeschützten Urwald ins Kotzenloch geweht hatte, heruntergesackt war, guckten eines Morgens zwei gegrätschte Beine daraus hervor. Von Weitem sah das aus wie zwei Finger, die zum Siegeszeichen ausgestreckt waren.

Einen Tag später hatte der Wind eine Leiche freigelegt, die kopfüber im Gebüsch hing. Daneben fanden die Spurensucher einen Gefrierbeutel, gut verschlossen, aber von außen verdreckt, als habe er in einem Erdloch gelegen. Der eingeschweißte Inhalt, 5000 Euro in Hunderterscheinen, war unversehrt. Der Leiche hingegen fehlte ziemlich viel Fleisch. Ob das ein großer Hund oder ein Fuchs erledigt hatte, konnte nicht festgestellt werden.

Wenngleich das Gardemaß der Toten auf Brünnhilde Kurtz hinwies, ließ Schmoll zur Sicherheit einen DNA-Abgleich fertigen, der den Verdacht bestätigte.

Das Einzige, was an Brünnhilde Kurtz noch intakt zu sein schien, war ein MP3-Player, der an einem Lederbändchen um ihren Hals hing. Nur einer der kleinen Kopfhörer steckte noch dort, wo er hingehörte. Das andere Ohr fehlte.

Doktor Bockstein bescheinigte: »Seit mindestens zwei Monaten tot. Keine Anzeichen auf Fremdeinwirkung.«

Schmoll schloss den Fall mit drei Sätzen endgültig ab: »Jeden Mörder zieht es an den Ort seiner Tat zurück. In diesem Fall ist Frau Kurtz zurückgekommen, um Geld auszugraben. Ob sie sich freiwillig ins Kotzenloch gestürzt hat oder versehentlich reingerutscht ist, wird ihr letztes Geheimnis bleiben.«

Herzlichen Dank

meinen Testlesern: Jun.-Prof. Dr. **Daniela Nicklas;** Diplom-Bibliothekarin **Gabi Stelter;** Flughafenseelsorger **Peter Völkel** und der vielsprachigen Weltensammlerin **Nika Schmalz** für konstruktive Kritik, wertvolle Tipps und Ansporn;

Conrad Jelden, Stuttgarter Polizeipräsident i. R. und ausgezeichneter Weinkenner, den mir **Rudolf Knoll**, Redakteur des Württemberger Weinkulturmagazins, als »persönlichen Berater« zugeteilt hat. Da blieb keine Frage offen;

Britt Reißmann, Krimiautorin und Mitarbeiterin im Polizeipräsidium Stuttgart, die mir meine Rätsel über die Arbeit der Kriminalpolizei gelöst hat;

Simone und **Wolfgang Ulmer** für schöne Stunden beim Weinblütenfest und ihre Auskünfte über Traditionen des Weinanbaues auf dem Lemberg;

meiner Tochter **Katharina,** die mich auf Mallorca in Leos Fiat 500 zu allen Orten kutschiert hat, die im Buch vorkommen;

dem **Team des Silberburg-Verlages** für die gute Zusammenarbeit, besonders **Bettina Kimpel** für ihr einfühlsames, hilfreiches Lektorat.

Ein Stuttgart-Krimi

In Ihrer Buchhandlung

Sigrid Ramge

Tod im Trollinger
Ein Stuttgart-Krimi

Wer hat den smarten Industriellen Rolf Ranberg so gehasst, dass er ihm tödliches Gift ins Viertele schüttete? Der abgeklärte Hauptkommissar Schmoll und seine engagierte junge Kollegin Irma Eichhorn stechen bei ihren Ermittlungen in ein Wespennest aus Hass und Intrigen. Und plötzlich erscheint der Saubermann Ranberg in einem völlig anderen Licht. Als dann noch Claire, die Ehefrau des Toten, und der Gärtner Max Busch, ein Jugendfreund von Rolf, gleichzeitig wie vom Erdboden verschluckt sind, scheint der Fall klar zu sein: Der Täter ist immer der Gärtner! Doch Irma Eichhorn lässt nicht locker …

208 Seiten.
ISBN 978-3-87407-854-2

Silberburg-Verlag

www.silberburg.de

Ein Stuttgart-Krimi

In Ihrer Buchhandlung

Sigrid Ramge

Cannstatter Zuckerle

Ein Stuttgart-Krimi

Ein Stuttgarter Zahnarzt stürzt vom Riesling-Steg in den Tod, und zwar unfreiwillig. Die Kommissarin Irma Eichhorn muss deshalb ihre geplante Traumreise nach Ägypten verschieben. Als die Nachforschungen ins Stocken geraten, gibt Schmoll seiner Kollegin Eichhorn doch noch grünes Licht für ihre Reise. Aber so richtig erholen kann sich die Polizistin auf der achttägigen Nilkreuzfahrt nicht: Alle naselang tauchen skurrile Mitreisende auf und im Heiligen See der Tempelanlage von Karnak lauert das Grauen …

224 Seiten.
ISBN 978-3-87407-990-7

Silberburg·Verlag

www.silberburg.de

Ein Baden-Württemberg-Krimi

In Ihrer Buchhandlung

Uschi Kurz

Der Totenschöpfer

Ein Baden-Württemberg-Krimi

Ein Serienmörder macht Jagd auf junge Frauen. Und seine scheinbar willkürlich gewählten Opfer sind im Tod so schön wie nie zuvor. Wie Flore aus Bad Urach, die er als Schneewittchen inszeniert – weiß wie Schnee, schwarz wie Ebenholz und rot wie Blut. Als der »Totenschöpfer« am Körper seines jüngsten Opfers eine Spur hinterlässt, holt der Stuttgarter Hauptkommissar Konstantin Marks die forensische Psychologin Katharina Zimmermann ins Ermittlungsteam. Diese gerät schließlich selbst in die Fänge des fanatischen Mörders ...

320 Seiten.
ISBN 978-3-8425-1158-3

www.silberburg.de

Ein Stuttgart-Krimi

In Ihrer Buchhandlung

Birgit Hummler

Stahlbeton

Ein Stuttgart-Krimi

Hauptkommissar Andreas Bialas steht vor einem Rätsel: Am Feuerbacher Tunnel in Stuttgart wurde ein Toter gefunden. Doch wer ist er? Und wer ist der anonyme Anrufer, der die Polizei auf den Leichnam hingewiesen hat? Nur eines ist sicher: Der Tote starb an Tuberkulose. Einen Monat später finden Bauarbeiter auf der Großbaustelle der Fildermesse die Leiche eines Mannes zwischen den Schalbrettern für eine Stützmauer. Schnell wird klar, dass es sich bei dem Toten, der für immer unter Beton verschwinden sollte, um den anonymen Anrufer im Feuerbacher Fall handelt. Die Ermittlungen führen Bialas und sein Team in die Welt der Bauwirtschaft …

464 Seiten.
ISBN 978-3-87407-988-4

Silberburg-Verlag

www.silberburg.de

Stuttgart

In Ihrer Buchhandlung

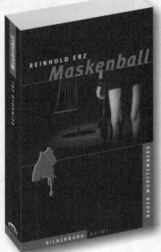

Reinhold Erz

Maskenball

Ein Baden-Württemberg-Krimi

Ein Kripobeamter, ganz privat, auf einem »Erotischen Maskenball« im Stuttgarter Swingerclub – warum nicht? Als Zorro verkleidet, erkennt ihn ja keiner, denkt Kommissar Martin Schwertfeger. Doch dann findet ausgerechnet er im SM-Studio eine vakuumverpackte Leiche, und seine kleine Flucht aus dem Alltag wird zum Albtraum. Zur gleichen Zeit gerät das Leben der ehrgeizigen Journalistin Sara Blohm aus den Fugen. Ihre Recherchen führen sie auf die Spur eines kriminellen Netzwerks aus Wirtschaft und Politik, und schon bald sieht sie Verbindungen zum Maskenball-Mord. Was als heiße Story für die Titelseite der Stuttgarter Rundschau gedacht war, bringt sie unversehens in höchste Gefahr …

208 Seiten.
ISBN 978-3-8425-1219-1

Silberburg-Verlag

www.silberburg.de

Böblingen/Sindelfingen

In Ihrer Buchhandlung

Dietrich Weichold
Falschmalerei
Ein Baden-Württemberg-Krimi

Kommissar Kupfer wird ins Schönaicher Gewerbegebiet gerufen. Ein Möbel- und Antiquitätenhändler ist in seinem Büro niedergeschlagen worden. Am Tatort ein verdächtiges Pärchen: der Mann, ein Maler namens Fritz »Diego« Tauscher, verwickelt sich schnell in Widersprüche. Aber vieles ist nicht so, wie es auf den ersten Blick scheint, klar ist nur, dass es bei diesem Mordfall – das Opfer stirbt kurze Zeit später – um richtig viel Geld geht. Seine Ermittlungen führen Kommissar Kupfer in Fälscherwerkstätten und Künstlerateliers. Dabei fällt Licht in die Dunkelkammern eines spekulativen Kunstbetriebs mit windigen Akteuren und geltungssüchtigen Möchtegern-Mäzenen …

272 Seiten.
ISBN 978-3-8425-1218-4

Silberburg-Verlag
www.silberburg.de

Schwäbische Alb

In Ihrer Buchhandlung

Jürgen Seibold

Lindner und das Apfelmännle

Ein Baden-Württemberg-Krimi

Geheimnisvolle Symbole und Mostäpfel als mögliche Tatwaffen? Auf einer Streuobstwiese im Bad Boller Ortsteil Eckwälden wird ein Toter gefunden, um ihn herum sind Mostäpfel auf dem Boden verstreut. Alles deutet darauf hin, dass er mit den Äpfeln »gesteinigt« wurde. Ein Fall für Lindner? Der aber sträubt sich zunächst. Doch dann wird in der Wohnung des Opfers ein Männchen aus Äpfeln entdeckt – genau so eines, wie es zuletzt auch bei Lindner morgens auf der Türschwelle stand.

224 Seiten, 9,90.
ISBN 978-3-8425-1157-6

Silberburg-Verlag
www.silberburg.de

Schwäbischer Wald

In Ihrer Buchhandlung

Jürgen Seibold
Endlich Endzeit
Ein Baden-Württemberg-Krimi

Dezember 2012. Am Ebnisee, idyllisch mitten im Schwäbischen Wald gelegen, treffen sich die Fans des Buchautors Xumucane k-p'eñal. Sie verehren ihn und glauben daran, dass nach dem Ablauf des aktuellen Maya-Kalenders am 21. Dezember die Welt untergeht. Für einen endet alles noch früher: Er liegt eines Morgens ermordet rücklings auf der Feuerstelle der Maya-Gläubigen. Die Kommissare Schneider und Ernst ermitteln in ihrem sechsten Fall zwar in der vertrauten Umgebung, tauchen dabei aber in eine ihnen völlig fremde Welt ein und stoßen auf eine explosive Mischung aus schwäbischem Geschäftssinn und exotischen Überlieferungen.

224 Seiten.
ISBN 978-3-8425-1215-3

Silberburg-Verlag

www.silberburg.de

Rottweil

In Ihrer Buchhandlung

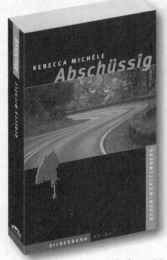

Rebecca Michéle

Abschüssig

Ein Baden-Württemberg-Krimi

Was zuerst wie ein tragisches Busunglück aussieht, entpuppt sich als gezielter Mordanschlag: Die Bremsen des Oldtimerbusses, der bei »Franke-Reisen« für Feste und Veranstaltungen eingesetzt wird, wurden manipuliert – der Fahrer Robert Mager kommt dabei ums Leben. Schnell haben die beiden Kommissare Jürgen Riedlinger und Wolfgang Mozer eine ganze Reihe von Motiven beisammen. Doch als ein weiterer Mord geschieht, stehen sie wieder am Anfang. Wer wird das nächste Opfer des unberechenbaren Mörders?

256 Seiten.
ISBN 978-3-8425-1214-6

www.silberburg.de